LA RÉPARATION

DOMMAGES DE GUERRE

ANALYSE ET COMMENTAIRE
DE LA LOI DU 17 AVRIL 1919

suivi du

Texte officiel des Lois, Décrets et Ordonnances

Extrait de la Table Alphabétique des Matières :

	Pages.		Pages.
Abris provisoires	97	Dommages certains, matériels	6
Agiculteurs (avantages aux)	28	Fonds de commerce	44
Alignement (plan d')	121	Immeubles endommagés	93
Assurance	46	Meubles, remplacement	150
Avances	100	Mines	32
Baux	111	Mont de Piété (objets au)	11
Cadastre (réfection du)	119	Nivellement (plan de)	121
Co-propriétaires	32	Perte de titres et coupons	45
Commissions cantonales	56	Reconstructions, réparations	9
Créanciers privilégiés	33	Rédaction des demandes	255
Débiteur de l'Etat	94	Remploi	133
Déblaiement	119	Sociétés	13
Déclarations des dommages	256	Titres	81
Demandes d'indemnité	60	Vente du sol	114

"ÉDITIONS & LIBRAIRIE"

40, Rue de Seine, 40

PARIS

(Voir suite page 3 couverture

RÉPARATION
DES
Dommages de Guerre

LA RÉPARATION

DES

DOMMAGES DE GUERRE

ANALYSE ET COMMENTAIRE
DE LA LOI DU 17 AVRIL 1919

suivi du

Texte officiel des Lois, Décrets et Ordonnances

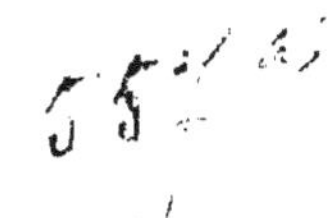

Extrait de la Table Alphabétique des Matières :

	Pages.		Pages.
Abris provisoires	97	Dommages certains, matériels	6
Agiculteurs (avantages aux)	23	Fonds de commerce	44
Alignement (plan d')	121	Immeubles endommagés	93
Assurance	46	Meubles, remplacement	150
Avances	100	Mines	32
Baux	111	Mont de Piété (objets au)	11
Cadastre (réfection du)	119	Nivellement (plan de)	121
Co-propriétaires	32	Perte de titres et coupons	45
Commissions cantonales	56	Reconstructions, réparations	9
Créanciers privilégiés	33	Rédaction des demandes	255
Débiteur de l'Etat	94	Remploi	133
Déblaiement	119	Sociétés	13
Déclarations des dommages	256	Titres	81
Demandes d'indemnité	60	Vente du sol	114

"ÉDITIONS & LIBRAIRIE"

40, Rue de Seine, 40

PARIS

OBJET DE L'OUVRAGE

Le *Journal officiel* vient de promulguer la loi du 17 avril 1919, sur la *Réparation des dommages causés par les faits de la guerre*.

Demain, les particuliers, les communes, départements et établissements publics ou d'utilité publique vont pouvoir obtenir réparation des dommages dont ils ont été victimes. Demain aussi, de nombreux industriels, commerçants, agriculteurs ou artisans seront appelés à siéger dans les commissions cantonales et à se prononcer sur le sort des demandes introduites par les sinistrés, leurs concitoyens. Situation aussi troublante pour les uns que pour les autres, si le postulant ne connaît pas suffisamment ses droits et si le juge n'a pas toute la connaissance voulue de la loi pour rendre la bonne justice ! Faudrait-il cependant s'étonner qu'il se produise un certain nombre d'erreurs s'ils ne disposaient les uns et les autres, pour éclairer leur religion, que d'un simple texte de loi, nécessairement aride pour qui n'a pas été en situation d'approfondir la question? Et n'est-ce pas le sort commun de toutes nos lois de nécessiter des spécialistes pour les interpréter?

La loi sur la réparation des dommages de guerre, pourtant si satisfaisante dans son ensemble, n'échappe pas, — nos lecteurs auront plus d'une fois l'occasion de le constater au cours de cette étude, — à ce sort commun, d'avoir besoin d'être expliquée.

Notre **guide pratique** répond donc à un besoin

et c'est ce qui nous engage à le présenter à nos compatriotes.

Nous l'avons divisé en deux parties suivies de dix-neuf annexes. La *Première partie* est un exposé méthodique de la loi, suffisant pour les personnes qui désirent simplement se rendre compte de l'ensemble de son mécanisme. Pour en faciliter la lecture, nous l'avons divisée en chapitres correspondant aux divers aspects sous lesquels une question peut être envisagée. Un chapitre spécial, le chapitre VII, a été consacré aux dispositions concernant les *abris provisoires* et les *avances* qui intéressent nos lecteurs d'une façon plus pressante.

La *Deuxième partie* donne le texte officiel en accompagnant, quand il y a lieu, les principaux articles d'un commentaire destiné à en mieux faire ressortir le sens et la portée. Combinée avec la première, la deuxième partie convient plus particulièrement aux personnes qui désirent faire une étude approfondie de la Loi et aux membres des commissions cantonales qui doivent en connaître l'esprit. En rapprochant de l'exposé de la première partie, les précisions données dans la deuxième, ces derniers se pénétreront de l'intention du législateur dans toute la mesure nécessaire à des juges chargés d'interpréter la loi et de l'appliquer.

Dans les *Annexes* enfin, nos lecteurs trouveront un certain nombre de détails intéressants mais dont la place n'est pas dans un exposé d'ensemble.

Notre but est de mettre à la portée de chacun l'ouvrage qui lui convient selon ses besoins ou son désir de savoir. Il sera largement atteint si nous avons pu ainsi nous rendre utiles à nos concitoyens, autant pour la satisfaction de leur légitime souci de connaître l'étendue de leurs droits, que pour le bien de la collectivité si intéressée au relèvement rapide de nos régions libérées.

Paris, 17 Juin 1919.

RÉSUMÉ SYNOPTIQUE

PRINCIPE DE LA LOI

Tous les dommages causés en France et en Algérie aux biens immobiliers ou mobiliers, par les faits de la guerre, ouvrent le droit à la **réparation intégrale,** pourvu que ces dommages soient **certains, matériels** et **directs.**

« **Le Gouvernement prend devant vous un engagement**
« **solennel,** *a dit M. VIVIANI, alors Président du Conseil,*
« *en vous proposant une première ouverture de crédit de*
« *300 millions. La France redressera ses ruines en*
« *escomptant, certes, le produit des indemnités que nous*
« *exigerons, et, en attendant, à l'aide d'une contribution*
« *que la Nation entière paiera, fière, dans la détresse d'une*
« *partie de ses enfants, de remplir le devoir de la solida-*
« *rité nationale.* »

(Chambre des Députés, séance du 22 décembre 1914.)

DOMMAGES DONT LA RÉPARATION EST PRÉVUE PAR LA LOI

1° Toutes les **réquisitions opérées** par les autorités ou troupes ennemies, notamment les prélèvements en nature, les impôts, contributions de guerre et amendes, dont auraient été frappés les particuliers ou collectivités, y compris le logement et le cantonnement.

2° Les enlèvements, détériorations ou destructions de tous **biens meubles** ou de tous objets, tels que récoltes, animaux, arbres et bois, matières premières, marchandises, meubles meublants, titres et valeurs mobilières; les pertes d'objets mobiliers, soit en France, soit à l'étranger, au cours des évacuations et rapatriements.

3° Les détériorations ou destructions d'**immeubles bâtis ou non**, y compris les bois et forêts; les enlèvements, détériorations ou destructions d'outillages, d'accessoires et d'animaux appartenant à une exploitation industrielle, agricole ou commerciale.

4° Les dommages causés dans la zone de défense des frontières, le voisinage des places de guerre et des points fortifiés, mais en tenant compte du caractère spécial des constructions élevées dans les zones militaires.

5° Tous les dommages causés aux **bateaux armés** à la **petite pêche.**

Sont compris dans les dommages ci-dessus visés, ceux provenant de la **réquisition,** du **logement** et du **cantonnement** des troupes françaises ou alliées.

PERSONNES ADMISES A L'EXERCICE DU DROIT A LA RÉPARATION

1° Les particuliers et leurs héritiers.

2° Les Associations, les établissements publics ou d'utilité publique, les Communes, les Départements et les Sociétés, ces dernières sous certaines conditions relatives aux porteurs ressortissants des puissances ennemies.

INDEMNITÉ

QUE COMPREND-ELLE ?

En Matière immobilière

L'indemnité comprend deux éléments:

1° **Le montant de la perte subie,** évalué en prenant pour base le coût de construction, d'installation ou de réparation à la veille de la mobilisation, sous déduction de la somme correspondant à la dépréciation résultant de la vétusté;

2° **Les frais supplémentaires** qui sont égaux à la différence entre le coût de construction, d'installation ou de réparation à la veille de la mobilisation et celui de reconstruction d'immeubles identiques au jour de l'évaluation.

Pour les immeubles non bâtis, les frais supplémentaires s'étendent aux dépenses nécessitées par la remise de la terre dans son état de culture ou de productivité antérieur.

Les outillages, accessoires et animaux appartenant à une exploitation commerciale, industrielle ou agricole, sont considérés comme **immeubles par destination**, qu'ils appartiennent à l'exploitant ou au propriétaire de l'immeuble.

En Matière mobilière.

L'indemnité comprend :

I. Le montant de la perte subie :

a) Pour les dommages causés à tous biens meubles, ayant ou non une destination industrielle, commerciale, agricole ou professionnelle ;

b) Pour les dommages causés aux Offices publics et ministériels qui ont été l'objet de dommages immédiats, directs et certains ;

c) Pour les dommages causés par la perte de titres ou de coupons français ou étrangers dont la restitution n'aura pu être obtenue par les moyens légaux.

II. Le montant des dépenses supplémentaires, calculé sur la différence entre la valeur de remplacement au jour de l'évaluation et la valeur de la perte subie :

a) Pour les quantités nécessaires à la remise en marche :

1º d'une exploitation industrielle et à la fabrication normale pendant une période maximum de trois mois ;

2º d'une exploitation agricole, jusqu'à la prochaine récolte ;

3º à la reprise de l'exploitation d'un fonds de commerce ou l'exercice d'une profession pendant une période maximum de trois mois :

b) Pour le mobilier de l'habitation, les meubles meublants, la literie, le linge, les effets personnels, ainsi que pour les objets d'agrément, dont la valeur, pour chacun d'eux. ne dépassait pas 3.000 frs lors de la déclaration de guerre.

A QUELLES CONDITIONS EST-ELLE ACCORDÉE ?

1º **Le montant de la perte subie** est accordé dans tous les cas de remploi ou non, que le non-remploi soit volontaire ou que le remploi soit interdit.

2º **Les frais supplémentaires ne sont acquis qu'en cas de remploi,** pour les immeubles bâtis ou non bâtis et les immeubles par destination.

Le remploi a lieu en immeubles ayant la même destination que les immeubles détruits ou une destination industrielle, commerciale ou agricole, **dans la commune du dommage** ou **dans un rayon de 50 kilomètres,** sans sortir de la zone dévastée.

3° Le montant des **dépenses supplémentaires** concernant la reprise d'une exploitation agricole ou commerciale, ou encore l'exercice d'une profession, est également accordé, **sous condition de reprise d'exploitation.** Toutefois, **le remplacement n'est pas exigé** pour les biens meubles, mobilier d'habitation, meubles meublants, literie, etc., repris ci-dessus à l'alinéa *b*.

4° **Sous condition de remploi,** la somme correspondant à la dépréciation résultant de la vétusté est **allouée en toute propriété jusqu'à concurrence** de 10.000 francs ; pour le surplus, elle fait l'objet, sur la demande de l'attributaire, **d'avances remboursables** par lui à l'Etat, en vingt-cinq années à partir de celle qui suivra le dernier versement et productives d'un intérêt de 3 °/₀.

L'attributaire a un délai de **deux ans** pour souscrire à la condition de remploi ou de reprise d'exploitation.

COMMENT ET PAR QUI ELLE EST FIXÉE.

Les dommages sont constatés et évalués par les Commissions Cantonales.

Les intéressés sont admis à déposer, dès la publication de **l'arrêté préfectoral** prononçant l'ouverture des opérations des Commissions, leurs demandes, avec pièces à l'appui, entre les mains du **greffier** de la Commission cantonale qui délivrera du tout un récépissé.

La Commission entend les parties **convoquées** par le greffier **par pli recommandé avec avis de réception, l'Etat étant appelé** en la personne du Préfet ou de son délégué.

Elle s'efforce de concilier les parties, constate, s'il y a lieu, leurs accords, et décide s'ils doivent être homologués. Dans ce cas, la conciliation est acquise ; il en est établi un procès-verbal motivé et l'évaluation est définitive.

Les parties peuvent se faire assister ou représenter par un membre de leur famille, parent ou allié, ou par un avocat inscrit au Barreau, ou par un Officier ministériel.

DANS QUELLES CONDITIONS EST-ELLE PAYÉE ?

Lorsque la décision est définitive, les attributaires reçoivent, de la Commission, un **extrait** pour chacune des décisions qui les concernent. Cet extrait est échangé **dans les deux mois** et par les soins du Ministre des Finances, contre un **titre** constatant le montant de la somme attribuée.

Il y a trois sortes de titres :

Le **titre ordinaire**, pour le montant de la perte subie ;

Le **titre complémentaire**, pour les frais supplémentaires de reconstruction ou de remplacement;

Le **titre spécial** pour :

1º Les prélèvements en espéces, amendes et contributions de guerre imposées par les autorités ou les troupes ennemies ;

2º Les sommes correspondant à la dépréciation résultant de la vétusté et qui donnent droit à une avance, sur demande de l'attributaire.

L'époque de paiement est fixée comme il suit :

1º **Les attributaires qui remploient ou reconstituent, ont droit, dans le délai de deux mois,** à dater de la remise du titre ordinaire, sur simple engagement de procéder au remploi ou à la reconstitution, à **un premier acompte de 25 % du montant de la perte subie,** sans que cet acompte puisse être inférieur à 3.000 francs si la perte subie est égale ou supérieure à ce chiffre, ni supérieur à 100.000 francs.

Le solde du montant de la perte subie est versé par acomptes successifs, au fur et à mesure de la justification des travaux ou achats, dans le delai de **deux mois** de la justification.

Le montant des **frais supplémentaires,** qu'il s'agisse d'immeubles ou de biens meubles pour lesquels la valeur de remplacement est accordée, est versé dans les mêmes conditions, sur présentation du **titre complémentaire.**

En dernier lieu, les **avances pour vétusté** sont versées sur présentation du titre spécial.

1º **Si l'attributaire n'a droit qu'au montant de la perte subie** (remploi interdit ou non remploi volontaire), deux hypothèses se présentent :

1º **Il réinvestit son indemnité,** c'est-à-dire **en fait usage industriel ou commercial** sur un point quelconque du territoire, et alors le montant de la perte subie lui est versé par acomptes successifs, au fur et à mesure de la justification des travaux ou des achats.

2º **Il ne réinvestit pas son indemnité,** c'est-à-dire ne la destine pas à un usage industriel ou commercial, et alors deux cas peuvent se produire :

> *a)* Ou l'indemnité provient d'un immeuble, et alors il est remis au sinistré un titre inaliénable pendant cinq ans, le remboursement étant ensuite effectué à partir de la sixième année, en dix termes annuels égaux.

> *b)* Ou l'indemnité ne provient pas d'un immeuble, et alors le remboursement est effectué en dix termes annuels **égaux** dont le premier est payé dans les **trois mois** qui suivent la remise du titre.

3° Les sommes dues pour prélèvements en espèces, amendes et contributions de guerre, sont versées **immédiatement** sur présentation du **titre spécial.**

AVANCES

Dès maintenant, et avant le dépôt des demandes d'indemnité, il peut être alloué aux sinistrés, pour **répondre aux besoins les plus urgents, des avances** dont les conditions d'attribution sont fixées par des circulaires ministérielles.

CONTESTATIONS

Lorsque l'accord n'a pu se faire devant la Commission cantonale, celle-ci dresse procès-verbal des demandes et des dires des parties et de leur désaccord. Elle constate la réalité et l'importance des dommages **par catégories,** avec une évaluation distincte pour chacun des éléments qui les constituent.

Le greffier adresse aux parties, par pli recommandé, avec accusé de réception, un avis sommaire des décisions de la Commission et les prévient en même temps qu'elles ont un **délai d'un mois** à dater du jour de réception de cet avis pour prendre connaissance de leur dossier au greffe et pour porter, s'il y a lieu, leurs constatations devant le Tribunal des dommages de guerre.

Le Tribunal statue sur toutes les questions se rattachant aux dommages et fixe définitivement le montant des indemnités.

Il statue sur mémoires et en dernier ressort.

Les parties peuvent, sur leur demande, présenter elles-mêmes de brèves observations ou les faire présenter par un membre de leur famille, parent ou allié, par un avocat régulièrement inscrit par un officier ministériel dans sa circonscription, par le délégué d'une Association de sinistrés régulièrement constituée.

Les décisions du Tribunal des dommages de guerre peuvent être l'objet d'**un recours devant le Conseil d'Etat** pour incompétence, excès de pouvoir ou violation de la loi.

CAS DE DÉCHÉANCE

Peut être déchu à tout moment, en totalité ou en partie, du droit à l'indemnité :

A) 1º Tout individu condamné contradictoirement ou par coutumace, pour trahison, espionnage, embauchage, désertion à l'ennemi, désertion en présence de l'ennemi ;

2º Tout Français ou tout sujet Français insoumis ou déserteur pendant la guerre. Dans ce dernier cas, la déchéance du droit à indemnité sera rapportée de plein droit si l'insoumis, le déserteur ou le contumax bénéficie ultérieurement d'un jugement d'acquittement pour le crime ou délit qui a entraîné le prononcé de la déchéance.

B) 1º L'attributaire qui aura fait de l'indemnité un usage contraire aux conditions de remploi auxquelles elle est subordonnée.

2º L'attributaire qui aura cédé ou compromis, contrairement aux dispositions de l'article 1321 du Code civil.

3º Tout réclamant qui aura négligé volontairement de déclarer qu'il a déjà reçu une indemnité provenant d'une assurance ou qui aurait intentionnellement fait une fausse déclaration.

Dans ces trois cas, la répétition des sommes indûment cédées ou perçues sera en outre poursuivie.

(Reproduction interdite.)

PREMIÈRE PARTIE

Exposé d'ensemble

DIVISION DE LA PREMIÈRE PARTIE

La loi du 17 avril 1919, dont nous donnons ci-après, dans la deuxième partie le texte *in-extenso* comprend cinq titres :

TITRE I. Dispositions générales.

TITRE II. De l'indemnité.

TITRE III. De la juridiction.

TITRE IV. Du paiement.

TITRE V. Dispositions diverses.

Cette division en cinq titres, excellente pour un texte de loi en ce sens qu'elle correspond aux grandes lignes et permet de prendre rapidement un aperçu de l'ensemble, ne saurait suffire au lecteur qui cherche à se rendre compte facilement et rapidement des conditions qui l'intéressent personnellement. Pour la clarté de l'exposé et la commodité de la lecture, nous abandonnerons donc la division en titres et adopterons le classement ci-après qui nous semble répondre mieux aux besoins des intéressés.

CHAPITRE I. — Que faut-il entendre par Dommages de Guerre?

CHAPITRE II. — Quelles sont les personnes admises au bénéfice de la loi?

CHAPITRE III. — L'Indemnité.— Que comprend-elle?

CHAPITRE IV. — A quelles conditions l'indemnité est-elle acquise? — Du remploi.

CHAPITRE V. — Comment et par qui l'indemnité est-elle fixée?   —

CHAPITRE VI. — Quand et comment l'indemnité est-elle payée? — Des autres modes de libération dont dispose l'Etat.

CHAPITRE VII. — Des abris provisoires et des avances.

CHAPITRE VIII. — Dommages qui ne sont pas visés par la loi du 17 avril 1919.

CHAPITRE IX.— Dispositions ayant un caractère général.

CHAPITRE X. — Des cas de déchéance.

CHAPITRE XI. — Des frais et travaux pris en charge par l'Etat.

CHAPITRE XII. — Dispositions transitoires. — La loi est applicable aux Colonies.

CHAPITRE PREMIER

QUE FAUT-IL ENTENDRE PAR DOMMAGES DE GUERRE ?

Article premier. — *La République proclame l'égalité et la solidarité de tous les Français devant les charges de la guerre.*

Art. 2, § 1. — *Les dommages* **certains, matériels** *et* **directs** *causés en France et en Algérie, aux biens immobiliers ou mobiliers par les faits de la guerre, ouvrent le droit à la réparation intégrale, instituée par l'art. 12 de la loi du 26 décembre 1914, sans préjudice du droit, pour l'État français, d'en réclamer le paiement à l'ennemi.*

L'intention du Parlement ne peut être mise en doute et M. Viviani, dans un discours qu'il a prononcé en décembre 1914, alors qu'il était Président du Conseil, au cours de la discussion concernant une première ouverture d'un crédit de 300 millions en faveur des régions envahies, a certainement caractérisé très nettement la pensée du gouvernement aussi bien que celle du Parlement lorsqu'il s'est écrié :

« *Le* **Gouvernement** **prend devant vous un engagement solennel,** *La France redressera ses ruines en escomptant, certes, le produit des indemnités que nous exigerons (de l'ennemi) et, en attendant, à l'aide d'une contribution que la nation entière paiera, fière dans la détresse d'une partie de ses enfants, de remplir le devoir de solidarité nationale.* »

Les dommages, pour donner le droit à la **Réparation** doivent être **certains, matériels** et **directs.**

Ce n'est pas là une simple formule administrative.

Déjà à l'époque où cette condition a été formulée pour la première fois et où la victoire n'étant pas assurée, il y avait lieu de se demander si la charge de réparer les dommages n'incomberait pas exclusivement à la nation solidaire de tous ses enfants, il convenait de limiter les indemnités aux seuls dommages résultant des faits de la guerre. La victoire, si complète soit-elle, n'a pu changer cette situation. D'abord, c'est avec le concours de ses alliés que la France a gagné la guerre. D'autre part, il a été reconnu à la Conférence de la Paix que non seulement l'Allemagne ne pourrait compenser toutes les pertes qu'elle a occasionnées, mais qu'encore les premiers paiements effectués par elle seraient de beaucoup insuffisants à couvrir les charges de notre trésorerie, parce que nous ne sommes pas les seuls à indemniser. Il en résulte que la **réparation due par l'Etat devait être réservée aux seuls dommages causés par les faits de la guerre**. A cette condition seulement le droit à l'indemnité a pu être limité aux habitants des régions libérées.

Les dommages doivent donc être **certains, matériels** et **directs**. Cette condition imposée aux dommages, pour qu'ils puissent donner droit à réparation, est une obligation d'ordre général empruntée au code civil. Elle a pour but de mettre les idées auxquelles elle répond en harmonie avec les principes généraux de notre droit, ce qui est de nature à faciliter le rôle de nos commissions d'évaluation.

Le dommage devra être **certain**, c'est-à-dire basé, non pas sur des raisonnements et des probabilités, mais reposer sur des certitudes qui le rendent tangible. On ne pourra ainsi demander la réparation d'un préjudice redouté, mais qui ne s'est pas encore produit.

Le dommage devra en outre être **matériel**. Par cette expression sont exclus les dommages dont les résultats ne tombent pas sous les sens et en particulier les dommages moraux. C'est ainsi qu'on ne tiendra pas compte de la valeur d'affection ou de commodité que pouvaient présenter pour leurs propriétaires, les meubles ou immeubles atteints par les faits de la guerre. Dans un portrait de famille par exemple, on ne verra que la valeur commerciale de la peinture.

Le dommage devra enfin être **direct**. Cette prescription est en accord avec le droit civil français qui limite la responsabilité à **ce qui est la suite immédiate et directe de l'obligation.** Qu'est-ce donc qu'un préjudice direct? **C'est celui qui produit le dommage, sans l'adjonction d'aucune autre cause et sans l'interposition d'aucun autre fait.** La distinction sera parfois difficile à faire entre le préjudice direct et le préjudice indirect. On s'est parfois servi, pour les distinguer, de la comparaison suivante. Tout fait dommageable provoque des répercussions que l'on peut assimiler aux cercles concentriques, produits par une pierre qui tombe dans l'eau. Il y a de la sorte, comme des zones de préjudices qui vont en s'élargissant à mesure qu'elles s'éloignent. La première de ces zones, celle qui se rattache immédiatement au fait initial est la zone des préjudices directs ; les autres correspondent aux préjudices indirects

Définition des Catégories

ART. 2, § II. — *Sont considérés comme dommages résultant des faits de la guerre notamment :*

1re *Catégorie.* — *Toutes les* **réquisitions** *opérées par les autorités ou troupes ennemies, les prélèvements en nature effectués sous toutes formes ou dénominations, même sous la forme* **d'occupation, de logement et de cantonnement** *ainsi que les impôts, contributions de guerre et amendes dont auraient été frappés les particuliers ou les collectivités ;*

2e *Catégorie.* — *Les enlèvements de tous objets tels que : récoltes, animaux, arbres et bois, matières pre-*

mières, *marchandises, meubles meublants, livres et valeurs mobilières ; les détériorations ou destructions partielles ou totales de récoltes, de marchandises et de tous* **biens meubles,** *quels que soient les auteurs de ces enlèvements, détériorations ou destructions ; les pertes d'objets mobiliers, soit en France, soit à l'étranger, au cours des évacuations ou rapatriements ;*

3ᵉ Catégorie. — Les détériorations **d'immeubles bâtis ou non bâtis,** *y compris les bois et forêts ; les destructions partielles ou totales d'immeubles bâtis; les enlèvements, détériorations ou destructions partielles ou totales d'outillages, d'accessoires et d'animaux appartenant à une exploitation commerciale, industrielle ou agricole qui seront, pour l'application de la présente loi, considérés comme* **immeubles par destination,** *qu'ils appartiennent à l'exploitant ou au propriétaire de l'immeuble sans qu'il y ait lieu de rechercher quels sont les auteurs des dommages visés au présent paragraphe ;*

4ᵉ Catégorie. — Tous les dommages visés aux paragraphes précédents causés dans la zone de défense des frontières ainsi que dans le voisinage des places de guerre et des points fortifiés, sans qu'il puisse être opposé aux ayants droit aucune exception tirée des lois et décrets concernant les servitudes militaires. Toutefois, pour fixer le montant de l'indemnité, les commissions d'évaluation devront faire état du caractère précaire des constructions élevées dans les zones militaires en contravention aux lois et règlements ou en vertu d'autorisations subordonnées à l'engagement de démolir à première réquisition ;

5ᵉ Catégorie. — Tous les dommages causés aux bateaux armés à la petite pêche. Un règlement d'administration publique déterminera la procédure à suivre pour la constatation et l'évaluation du dommage.

§ III. — Sont compris dans les dommages visés aux paragraphes précédents ceux causés par les armées françaises ou alliées, soit en raison des mesures préparatoires de l'attaque, des mesures préventives de la défense,

des nécessités de la lutte et de l'évacuation des points menacés, soit en raison des besoins de l'occupation dans les parties du territoire qui ont été comprises dans la zone des armées, en particulier, de la **réquisition** *du* **logement** *et du* **cantonnement,** *le réclamant conservant la faculté d'user par préférence des dispositions des lois du 10 juillet 1791 et du 3 juillet 1877, des décrets du 2 août 1877, du 23 novembre 1886 et du 27 décembre 1914.*

§ IV. — Les dommages sont constatés et évalués et l'indemnité est fixée pour chaque sinistré **par catégories,** *suivant la classification ci-dessus, conformément aux dispositions de la présente loi. Le sinistré a la faculté de produire en même temps ses réclamations pour les diverses catégories des dommages qu'il a subis.*

L'énumération qui précède n'est pas limitative. Elle a exclusivement pour but de créer des **catégories** et de permettre ainsi au sinistré de présenter ses demandes par nature de dommages .Cette institution des catégories est une des pierres angulaires du mécanisme de la loi. Nos lecteurs trouveront à l'article 2 (2e partie), l'exposé motivé du rôle qu'elles sont appelées à jouer.

Différents orateurs ont fait préciser les points de détail ci-après.

1° **Cas où des reconstructions ou réparations sont devenues inexistantes par suite de nouveaux faits de guerre.**

Il est entendu que les reconstructions ou les réparations effectuées aux immeubles endommagés par les faits de guerre constituent, si elles sont devenues inexistantes par suite de nouveaux faits de guerre (cas d'une région libérée puis envahie à nouveau), un deuxième dommage s'ajoutant au premier.

2° Destructions volontaires.

Les destructions volontaires effectuées dans l'intérêt de la défense nationale donnent droit à réparation dans les mêmes conditions que les autres dommages.

3° Caractère spécial des propriétés zonières.

Les zoniers ne doivent pas être laissés en dehors du principe de réparation intégrale. Le caractère de propriété zonière ne peut constituer une fin de non-recevoir à la demande d'indemnité. Mais les commissions cantonales et le tribunal des dommages de guerre auront l'obligation de tenir compte du caractère précaire de la propriété. Dans ces conditions, la réparation pourra aller jusqu'au montant de la perte subie, mais ne pourra ouvrir le droit au bénéfice du remploi, c'est-à-dire conférer les frais supplémentaires.

4° L'action de gestion d'affaires est abolie

L'action de gestion d'affaires, créée par la jurisprudence à la suite de la guerre de 1870, au profit du propriétaire d'une chose réquisitionnée par l'ennemi, est abolie et la créance du propriétaire, de ce chef, devient une créance directe contre l'Etat.

5° Droit d'option entre la législation actuelle et les législations antérieures.

A propos du droit d'option prévu par le § 3, il doit être entendu que seuls pourront se réclamer de la présente loi ceux qui n'ont pas déjà accepté d'être réglés sur les bases des lois du 10 juillet 1791 et du 3 juillet 1877, des décrets du 2 août 1877, du 23 novembre 1886 et du 27 décembre 1914, autrement dit les conventions conclues à ce jour sont définitives, et la loi ne peut avoir à cet égard aucun effet rétroactif.

Cette interprétation n'empêche pas ceux qui n'ont pas encore tenté des démarches en vue de se faire rembourser, de pouvoir continuer à exercer leur option.

6° Outillage des pêcheurs à la petite pêche.

Il est entendu que les casiers à homards, les orins, les bouées, les filets, et d'une façon plus générale, tout ce qui constitue l'outillage du pêcheur doit être considéré comme dommage de guerre au même titre que les bateaux armés à la petite pêche.

7° Objets déposés au Mont-de-piété.

Deux questions se posent à ce sujet.

1° Les intéressés devront-t-il comprendre dans leur demande la réclamation du montant des objets ou bien faudra-t-il qu'ils s'adressent d'abord à l'administration du Mont-de-piété pour que celle-ci réclame aux commissions compétentes le total des pertes ?

2° Les objets engagés au Mont-de-piété sont des nantissements sur lesquels on ne prête qu'une somme bien inférieure à leur valeur intrinsèque. Comment pourra-t-on établir la valeur de l'objet réclamé?

La réponse ci-après a été faite par le Président de la Commission spéciale (Chambre des Députés. Séance du 1er février 1919).

M. le Président de la Commission. — **Dans la mesure où des justifications existeront, on les utilisera, qu'elles émanent du Mont-de-piété, ou des déposants eux-mêmes qui auront pu garder par devers eux la reconnaissance du Mont-de-piété.**

Il y a évidemment des cas où tout aura disparu. La loi l'a prévu dans la mesure suivante : on pourra justifier des dommages par tous les

moyens de preuve, même la notoriété publique. Enfin nous sommes allés aussi loin que possible.

Il est évident que, dans la situation de fait évoquée par M. Lenoir, les commissions cantonales et les tribunaux des dommages de guerre, se montreront très larges dans l'appréciation des justifications présentées. Les évaluations faites par le Mont-de-piété ne serviront que d'indication, quand on les rencontrera, mais comme on sait à peu près quelles sont les règles d'évaluations du Mont-de-piété par rapport à la valeur réelle, les commissions et, éventuellement, les tribunaux auront ainsi une mesure pour l'évaluation précise de la valeur des objets.

Bien entendu, il y aura lieu de tenir compte des sommes prêtées ; elles viendront en déduction.

CHAPITRE II

PERSONNES ADMISES AU BÉNÉFICE DE LA LOI

Art. 3, § i. — *Sont admis à l'exercice du droit ci-dessus défini : les particuliers et leurs héritiers, les associations, établissements publics ou d'utilité publique, communes, départements.*

§ ii. — *Les sociétés dont une partie du capital social était détenu par des nationaux des puissances ennemies, à la date du 1er août 1914, devront rembourser à l'État, par des retenues sur les dividendes distribués aux porteurs ressortissants des puissances ennemies ou par toutes autres retenues à faire supporter par ces porteurs, la part d'indemnité dont le capital par eux détenu aurait bénéficié.*

Les dispositions qui précèdent n'ont rien que de naturel. Il va de soi que les porteurs ressortissants des puissances ennemies doivent être exclus du bénéfice de la loi.

Il n'en est pas de même des étrangers en France ni des naturalisés à qui la qualité de Français a été retirée. Les personnes appartenant à ces deux catégories seront traitées suivant des conditions à intervenir entre la France et la nation à laquelle ressortissent ou ont ressorti ces étrangers ou ces naturalisés, comme il est dit au § iv ci-après. En attendant les étrangers pourront faire constater et évaluer les dommages qu'ils auront subis.

§ iii. — *Un règlement d'administration publique*

déterminera les conditions d'application du précédent paragraphe.

§ iv. — Le droit à la réparation appartiendra aux étrangers en France et aux naturalisés à qui la qualité de Français a été retirée, dans les conditions déterminées par les traités à conclure entre la France et la nation à laquelle ressortissent ou ont ressorti ces étrangers ou ces naturalisés. A titre purement conservatoire, les étrangers seront admis à faire constater et évaluer les dommages dont ils auront souffert.

Concessionnaires des voies de communication d'intérêt général.

§ v. — Une loi spéciale déterminera les conditions dans lesquelles les concessionnaires de voies de communication d'intérêt général seront admis au bénéfice de la présente loi.

CHAPITRE III

L'INDEMNITÉ. — DE QUOI SE COMPOSE-T-ELLE?

I. — EN MATIÈRE IMMOBILIÈRE

Le Parlement a estimé qu'il devait se préoccuper avant tout des moyens de **faire renaître dans le minimum de temps la vie économique** sous toutes ses formes, agricole, industrielle, commerciale et domestique. Aussi, tout en limitant en principe, et en raison des sacrifices considérables que la nation devra s'imposer pour venir en aide aux populations des régions dévastées, son effort au minimum indispensable pour donner à chacun ce qui lui revient, il a voulu cependant que le sinistré puisse trouver, dans la loi tous les éléments nécessaire à la reconstitution de son bien ou de son entreprise. Il a été ainsi amené à pousser avec force au **REMPLOI,** qui peut se définir l'affectation de l'indemnité à la reconstitution des biens disparus.

A cet effet, le Parlement a distingué dans l'indemnité, **le montant de la perte subie et les frais supplémentaires.**

Le montant de la perte subie, c'est le prix réel, évalué à la veille de la mobilisation, de ce que chacun a perdu. Il est attribué dans tous les cas, de remploi ou non, du moment où la réalité du sinistre est reconnue par les Commissions compétentes.

Les frais supplémentaires, c'est la prime que l'Etat accorde au sinistré qui veut remployer. En raison de l'augmentation considérable des matériaux et de la main-d'œuvre, cette prime est si élevée que tous ceux qui ne seront pas réellement incapables de remployer, voudront s'en ménager le bénéfice. C'est ainsi que la Reconstitution sera assurée par l'effort individuel de chacun.

Le mécanisme du calcul de l'indemnité tient tout entier dans cette formule simple : « Tout sinistré, à condition, bien entendu, de faire la preuve du dommage, a droit, en toute propriété et sans qu'il puisse lui être demandé compte de l'emploi de l'indemnité ainsi attribuée, **au montant de la perte subie**, évalué à **la veille de la mobilisation. S'il remploie**, il a droit en outre **aux frais supplémentaires.** »

Les dispositions qui régissent cette question sont les suivantes :

Art. 4, § i. — **L'indemnité en matière immobilière, comprend le montant de la perte subie, évalué à la veille de la mobilisation, et celui des frais supplémentaires nécessités par la reconstitution des immeubles endommagés ou détruits**

§ ii. — **L'octroi de ces deux éléments de l'indemnité est subordonné à la condition d'effectuer le remploi suivant les modalités prévues aux articles ci-après.**

§ iii. — **Dans le cas où le remploi n'est pas effectué le sinistré reçoit seulement le montant de la perte subie.**

Art. 5, § i. — **Le montant de la perte subie et celui des frais supplémentaires nécessités par la reconstitution des immeubles, sont évalués séparément par les commissions cantonales.**

Art. 7, § i. — **Dans les cas où le remploi n'est pas effectué, l'indemnité est cependant calculée en y comprenant le montant de la perte et les frais supplémentaires. Le sinistré reçoit le montant de la perte subie.**

§ ii. — **Les frais supplémentaires de reconstitution seront, dans les conditions déterminées par la loi de finances, attribuées à un fonds commun pour être employés au profit des régions sinistrées.**

A — IMMEUBLES BATIS.

Pratiquement, il y a lieu de considérer deux cas : 1º L'immeuble est susceptible de réparations, 2º il a complètement disparu ou ses ruines sont telles qu'il y a lieu d'envisager une réfection totale.

1º *L'IMMEUBLE EST RÉPARABLE*

Si l'immeuble est susceptible de réparation, la procédure est simple. Il y a lieu cependant de distinguer deux hypothèses :

a) le propriétaire a décidé de ne commencer les travaux de réparation que quand la Commission cantonale aura statué sur la demande d'indemnité. Dans ce cas, il suffira de présenter à la Commission le projet détaillé des réparations, ainsi que le devis établi par l'architecte ou l'entrepreneur. Celle-ci l'approuvera immédiatement toutes les fois que le projet des travaux et le montant de la réparation seront conformes à la situation et la question sera solutionnée de cette façon. Si au contraire la commission n'approuve pas le projet ou le montant de la réparation, il y aura désaccord et l'affaire recevra la solution dans les formes indiquées au Chapitre V ci-après : *De la juridiction.*

Faisons remarquer de suite que le sinistré peut parfaitement faire commencer les travaux avant même de se mettre en instance devant la Commission cantonale. La parfaite régularité de cette manière d'agir est constatée par la réponse ci-après faite par le rapporteur de la Commission d'accord avec le Ministre des régions libérées, à la première séance de la Chambre des députés du 28 janvier 1919. M. Louis Marin avait demandé qu'on rétablisse le § ci-après :

Si l'intéressé n'a pas usé de la faculté qui lui est réservée par la loi du 5 juillet 1917, la commission cantonale peut, après avoir constaté l'état des biens, l'autoriser à procéder, sans attendre la décision définitive, à la reconstruction de ces biens, indépendamment des mesures de conservation visées à l'article 17.

Le rapporteur lui répondit :

La disposition que propose M. Louis Marin était contenue dans l'article 25 du texte du Sénat. La commission l'a écartée, estimant que les constructions et reconstructions peuvent être commencées **sans aucune espèce d'autorisation** *; c'est ce que M. le Ministre des Régions libérées vient de rappeler. S'il en est ainsi, il ne faut pas laisser croire aux sinistrés qu'une autorisation est utile, et c'est ce qui résulterait du texte de M. Marin, comme de l'article 25 du Sénat. Au contraire, les travaux peuvent commencer sans autorisation et nous ne devons pas laisser planer sur ce texte une hésitation qui pourrait avoir, dans la pratique, les plus regrettables effets.*

Cette manière de voir a d'ailleurs été sanctionnée par la circulaire du 19 février 1919, dont nous donnons le texte ci-après (voir annexe n° 6).

Notons cependant que, dans le cas où le propriétaire fait commencer les travaux avant d'avoir soumis le projet à la Commission, il agit sous sa propre responsabilité en ce qui concerne l'acceptation par la Commission de la note à payer.

b) Le propriétaire a fait commencer ou même terminé les travaux avant la réunion de la Commission. Dans ce cas, il lui suffit de présenter la facture ou la quittance de l'entrepreneur. Nous retombons alors dans l'alternative envisagée au cours de la première hypothèse *a)* ci-dessus :

Ou la commission accepte l'estimation qui lui

est présentée et la question est par le fait définitivement réglée ;

Ou elle conteste cette estimation et alors commence un désaccord qui est soumis aux dispositions prévues par le chapitre *de la juridiction*.

2° *L'IMMEUBLE N'EST PAS RÉPARABLE*
Montant de la perte subie.

Art. 5, § ii. — *Le montant de la perte subie est évalué en prenant pour base le coût de construction et d'installation ou de réparation à la veille de la mobilisation, sous déduction de la somme correspondant à la vétusté et s'il s'agit d'immeubles reconstruits ou réparés postérieurement à la mobilisation, au jour où ils ont été reconstruits ou réparés.*

Il y a lieu de remarquer le bien-fondé de cette formule pour l'évaluation du montant de la perte subie. C'est la plus capable de donner à **chacun son dû**, puisque, de cette manière, le mode d'évaluation est le même pour toutes les constructions. C'est aussi, pour ce motif, celle qui est le plus de nature à éviter les contestations. En effet l'immeuble est évalué d'après ce qu'il aurait coûté s'il avait été construit à la veille de la mobilisation. Seulement comme il ne serait pas juste que celui qui a une maison très vieille, dont il a joui pendant de nombreuses années, reçoive la même indemnité que celui qui en possédait une neuve, le prix de l'immeuble subit une déduction proportionnelle à la vétusté.

Remarquons en passant que ce mode d'évaluation entraîne la remise à la Commission cantonale d'une estimation détaillée de tous les éléments qui entrent dans la construction de l'immeuble avec toutes les indications, croquis, métrages, etc. qui lui permettent de juger du bien-fondé de l'estimation dont il s'agit. Il nécessite par suite l'intervention d'un homme de l'art.

Cette manière d'envisager la question découle

très nettement du § II ci-dessus de l'art. 5. Elle est confirmée par le passage ci-après du discours du rapporteur du Sénat (Séance du 25 mars 1919).

Le premier de ces éléments est le montant de la perte subie. Lorsqu'une maison disparaît, on calcule ce qu'elle aurait coûté à construire avant la guerre. C'est la base sur laquelle est évaluée la perte subie.

Dans la circulaire du 19 avril 1919, le Ministre des régions libérées a recommandé aux Comités techniques départementaux d'établir des prix de revient au mètre carré des divers éléments d'une construction, les séries de prix-courants prévues pour les réparations ne pouvant, d'après cette circulaire, permettre d'apprécier la valeur d'immeubles dont la destruction a été totale ou très importante.

Ce n'est qu'exceptionnellement qu'il sera tenu compte du prix auquel l'immeuble aura été payé. Dans le cas où le remploi n'est pas effectué, dit le § 3 de l'art 5, si l'immeuble a été l'objet d'une translation de propriété remontant à moins de dix années avant l'ouverture des hostilités et constatée par acte authentique ou ayant date certaine, il sera tenu compte du prix porté dans l'acte pour l'évaluation de la perte subie, si ce prix est inférieur à celui de l'évaluation prévue au paragraphe précédent. Le montant de la perte subie ne pourra excéder la valeur vénale de l'immeuble à la veille de la mobilisation Ce paragraphe ne s'applique, il y a lieu d'en faire la remarque, qu'au cas de non-remploi et il ne vise que des immeubles ayant été l'objet d'une translation de propriété remontant à moins de dix années. Ce sont deux raisons qui suffisent à prouver que les dispositions qu'il contient ne concernent que des cas tout à fait particuliers. Il suffit d'ailleurs, pour éclairer la question, de lire les commentaires du rapporteur :

Le § III de l'article 5 semble opposer un autre mode de calcul à celui qui est indiqué au § précédent (coût de la construction à la veille de la mobilisation) pour l'évaluation de la perte subie, et le rapprochement des deux textes peut créer une incertitude. Il est donc nécessaire de préciser. La règle est celle qui est inscrite au paragraphe 2 et c'est le coût de construction qui est la base de l'évaluation .Le texte qui suit vise un cas spécial et a pour but de prévenir un abus. Il existe dans les régions envahies certains châteaux qui comprenaient des corps de bâtiments immenses, mais sans utilisation possible; quelques-uns ont été acquis avant la guerre, en vue d'une démolition. Si l'indemnité était calculée sur le coût de construction, elle serait absolument disproportionnée avec les dommages et constituerait pour l'acheteur un enrichissement scandaleux.

Le paragraphe 3 de l'article 5 a été rédigé pour permettre aux commissions d'évaluation de ne pas payer dans ce cas des indemnités ridiculement exagérées et de s'inspirer dans une juste mesure du prix réel d'acquisition. Au cas de remploi, la règle générale reprend son empire et, seul, le coût de construction doit être considéré.

Frais supplémentaires

Art 5, § iv. — **Les frais supplémentaires sont égaux à la différence entre le coût de construction, d'installation ou de réparation à la veille de la mobilisation et celui de reconstitution d'immeubles identiques au jour de l'évaluation.**

§ xii. — **Si le remploi n'est que partiel, l'attributaire ne reçoit qu'une fraction des frais supplémentaires correspondant aux sommes employées.**

La détermination de l'importance de ces frais **supplémentaires** est faite indépendamment du montant de la perte subie. Le but à atteindre, celui que le législateur s'est proposé, **c'est que le sinistré trouve dans l'indemnité tous les éléments de la reconstruction.**

Les frais supplémentaires, seront par suite égaux à la différence entre le coût de la construction, d'installation ou de réparation à la veille de la mobilisation, déterminé comme il a été dit ci-dessus, et le coût de reconstitution d'immeubles identiques au jour où **l'évaluation du dommage sera faite par la commission. L'attributaire a, d'ailleurs, un délai de deux ans à dater de la décision portant fixation définitive de l'indemnité, pour souscrire à la condition de remploi ou de reprise d'exploitation** (Art. 9).

Une question viendra certainement à l'esprit des sinistrés, c'est celle de savoir, étant donné qu'ils ont deux ans pour se décider au remploi, s'ils ont intérêt à déclarer de suite à la commission leur intention de remployer.

Il nous est facile d'y répondre, en nous servant uniquement du texte de la loi pour étayer notre argumentation. D'abord, remarquons qu'à faire connaître de suite son intention, l'attributaire aura l'avantage de savoir immédiatement quel pourra être le montant de son indemnité et dans quelles conditions de temps il lui sera possible de la toucher. L'article 44 lui permet en effet de percevoir 25 % du montant de la perte subie **deux mois** après la remise de son titre, **s'il prend devant la Commission cantonale le simple engagement de procéder au remploi.**

Ensuite, il y a lieu de constater qu'au point de vue du taux de l'indemnité, le montant de la perte subie est toujours le même, que la commission statue six mois ou un an plus tôt ou plus tard. Seuls les frais supplémentaires sont succeptibles de varier, attendu qu'ils représentent le complément à ajouter au montant de la perte subie pour avoir, **au jour de l'évaluation,** le prix d'un immeuble identique à celui qui a été détruit.

Mais il convient de remarquer qu'aux termes de l'article 7, même **si le remploi n'est pas effectué** l'indemnité est cependant calculée en y comprenant le montant de la perte subie et les frais supplémentaires, ces derniers devant être attribués à un fonds commun pour être employés au profit des régions sinistrées.

La question que le sinistré pourrait par suite être appelé à se poser, en vue de rechercher quel est le moment propice pour obtenir les frais supplémentaires les plus élevés possible, n'est pas celle de savoir s'il faut déclarer à la Commission plus tôt ou plus tard son intention de remployer, puisque de toute manière les frais supplémentaires sont déterminés **au jour de l'évaluation**, mais bien s'il est préférable de retarder le dépôt de sa demande d'indemnité en vue d'obtenir plus tard des frais supplémentaires plus considérables. La question ainsi élucidée, chacun prendra en connaissance de cause, la décision qu'il croira plus conforme à ses intérêts.

Dépréciation résultant de la vétusté

Art. 5, § v. — Sous condition de remploi, la somme correspondant à la dépréciation résultant de la vétusté est allouée en toute propriété à l'attributaire jusqu'à concurrence d'une somme de dix mille francs (10 000 fr.) et, pour le surplus, elle fait l'objet, sur la demande de l'attributaire, d'avances remboursables par lui à l'État en vingt-cinq années à partir de l'année qui suivra le dernier versement et productives d'un intérêt de 3 %.

§ vi. — Sous la même condition, la dépréciation pour vétusté ne pourra excéder 20 % du coût de la construction à la veille de la mobilisation, en cas d'immeubles servant exclusivement à l'exploitation rurale.

§ vii. — Pour le remboursement de ces avances, l'État jouit d'un privilège qui est inscrit au premier rang des privilèges réglementés par l'article 2103 du code civil.

En plus de l'octroi des frais supplémentaires, nous trouvons dans les dispositions qui précèdent, deux nouveaux avantages accordés par la loi à celui qui remploie.

D'abord, il suffit qu'on effectue le remploi pour que la somme correspondant à la dépréciation résultant de la vétusté soit allouée **en toute propriété** jusqu'à concurrence d'une somme de dix mille francs.

Voici comment cette somme sera allouée. La Commission appréciera d'abord le coût de construction à la veille de la mobilisation. Supposons 40.000 fr. Puis elle déduira du prix ainsi déterminé le pourcentage résultant de la vétusté. Admettons 40 % de vétusté, cela donnera 16.000 francs. La différence, 40.000 — 16.000 = 24.000 francs, formera le montant de la somme accordée pour la perte subie. La Commission déterminera ensuite les frais supplémentaires sur 40.000 francs. Supposons qu'elle les fixe à 60.000 francs. Voici déterminés les deux éléments de l'indemnité, montant de la perte subie et frais supplémentaires Dans quelle situation se trouvera alors le sinistré? S'il ne remploie pas, la réponse est simple : il n'a droit qu'au montant de la perte subie. S'il remploie, il aurait droit, — si les dispositions que nous examinons n'existaient pas, — d'une part, au montant de la perte subie, c'est-à-dire 24.000 francs, et d'autre part aux frais supplémentaires, c'est-à-dire, 60.000 francs, soit en tout 24.000 francs + 60.000 francs = 84.000 francs. Or cette maison de 40.000 francs, la Commission estime qu'elle coûterait actuellement 100.000 francs, puisqu'elle accorde 60.000 francs de frais supplémentaires. Dans ces conditions, si la loi se désintéressait de la dépréciation résultant de la vétusté, l'intéressé devrait fournir l'appoint de 16.000 francs égal à la dépréciation résultant de la vétusté. En effet 16.000 francs + 84.000 francs = 100.000 francs. C'est ici que joue le premier des avantages que nous annonçons au début de cet exposé concernant la dépréciation résultant de la vétusté. L'Etat alloue à l'attributaire qui remploie la somme correspondant à cette dépréciation **en toute propriété jusqu'à concurrence de 10.000 francs.** Dans le cas que nous avons envi-. sagé, le sinistré n'a donc plus qu'à r emettre 6.000 fr au lieu de 16.000 francs pour avoir une maison neuve.

Le deuxième avantage que nous avons annoncé concerne les 6.000 francs qui restent. Cette somme fera l'objet, sur la demande de l'attributaire, d'avances remboursables par lui à l'État en vingt-cinq années à partir de l'année qui suivra le dernier versement et productives d'un intérêt de 3 % l'an (voir ci-après chap. VI pour ce dernier versement).

Pour expliquer le mécanisme des deux nouveaux avantages ainsi accordés à l'attributaire qui remploie, nous avons pris l'exemple d'un immeuble de 40.000 fr. parce qu'il permet de bien voir ce qui se passe avec les 10.000 francs alloués. S'il s'agit d'un immeuble de moindre valeur, de 10.000 francs, par exemple, avec le même coefficient de vétusté 40 %, la dépréciation pour vétusté n'atteint plus qu'un total de 4.000 francs. Dans ce cas, et d'une façon plus générale, dans le cas où le montant de la dépréciation pour vétusté n'atteint pas 10.000 francs, c'est le *montant seul de la vétusté qui est alloué* et non la somme de 10.000 francs. Cette somme de 10.000 francs est un maximum qui ne joue que lorsque l'importance de l'immeuble le comporte. Dans le deuxième cas que nous avons envisagé, celui de la maison de 10.000 fr., la somme allouée en toute propriété à l'attributaire au cas de remploi, est de 4.000 francs.

Immeubles servant exclusivement à l'exploitation rurale.

Nous devons enfin signaler un avantage fait aux **immeubles servant exclusivement à l'exploitation rurale.** Pour ces immeubles la dépréciation résultant de la vétusté ne peut dépasser 20 % du coût de construction à la veille de la mobilisation.

Si nous reprenons notre exemple de 40.000 francs et qu'il s'applique à un groupe de granges, d'étables et d'écuries (à l'exclusion de la maison d'habitation de l'exploitant), la dépréciation résultant de la vétusté ne pouvant dépasser 20 %, il se trouvera que, si la vétusté est en réalité supérieure ou égale à 20 %, elle ne sera comptée que pour 20 %. Elle sera représentée dans ce cas par 8.000 francs et couverte entièrement par le premier des deux avantages faits, en ce qui concerne la dépréciation résultant de la vétusté, à l'attributaire qui remploie.

Edifices civils ou cultuels

ART. 12, § I. — **S'il s'agit d'édifices civils ou cultuels,** *l'indemnité consiste dans les sommes nécessaires à la reconstruction d'un* **édifice présentant le même caractère, ayant la même importance, la même destination et offrant les mêmes garanties de durée** que l'immeuble détruit.

Les monuments civils ou cultuels peuvent présenter un intérêt artistique ou une simple valeur d'utilisation. Dans ce dernier cas, il suffit évidemment qu'ils aient la même importance, qu'ils présentent le même caractère et offrent les mêmes garanties de durée que l'immeuble détruit.

La Commission spéciale prévue à l'art. 12 (voir 2e partie) a précisément pour objet de déterminer quel est l'intérêt qui s'attache à la réédification ou à la conservation de l'immeuble soit au point de vue artistique, soit au point de vue de l'utilisation. Le Ministre de l'Instruction Publique et des Beaux-Arts statue, comme il est dit ci-après, § 4, pour les monuments présentant un intérêt d'art ou d'histoire.

L'indemnité est accordée en principe par la Commission cantonale, sur le vu du dossier qui lui est transmis par la Commission spéciale.

Les pièces à joindre à la demande d'indemnité sont indiquées ci-après à l'annexe n° 18 (Décret du 26 mai 1919).

Remarquer qu'en cas de déplacement forcé, l'indemnité comprend les sommes nécessaires à l'acquisition du nouveau terrain, § 5.

§ II. — *Cette importance et ces garanties sont déterminées sur la demande des intéressés ou d'office par la*

Commission spéciale ci-après indiquée (voir art. **12**, deuxième partie).

§ III. — *En cas de contestation, il est statué par le Tribunal des Dommages de Guerre.*

§ IV. — *Le Ministre de l'Instruction publique et des Beaux-Arts, statue après avis favorable de la même commission, sur la conservation et la consolidation des ruines et éventuellement sur la reconstruction, en leur état antérieur, des monuments présentant un intérêt national d'histoire ou d'art. Des subventions, à ce destinées, sont inscrites au chapitre du budget du Ministère de l'Instruction publique et des Beaux-Arts.*

§ V. — *Si la reconstruction n'est pas autorisée sur l'emplacement des ruines, l'indemnité comprend les sommes nécessaires à l'acquisition du nouveau terrain.*

Réouverture des débits de boissons.

Deux amendements ont été déposés tendant à profiter de la situation particulière faite aux régions libérées par la destruction d'un grand nombre d'immeubles :

L'un, pour augmenter le nombre des débits de boissons,

L'autre pour le diminuer.

Ils visaient à ajouter à l'article 5, les dispositions ci-après :

Le 1er. — *L'alinéa 3 de l'art. II de la loi du 9 novembre 1915, est abrogé et remplacé par l'alinéa suivant :*

Si le débit a été détruit par des événements de guerre, ce débit pourra être réouvert ou transféré sur tout le territoire de la commune au plus tard dans les trois années de la cessation des hostilités. A l'expiration de ce délai, le débit ne pourra être ni maintenu, ni réouvert dans une zone protégée.

Le 2e. — *En ce qui concerne les débits de boissons, le nombre des établissements pour lesquels le remploi sera effectué ne pourra être supérieur à un débit pour*

300 habitants, conformément aux lois et règlements relatifs à la limitation des débits. Le tribunal des dommages de guerre déterminera l'ordre de priorité des établissements autorisés à être reconstruits d'après l'ancienneté de fondation.

Ces deux amendements ont été rejetés.

B. — IMMEUBLES PAR DESTINATION

Les dispositions ci-dessus définies en ce qui concerne les immeubles bâtis sont applicables aux immeubles par destination. Il y a lieu toutefois de comprendre dans le montant de l'indemnité, — en plus de la valeur de l'objet, de la récolte ou de l'animal, estimée à la veille de la mobilisation — **le coût de l'installation** au tarif auquel il aurait été payé si cette installation avait été faite à la veille de la mobilisation, puis à déduire la dépréciation pour vétusté.

Les frais supplémentaires sont calculés d'une manière identique à celle qui a été indiquée pour les immeubles bâtis avec cette même différence qu'il y aura lieu de tenir compte également **du coût d'installation** au jour de l'évaluation.

Les avantages consentis en cas de remploi aux immeubles bâtis en ce qui concerne :

1º L'allocation de 10.000 francs en toute propriété ;

2º La limitation à 20 % du coefficient de vétusté :

3º Les avances remboursables faites par l'Etat (intérêt à 3 % et remboursement en 25 ans).

s'appliquent aux immeubles par destination, dans les mêmes conditions qu'aux immeubles bâtis.

C. — IMMEUBLES NON BATIS
AVANTAGES FAITS AUX AGRICULTEURS

Art. 5, § XIII. — *Pour les immeubles non bâtis, le montant de la perte subie est évalué en tenant compte de la détérioration du sol, de la détérioration ou de la destruction des clôtures, des arbres de toutes sortes, des vignes, des plants, du taillis et de la futaie. En cas de reprise d'exploitation, l'attributaire a droit, en outre, au montant des dépenses supplémentaires nécessitées par la remise de la terre dans son état d'exploitation ou de productivité antérieur, par le rétablissement des clôtures, l'enlèvement des souches, les plantations nouvelles ou le repeuplement des bois et forêts.*

Ici encore nous retrouvons le même principe, **montant de la perte subie** accordé pour tout ce qui a été endommagé, emporté ou détruit, **frais supplémentaires** en cas de remploi. Seulement il faut adapter le principe aux circonstances.

Nous avons donc à examiner séparément :

1° *Le Montant de la perte subie.*

Les éléments qui servent a la déterminer concernent « **la détérioration du sol, la détérioration ou la destruction des clôtures, des arbres de toutes sortes, des vignes, des plants, du taillis et de la futaie.** »

Par détérioration du sol, il faut comprendre la diminution ou la perte totale de valeur vénale du sol. Si, après le nivellement exécuté par les soins de l'État et à la charge de ce dernier, l'état du sol est tel qu'il est impossible de le cultiver ou si la terre a perdu une partie des qualités qui avaient fait sa richesse, le propriétaire a droit à une indemnité proportionnelle à la diminution de valeur de son champ.

2° *Les frais supplémentaires.*

En cas de reprise d'exploitation, dit l'art. 5, **l'attributaire a droit, en outre, au montant des dépenses supplémentaires nécessitées par la remise de la terre dans son état de culture ou de productivité antérieur, par le rétablissement des clôtures, l'enlèvement des souches, les plantations nouvelles ou le repeuplement des bois et forêts.**

Pour rester dans l'esprit de la loi, le législateur devait prévoir, pour les immeubles non bâtis comme pour les immeubles bâtis, des frais supplémentaires accordés seulement en cas de reprise d'exploitation. Mais il est bien évident, après la définition que nous venons de donner de la perte subie en cas d'immeuble non bâti, qu'on ne peut songer à procéder par différence comme avec les immeubles bâtis, pour établir la partie de l'indemnité correspondant aux frais supplémentaires.

Du moment où la perte subie concerne le sol et tout ce qui le recouvrait, les frais supplémentaires doivent comprendre tout ce qui est nécessaire pour rendre au sol sa productivité antérieure et le couvrir à nouveau de tout ce qui contribuait à l'exploitation. L'attributaire a donc droit au rétablissement des clôtures, à l'enlèvement des souches, aux plantations nouvelles. Cette énumération ne saurait être limitative. Il est bien certain qu'il faut y comprendre tout ce qui est nécessaire pour « remettre le sol dans son état de culture et de productivité antérieur » et notamment la fumure et les engrais qui peuvent, dans nos régions du Nord atteindre et dépasser 1.500 francs l'hectare pour la première année d'un assolement triennal (voir 2º partie, art. 5).

S'il arrivait même que des experts estiment qu'on ne peut se rendre exactement compte de l'état de détérioration du sol qu'à la levée de la première récolte qui suivra l'expertise, le postulant a le droit de demander qu'il soit procédé à une évaluation partielle (voir 2ᵉ partie, art. 26) (1).

Ces dispositions, bienveillantes en même temps que conformes à la justice, sont à rapprocher de celles qui attribuent la **valeur de remplacement** aux animaux, engrais, récoltes et produits divers **destinés à la remise en culture**, à l'ensemencement des terres et à la nourriture des animaux d'une exploitation agricole **jusqu'à la prochaine récolte**. (Voir ci-après *indemnité en matière mobilière*), et de

(1) L'attributaire pourrait également réserver la question pour le moment où il sera possible d'apprécier exactement l'état du sol, et demander *des avances* pour faire face aux premières dépenses de reprise d'exploitation.

l'avantage fait aux immeubles servant exclusivement à une **exploitation** rurale, en ce qui concerne la dépréciation résultant de la vétusté, quel que soit le degré de fatigue de l'immeuble.

Elles témoignent de l'effort réel accompli par le Parlement en vue d'inciter chacun et **l'agriculteur en particulier**, à reprendre son exploitation, puisque pour les bâtiments servant exclusivement à l'exploitation rurale, le coefficient de vétusté ne peut être supérieur à 20 % quel que soit le degré de fatigue de l'immeuble.

D) — SERVICES PUBLICS, DÉPARTEMENTS, COMMUNES, ETABLISSEMENTS PUBLICS OU D'UTILITÉ PUBLIQUE.

Aʀт. 5, § xvɪ. — *Pour les concessionnaires de services publics, les départements, les communes, établissements publics ou d'utilité publique, l'indemnité ne peut dépasser le montant des frais de reconstruction de l'immeuble avec l'affectation antérieure.*

Cette disposition s'explique, avons-nous dit précédemment par le fait que beaucoup des services dont il s'agit, étaient installés dans d'anciens immeubles, qui, dans bien des cas, étaient trop grands pour leur destination actuelle. Le Parlement a estimé qu'il n'était pas utile de prévoir la reconstruction d'un immeuble identique, qu'il suffisait de prévoir la reconstruction d'un immeuble équivalent au point de vue de l'affectation existant au moment de la destruction.

Il est bien entendu d'ailleurs que toutes les dispositions générales relatives aux « immeubles bâtis » tels que frais supplémentaires, allocation de 10.000 fr. en toute propriété, avances remboursables, sont applicables au cas dont il s'agit.

E) — MINES.

Aʀт. 5, § xvɪɪ. — *Pour les concessionnaires de mines, l'octroi des indemnités prévues au présent ar-*

ticle est subordonné à la condition de la reprise de l'exploitation, à moins que l'impossibilité de la reprendre ne soit dûment établie, auquel cas l'indemnité est seulement du montant de la perte subie.

Nous nous trouvons ici en face d'une situation spéciale. Comme les mines sont des exploitations d'intérêt public, le Parlement a voulu **rendre le remploi obligatoire. Le remploi est donc la condition essentielle mise à l'octroi de l'indemnité.** Il n'est plus question de faire la distinction entre le montant de perte subie et les frais supplémentaires, comme dans le cas de remploi facultatif. Le concessionnaire, s'il veut percevoir une indemnité, **quelle qu'elle soit,** doit remployer.

Cette disposition s'écarte du principe d'après lequel le montant de la perte subie est accordé dans tous les cas, de remploi ou non, puisqu'au cas de non-remploi, le réclamant est frappé de déchéance, ou autrement dit, puisqu'il ne reçoit aucune indemnité. Elle s'explique par le fait qu'il s'agit d'une question d'intérêt général qui doit primer l'intérêt particulier.

S'il est établi qu'il est impossible de reprendre l'exploitation, et seulement dans ce cas, le concessionnaire reçoit le montant de la perte subie.

F. — DISPOSITIONS CONCERNANT LES CO-PROPRIETAIRES D'UN MEME BIEN, LES CREANCIERS, LES USUFRUITIERS, LES TITULAIRES DE DROITS D'USAGE OU D'HABITATION.

Art. 10, § I. — *Si, parmi les co-propriétaires d'un bien, ceux qui constituent la majorité en valeur et en nombre déclarent vouloir effectuer le remploi, celui-ci est de droit ; l'indivision est alors prorogée pour une période maxima de cinq ans à dater de la reconstruction de la chose détruite, sur la demande des co-propriétaires qui déclarent vouloir effectuer le remploi.* **En cas de partage le remploi sera de droit.**

§ II. — *En matière de société, le remploi sera de droit s'il est décidé dans les conditions de vote prévues aux statuts.*

§ III. — *Toutefois la durée de la société ne pourra être modifiée que conformément aux règles posées aux statuts.*

§ IV. — *Le remploi est également de droit s'il est voulu, soit par le nu propriétaire, soit par l'usufruitier ou l'emphytéote (1), soit par le bénéficiaire d'une promesse de vente.*

§ V. — *Pendant la durée de l'usufruit ou du bail emphytéotique, le remboursement des annuités qui peuvent être dues à l'État, dans les conditions prévues au paragraphe 5 de l'article 5, est pour moitié à la charge du nu-propriétaire et pour moitié à celle de l'usufruitier ou de l'emphytéote.*

§ VI. — *Le créancier privilégié, hypothécaire ou antichrésiste (2) ne peut s'opposer au remploi, ni exiger le paiement de sa créance en argent qu'à l'échéance fixée par le contrat initial,* **prorogée sans frais d'une période correspondant à l'interruption de la jouissance.**

§ VII. — *Les créanciers privilégiés, hypothécaires ou antichrésistes, les usufruitiers, les emphytéotes, les titulaires d'un droit réel d'usage ou d'habitation, les bénéficiaires d'une promesse de vente ont leurs droits reportés sur la chose reconstituée, sous réserve du privilège consenti à l'État par le paragraphe 7 de l'article 5.*

(1) Le bail emphytéotique de biens immeubles confère au preneur un droit réel susceptible d'hypothèque; ce droit peut être cédé et saisi dans les formes prescrites pour la saisie immobilière. Le bail emphytéotique doit être consenti pour plus de 18 années et ne peut dépasser 99 ans; il ne peut se prolonger par tacite reconduction.
Le preneur à bail emphytéotique est dénommé emphytéote.
(2) La remise d'une chose à un créancier pour sûreté de sa dette est dite nantissement (Art. 207 et suivants du C. C.). Le nantissement d'une chose immobilière s'appelle antichrèse. Le créancier antichrésiste est celui qui a reçu en nantissement le droit de percevoir les fruits d'un immeuble (2085 du C. C.).

§ VIII. — *Au cas de non-remploi, les créanciers privilégiés, hypothécaires ou antichrésistes, ainsi que les créanciers chirographaires* (1) *et les bénéficiaires d'une promesse de vente peuvent, avec l'autorisation du tribunal civil, donnée en chambre du conseil après avis du ministère public, le débiteur entendu, et en souscrivant aux conditions du remploi aux lieu et place du débiteur, être subrogés dans les droits attribués à ce dernier par la présente loi pour la reconstitution de leur gage. Le bénéfice de cette subrogation n'appartient aux étrangers en France que dans les conditions prévues au paragraphe 4 de l'article 3.*

§ IX. — *Les créanciers ne peuvent exercer l'action qui leur est réservée qu'après un délai de deux mois à compter de la mise en demeure faite par eux à leur débiteur. Au cas de demande introduite par l'ayant droit, l'intéressé en est avisé par les soins du greffier de la commission cantonale.*

§ X. — *En cas de non-remploi, l'indemnité est attribuée aux créanciers privilégiés, hypothécaires ou antichrésistes, suivant leur rang, et aux bénéficiaires d'une promesse de vente,* **sans qu'il y ait besoin de délégation expresse et dans les conditions prévues à l'article 43.**

§ XI. — **Les oppositions au payement doivent être formées** *et les cessions et délégations d'indemnités signifiées entre les mains des trésoriers-payeurs généraux et des receveurs des finances* **dans le mois qui suivra la fixation définitive de l'indemnité.** *Elles seront, dans le délai de huitaine, inscrites, à peine de nullité, sur un registre tenu au greffe du tribunal des dommages de guerre. Passé ce délai, les payements effectués sont valables.*

§ XII. — *Dans le cas d'usufruit, il en est tenu compte dans l'immatriculation du titre de rente délivré à l'attributaire.*

(1) Créancier en vertu d'un acte sous seing privé, par opposition au créancier hypothécaire, qui a un droit réel sur l'immeuble hypothéqué, et non pas seulement un droit personnel contre le débiteur.

§ XIII. — *Si l'immeuble est grevé de droits d'usage ou d'habitation ou de servitudes foncières, l'indemnité est répartie entre le propriétaire et les bénéficiaires de ces droits, au prorata de la valeur relative de leurs droits respectifs, dans les proportions et aux conditions établies par l'administration de l'enregistrement pour les droits dus en matière successorale.*

II. — EN MATIÈRE MOBILIÈRE

En matière mobilière, la formule adoptée n'est pas la même que celle qui régit les immeubles. Le principe qui a servi de base est tout à fait différent, ainsi qu'il est facile d'en juger par la rédaction des articles 4 et 13.

D'une part, l'art. 4 dit :

L'indemnité en matière immobilière comprend le montant de la perte subie, évalué à la veille de la mobilisation et celui des frais supplémentaires nécessités par la reconstitution.

proclamant ainsi que la loi accorde, pour les immeubles tout ce qui est nécessaire au remploi.

Il en est tout autrement en ce qui concerne les biens meubles. L'art. 13, s'exprime en effet comme il suit :

ART. 13. — *Les dommages causés aux biens meubles sont réparés dans la mesure de la perte subie évaluée au 30 juin 1914.*

Ici la loi n'accorde plus que le *montant de la perte subie.*

Pourquoi cette différence de traitement?

Parce qu'il a semblé logique au Parlement de **pousser au remploi pour tout ce qui constitue,** en quelque sorte, **le cadre de l'activité économique,** et de limiter, d'autre part, l'effort contributif du pays à ce qu'exige cette reconstitution. Voici ce qu'écrit à ce sujet, le rapporteur de la Commission du **Sénat :**

Le remploi se comprend pour les immeubles, parce qu'il s'agit de biens stables par leur nature, et permanents ; l'idée de reconstitution est donc logique, et on peut exiger du sinistré qu'il reconstruise et affecte à de nouvelles installations les sommes qui lui sont allouées.

La matière mobilière est au contraire fluide et mobile ; *elle n'est pas destinée à demeurer aux mains de celui qui la détient ; dans le commerce et l'industrie, elle n'est qu'un élément d'échange soumis à des transformations successives. Peut-on concevoir par exemple, que le sinistré, dont les magasins étaient garnis de produits fabriqués destinés à la vente soit obligé de reconstituer ce stock de marchandises pour le jeter ensuite sur le marché? L'agriculteur qui, en août 1914, avait sa récolte engrangée, devra-t-il consacrer l'indemnité à racheter du blé, quand sa fonction est d'en vendre?* **Ce qui est dû,** *à l'un comme à l'autre, ce ne sont pas des objets dont il n'a d'autre but que de se défaire,* **c'est la somme d'argent qu'il a été dans l'impossibilité** *de réaliser, avec laquelle il paiera ses propres fournisseurs, acquittera ses impôts, maintiendra son roulement de fonds, assurera l'amortissement de son capital, bref satisfera aux obligations multiples de la vie commerciale ou industrielle en même temps qu'aux besoins de son existence personnelle.* **Il n'y a ici aucune place pour le remploi.**

Il n'y en a pas davantage si nous passons aux matières premières dont le chiffre et la valeur sont un des éléments les plus considérables de la réparation des dommages de guerre. **Il faut remplacer les matières de même qu'il faut renouveler les approvisionnements commerciaux disparus.** *Mais elles ne feront que passer pour être transformées en produits prêts à être vendus et le rapport qui s'établit entre le prix d'achat et le prix de vente suffit à rémunérer le sinistré des sommes plus fortes qu'il a déboursées. Pourquoi accorde-t-on la faveur du remploi au propriétaire qui reconstruit un immeuble? Parce que, à raison des prix actuels, l'immeuble coûte plus cher à construire, et que, pour reconstituer l'immeuble disparu, l'attributaire de l'indemnité* **est tenu à des dépenses plus élevées qui seraient pour lui sans compensation ; ici, la compensation résulte de la série normale des opérations ;** *si la laine coûte plus cher aujourd'hui qu'avant la guerre, le drap dans la com-*

position duquel cette laine se vend également plus cher.

Le prix de revient est inclus dans le prix de vente, *et voilà pourquoi ce serait une erreur de rembourser au taux actuel des marchandises jadis acquises à meilleur compte et dont la vente procurerait un bénéfice disproportionné. Si, grâce au remploi, le sinistré relève les murs de sa maison, de sa ferme et de son usine,* **il retrouve simplement l'immeuble qu'il possédait avant la guerre** *pour le même usage et pour la même utilisation ; il n'en résulte pas pour lui un accroissement de richesse ; mais si, pour alimenter ses métiers ou ses fourneaux, on lui rend en quantités égales des matières qui ont triplé de valeur, on lui donne en réalité trois fois ce qu'il a perdu et la notion d'indemnité fait place à celle d'enrichissement.* **Le remploi n'a donc pas à intervenir** *dans la réparation des dommages mobiliers.*

Mais, s'il est bien exact qu'en matière mobilière la formule adoptée n'est pas la même que celle qui régit les immeubles, et que le remploi n'a pas à intervenir, le principe ne saurait cependant sans injustice, être appliqué, sans distinction, à toutes les situations. On l'a donc fait fléchir pour certains cas particuliers et de ce fait on arrive, quoiqu'en partant de principes différents, à une manière de faire analogue, qu'il s'agisse d'immeubles ou de biens meubles, et qui peut se formuler comme il suit :

« Le montant de la perte subie est accordé dans tous les cas, en matière mobilière comme en matière immobilière. Lorsqu'il s'agit de biens meubles considérés comme **indispensables à la reprise de l'exploitation ou à la reconstitution de la vie familiale,** une disposition entre alors en jeu qui est semblable à celle des **frais supplémentaires** concernant les immeubles en cas de remploi : en vertu de cette disposition, le montant de la perte subie est augmenté de la différence **entre la valeur de remplacement de l'objet au jour de l'évaluation et le montant de la perte subie. Dans la** pensée du législateur, telle qu'elle se dégage des commentaires ci-dessus rappelés, l'attribution de la valeur de remplacement est en réalité une manière d'encouragement au remploi. »

Nous ne croyons pouvoir mieux faire, pour montrer quelle a été la pensée de la Haute-Assemblée que de continuer la citation précédente :

Le remploi n'a donc pas à intervenir dans la réparation des dommages mobiliers, et nous devons d'une manière générale nous en tenir **à la réparation de la perte subie.** *Toutefois, il paraît juste d'apporter à la rigueur du principe quelques atténuations de nature* **à faciliter le retour de la vie économique** *en assurant aux intéressés le minimum de ressources et d'approvisionnements nécessaire à la reprise des affaires ou à la mise en marche d'une industrie. C'est ainsi que tout ce qui est indispensable à la remise en culture des terres et à l'ensemencement, tout ce qu'une ferme consomme de produits de la récolte antérieure sera évalué au prix de remplacement; c'est la condition même de la renaissance de l'agriculture. De même le prix de remplacement sera accordé pour les approvisionnements et matières premières indispensables à une exploitation industrielle pendant une période initiale pouvant atteindre au maximum trois mois; la même faveur est consentie pour les produits en cours de fabrication et les objets servant à l'exercice d'une profession. Par une mesure semblable les commerçants toucheront également au taux de remplacement la valeur des marchandises correspondant à une exploitation normale pendant une durée maximum de trois mois.*

Il est une catégorie spéciale de meubles sans lesquels l'existence familiale est impossible, parce qu'ils sont nécessaires à la reconstitution du foyer : ce sont **les meubles meublants, la literie, le linge, les effets personnels.** *Coûte que coûte, il faut remplacer ce qui est détruit ou disparu et garnir la maison des objets indispensables à la vie quotidienne. En payant ces objets à leur ancienne valeur, on ne permettrait pas au sinistré de réparer le dommage et il faut accorder, encore ici, le prix de remplacement. Mais une limite s'impose; il est des meubles indispensables, il en est qui ne le sont pas ;* **certains se complaisent à réunir un mobilier** *somptueux, et sur ce terrain, le luxe peut se donner ample carrière. Ce ne sont pas ces meubles rares ou précieux que vise la faveur de la loi ; elle s'attaque aux objets simples que doit posséder un ménage et* **sans lesquels la maison serait inhabitable et vide.**

Les principes ainsi dégagés, il va nous être facile d'exposer le mécanisme de la loi concernant l'indemnité en matière mobilière.

D'après la citation qui précède, nous aurons à examiner successivement le cas où le montant de la perte subie est seul accordé, celui où l'attributaire a droit aux frais supplémentaires et nous devrons ensuite exposer les mesures concernant les meubles dits de luxe, les offices publics et ministériels, les fonds de commerce et la perte des titres et coupons.

1° Cas où le montant de la perte subie est seul accordé

Nous avons dit que c'était le cas général.

ART. 13, § 1. — *Les dommages causés aux biens meubles sont réparés dans la mesure de la perte subie évaluée à la date du 30 juin 1914, pour les meubles autres que les produits agricoles et, pour ces derniers, à la date de la maturité de la récolte. Toutefois, pour les meubles achetés ou produits postérieurement au 30 juin 1914, l'évaluation de la perte subie est faite d'après le prix d'achat ou le coût de production si ceux-ci peuvent être établis.*

M. Bertrand de Mun avait, à propos des vins de Champagne qu'on a continué à travailler après le mois d'août 1914, déposé l'amendement ci-après « La valeur à attribuer aux marchandises dont la fabrication ou la transformation se sont poursuivies postérieurement au 30 juin 1914, sera déterminée par la valeur de ces marchandises au jour du dommage. »

La Chambre a adopté cet amendement le 1er février 1919, et décidé qu'il serait inséré dans les **Dis-**

positions diverses de la loi où il formerait un article spécial.

Un autre mode de rédaction que celui proposé par M. Bertrand de Mun semble avoir prévalu, puisque l'amendement en question ne figure pas aux **Dispositions diverses**. Quoiqu'il en soit, la deuxième phrase du § 1er ci-dessus de l'article 13 donne satisfaction à M. de Mun et a en outre l'avantage de généraliser la question en comprenant dans une même formule les meubles achetés ou produits postérieurement au 30 juin 1914.

2° Frais supplémentaires

Art. 13, § iv. — *Les frais supplémentaires représentant la différence entre la perte subie et la valeur de remplacement, — calculée en tenant compte, soit du prix de remplacement si celui-ci a été dûment effectué, soit de la valeur de remplacement au jour de l'évaluation s'il n'est pas encore réalisé, — sont en outre accordés pour les biens meubles compris dans les catégories suivantes :*

1° Les matières premières et approvisionnements indispensables à une exploitation industrielle dans la mesure de la quantité nécessaire à la remise en marche normale et à la fabrication pendant une période de trois mois, ainsi que les produits en cours de fabrication et les objets servant à l'exercice d'une profession.

2° Les animaux, lorsqu'ils ne sont pas considérés comme immeubles par destination, ainsi que les engrais, semences, récoltes et produits divers nécessaires à la remise en culture, à l'ensemencement des terres et à la nourriture des animaux des exploitations agricoles jusqu'à la prochaine récolte ;

3° L'outillage servant à l'exploitation des fonds de commerce ou à l'exercice de la profession ainsi que les produits et marchandises nécessaires à assurer la marche du commerce ou de l'industrie pendant une période de trois mois.

4° Le mobilier de l'habitation, meubles meublants, literie linge, effets personnels; les objets d'agrément dont la valeur, pour chacun, ne dépassait pas 3.000 fr. lors de la déclaration de guerre.

Les biens meubles qui donnent droit aux frais supplémentaires doivent en réalité, être classés en deux catégories,

1º Les meubles visés aux numéros 1 à 3 du paragraphe 4 de l'article 13, ci-dessus rappelés. Les meubles dont il s'agit donnent droit à la valeur de remplacement, *mais sous condition de reprise de l'exploitation* (voir art. 43 § 3).

2º Les meubles visés au numéro 4 du même § 4 de l'art. 13. Ces meubles donnent lieu à la valeur de remplacement *sans condition de remplacement.*

3º Toutefois **parmi les meubles visés au nº 4, § iv de l'art.** 13, **il faut mettre à part** ceux des objets d'agrément, dont la valeur pour chacun d'eux dépassait 3.000 francs lors de la déclaration de guerre. Ces meubles sont considérés comme objets de luxe et ne peuvent jouir de la faveur accordée aux objets sans lesquels **« la maison serait inhabitable et vide. »** Ils rentrent, au point de vue de l'indemnité, dans le cas général et ne peuvent être payés que jusqu'à concurrence du montant de la perte subie.

3º Meubles et objets de luxe

ART. 13. § II. — *Les biens meubles n'ayant pas une utilité industrielle, commerciale, agricole, professionnelle ou domestique ne pourront, en aucun cas, recevoir une estimation supérieure à la valeur attribuée soit par des ventes, soit par des inventaires, déclarations de successions ou tous autres actes dans lesquels il en aurait été fait une évaluation, pourvu que ces actes ne remontent pas à plus de dix ans. A défaut d'un de ces actes l'évaluation aura lieu conformément au § 1er.*

Nous sommes ici dans le cas des meubles dits « somptuaires « ou « de luxe « et nous retrouvons dans les dispositions restrictives prises à l'égard des détenteurs de ces meubles les vestiges des mesures draconiennes dont la Chambre des Députés avait voulu, dès le début de la discussion de la loi, frapper ces détenteurs. Pourquoi en effet des mesures spéciales à l'égard de ces meubles qui forment légitimement le patrimoine de beaucoup de familles ? Où commence, d'autre part, et où finit le meuble qui n'a même pas d'utilité professionnelle ou domestique ?

Le Sénat frappé des inconvénients d'une distinction aussi arbitraire, avait, à plusieurs reprises, écarté les dispositions ci-dessus stipulées par le § 2 de l'article 13. De guerre lasse, il les a acceptées, le 17 avril 1919, bien qu'il les jugeât fâcheuses et inutiles, afin de ne pas renvoyer le projet de loi devant la Chambre et de ne pas retarder ainsi le vote de la loi. (Voir deuxième partie, article 13).

Mais il est d'ores et déjà acquis, sans même qu'il faille aller chercher plus loin l'explication de cette manière de voir, qu'il sera facile au sinistré d'échapper aux investigations tracassières qu'autorise l'application de ce paragraphe. Il lui suffira de classer comme objets d'agrément tous ceux qui seraient exposés à tomber sous le coup des dispositions du § 2 de l'art. 13.

4° Offices publics et ministériels

Les dommages dont il s'agit sont réglés par les dispositions ci-après :

ART. 15, § I. — *Les dommages de guerre immédiats, directs et certains, causés aux officiers publics et ministériels sont réparés dans la mesure de la perte subie, égale à la différence entre la valeur de l'office au jour de la mobilisation et sa valeur au jour de l'évaluation.*

§ II. — Les demandes devront être présentées dans un délai de deux ans à compter de la date qui sera fixée par décret pour la cessation des hostilités.

§ III. — L'évaluation du préjudice est appréciée souverainement par le tribunal des dommages de guerre

après avis de la chambre de discipline·ou du bureau et de la cour d'appel ou du tribunal civil.

§ IV. — L'Etat récupérera les sommes déboursées en réparation des dommages causés aux offices par un prélèvement de la moitié des plus values constatées suivant une évaluation faite dix ans après celle à laquelle il aura été procédé pour la constatation des dommages.

§ V. — Le recouvrement prévu à l'alinéa précédent s'opérera lors de la cession qui suivra l'évaluation décennale ; mais il portera intérêt au taux légal qui courra à compter de cette dernière évaluation et sera payable annuellement.

§ VI. — Toutefois, si la cession de l'office n'intervient pas, au plus tard dans les cinq années qui suivront l'évaluation décennale, les recouvrements afférents aux plus-values s'effectueront par fractions annuelles d'un cinquième dont la première sera exigible six mois après l'expiration des cinq années, sans préjudice de l'exigibilité immédiate au cas où une cession interviendrait avant l'amortissement de la dette.

§ VII. — Pendant le même délai de deux ans, l'officier ministériel gravement lésé pourra demander la suppression de son étude ; de même la chancellerie pourra prononcer la suppression de tout office ministériel qui fait l'objet d'une demande d'indemnité, sur réquisition du ministère public, après avis, dans les deux cas, de la chambre de discipline ou du bureau et de la cour d'appel ou du tribunal de la situation statuant en chambre du conseil.

§ VIII. — Le titulaire de l'office supprimé ou ses ayants droits recevront la valeur de la charge au jour de la mobilisation, en capitalisant, au taux pratiqué, au moment de la déclaration de guerre, par la chancellerie, le produit moyen de l'office pendant les cinq années qui ont précédé la mobilisation.

§ IX. — En cas de suppression d'un office, l'indemnité payée par l'Etat sera, en totalité ou en partie, mise à la charge, par décision du garde des sceaux, des officiers

ministériels appelés à bénéficier de la mesure, dans la proportion indiquée par la cour ou le tribunal, après avis de la Chambre de discipline et après que la valeur comparative d'avant et d'après-guerre de ces offices grevés de restitution aura été établie.

§ x. — Le recouvrement des sommes mises à la charge des officiers ministériels bénéficiaires de la suppression, ne pourra être exercé que sur la moitié de la plus value de leur office.

§ xi. — Ce recouvrement s'exercera selon les modalités indiquées au 4°, 5° et 6° alinéas du présent article.

§ xii. — Les évaluations décennales seront établies par une commission composée d'un conseiller à la cour d'appel ou d'un membre du tribunal civil président, désignés par le premier président de la cour d'appel, d'un agent de l'administration des contributions directes et d'un agent de l'administration de l'enregistrement désigné par le ministre des finances, de deux membres de la chambre de discipline s'il en existe, désignés par la cour ou le tribunal. Il sera adjoint à cette commission, en qualité de secrétaire, un greffier choisi parmi les titulaires en exercice ou ayant exercé les fonctions pendant dix ans.

§ xiii. — Toutes les créances de l'État en recouvrement sur les plus values des offices seront conservées par un privilège spécial sur la charge. Ce privilège sera inscrit sur un registre spécial tenu par le bureau des officiers ministériels du ministère de la justice.

§ xiv. — En cas de suppresison d'un office de notaire, il ne sera pas tenu compte des dispositions de l'article 32 de la loi du 25 ventôse an XI ; un décret indiquera les notaires qui auront le droit d'instrumenter dans tous les cantons dont tous les offices auraient été supprimés.

5° Fonds de commerce

Art. 65. — Une loi spéciale réglera les conditions dans lesquelles sera ouvert le droit à réparation des dommages causés aux fonds de commerce.

6° **Perte de titres et coupons d'Etat**

Ici encore, on applique la règle du montant de la perte subie.

ART. 14, § I. — *Les dommages causés par la perte de titres ou de coupons de rente de l'Etat français sont réparés par l'attribution de titres ou coupons de même nature donnés en remplacement.*

§ II. — *S'il s'agit de titres ou coupons français autres que ceux émis par l'Etat ou de titres ou coupons étrangers, dont la restitution n'a pu être obtenue en France par les moyens légaux, les dommages sont réparés dans la mesure de la perte subie,* **évaluée d'après le dernier cours coté avant le jour de la fixation de l'indemnité,** *ou, à défaut de cotation, par une estimation directe, l'Etat français étant subrogé dans les droits des attributaires pour poursuivre la restitution de leurs titres ou coupons, et conservant, dans tous les cas, la faculté de se libérer par la remise de titres ou coupons de même nature.*

C. — DISPOSITIONS CONCERNANT LES CO-PROPRIÉTAIRES D'UN MÊME BIEN, LES CRÉANCIERS, LES USUFRUITIERS, LES TITULAIRES DE DROIT D'USAGE OU D'HABITATION.

ART. 16. — *Les prescriptions de l'article 10, concernant la conservation des droits réels en ce qui concerne les biens immobiliers s'appliquent en matière mobilière, soit aux objets de remplacement, soit à l'indemnité en tenant lieu* (voir page 32).

D. — CAS OU DES MESURES ONT ÉTÉ PRISES EN VUE D'EMPÊCHER L'EXTENSION OU L'AGGRAVATION DES DOMMAGES

ART. 17. — *Lorsque des mesures conservatoires ont été prises pour éviter des dommages, tant immobiliers que mobiliers, ou pour empêcher leur aggravation, une indemnité sera accordée en remboursement des dépenses dûment justifiées.*

La réclamation à présenter pour ce motif devra être introduite en même temps que celle concernant les dommages visés par la présente loi. Les réclamants devront s'assurer que les factures sont bien datées et qu'elles portent tous les renseignements nécessaires à la vérification.

E. — CUMUL DES INDEMNITÉS

ART. 18, § I. — *Les indemnités attribuées conformément aux dispositions du présent titre ne peuvent se cumuler avec aucune autre indemnité reçue à l'occasion des mêmes faits, sinon avec les sommes que l'État français aura recouvrées sur l'ennemi en vertu des conventions et des traités, pour les dommages de toute nature qui n'auront pas été réparés ou qui ne l'auront été que partiellement par la présente loi.*

L'article 53 prévoit que la répétition des sommes indûment perçues sera poursuivie.

F. — CAS OU L'ATTRIBUTAIRE AURAIT CONTRACTÉ UNE ASSURANCE CONTRE LES RISQUES DE GUERRE.

ART. 18, § III. — *Dans le cas où l'attributaire a contracté une assurance le garantissant contre les risques de guerre, l'indemnité sera calculée sous déduction des sommes dues par l'assureur, mais il sera tenu compte des primes payées. En aucun cas les compagnies d'assurances ne pourront exercer de recours contre l'État.*

CHAPITRE IV

A QUELLES CONDITIONS
LE DROIT A L'INDEMNITÉ EST-IL ACQUIS?
DU REMPLOI

I. — EN MATIÈRE IMMOBILIÈRE

Nous avons vu que l'indemnité se compose de deux parties, le montant de la perte subie et les frais supplémentaires.

Le montant de la perte subie est accordé dans tous les cas, qu'il y ait ou non remploi, que le non remploi soit volontaire ou que le remploi ait été interdit. Il suffit que la commission ait reconnu la réalité du dommage et évalué son importance.

A. — AVANTAGES ACCORDÉS EN CAS DE REMPLOI

Octroi des frais supplémentaires.

ART. 4, § II. — L'octroi des deux éléments de l'indemnité est subordonné à la condition d'effectuer le remploi.

§ III. — Dans le cas où le remploi n'est pas effectué, le sinistré reçoit seulement le montant de la perte subie.

ART. 6. — La reconstitution d'un immeuble bâti ou la reprise d'une exploitation pourra être interdite d'office par le Tribunal des Dommages de guerre si elle est reconnue irréalisable ou contraire à l'intérêt économique ou à la santé publique.

Il en résulte que les frais supplémentaires sont accordés seulement à l'attributaire qui remploie. La loi ne fait, d'autre part, aucune distinction entre celui qui ne remploie pas parce qu'il ne croit pas devoir le faire et celui qui ne remploie pas, parce qu'on le lui a interdit. Toutes ses faveurs vont à l'attributaire qui remploie.

Dépréciation résultant de la vétusté.

Nous avons vu également à propos de la dépréciation résultant de la vétusté, quels sont les avantages faits au remployant Rappelons-les sommairement.

ART. 5, § v. — *Sous condition de remploi, la somme correspondant à la dépréciation résultant de la vétusté est allouée en toute propriété à l'attributaire jusqu'à concurrence d'une somme de dix mille francs (10 000 francs) et, pour le surplus, elle fait l'objet, sur la demande de l'attributaire, d'avances remboursables par lui à l'État en vingt-cinq années à partir de l'année qui suivra le dernier versement et productives d'un intérêt de 3 %.*

§ VI. — *Sous la même condition, la dépréciation pour vétusté ne pourra excéder 20 % du coût de la construction à la veille de la mobilisation, en cas d'immeubles servant exclusivement à l'exploitation rurale*

§ VII. — *Pour le remboursement de ces avances ; l'État jouit d'un privilège qui est inscrit au premier rang des privilèges réglementés par l'article 2.103 du code civil.*

Mode de paiement.

Mais là ne s'arrêtent pas les avantages consentis au remployant Nous verrons au titre du paiement, combien est grande la différence entre le traitement accordé à l'attributaire qui remploie et celui auquel est soumis le non remployant Là encore, nous retrouverons trace de la défaveur avec laquelle était traité, dans le début, l'attributaire qui ne peut pas ou ne veut pas remployer.

B. — A QUELLES CONDITIONS LE REM-PLOI EST-IL CONSIDÉRÉ COMME EF-FECTUÉ?

Art. 5, § VIII. — *Le remploi a lieu en immeubles ayant la même destination que les immeubles détruits, ou une destination immobilière, industrielle, commer-ciale ou agricole* **dans la commune du dommage ou dans un rayon de 50 kilomètres sans sortir de la zone dévastée.** *Toutefois dans le cas d'expro-priation ou de rachat de terres par l'Etat, le remploi pourra être effectué en matière agricole, dans l'étendue des régions dévastées.*

§ IX. — *Les immeubles bâtis doivent être reconstruits conformément aux dispositions prescrites par les lois et règlements sur l'hygiène publique.*

§ XII. — *Le remploi est considéré comme totalement effectué si l'attributaire a affecté à la reconstruction d'immeubles ou à la reconstitution d'une exploitation une somme égale au montant de l'indemnité à lui attribuée en toute propriété.*

Nous sommes bien éloignés, par ces dispositions empreintes d'une grande largeur de vues, de la conception initiale que nous rappelons ci-après, afin de montrer combien est grande la latitude que le législateur a voulu laisser à l'attributaire.

Le premier texte voté par la Chambre disait : **Le remploi aura lieu en identique ou en simi-laire dans la commune du dommage ou dans les communes limitrophes, sauf exceptions ad-mises par le Tribunal des dommages de guerre.**

Combien nous sommes loin de cette formule !

Aujourd'hui, le législateur se déclare satisfait si l'attributaire a affecté à la reconstruction d'immeu-bles ou à la reconstitution d'une exploitation **une somme égale au montant de l'indemnité à lui attribuée en toute propriété.** Il n'est plus néces-saire que le remploi ait lieu en identique ou en simi-laire. Il suffit que le montant de la perte subie reçoive « une destination immobilière, industrielle, commerciale ou agricole ». De même l'attributaire est affranchi des limites étroites de la commune ou des environs immédiats. Il n'a plus besoin d'aller exposer les raisons qu'il peut avoir de déplacer son industrie à un tribunal souvent incompétent et toujours irresponsable. « Le remploi a lieu dans la commune du dommage ou dans un rayon de 50 km sans sortir des régions dévastées. »

D'autre part, le législateur a voulu venir en aide aux attributaires qui préféreraient se réunir pour rétablir une exploitation, et il prévoit les dispositions qui suivent :

Art. 5, § xiv. — *Les attributaires ont la faculté de mettre en commun leurs droits à l'indemnité ou de les apporter en société en vue de la reconstruction d'immeubles ou de la reconstitution d'exploitations ou d'établissements agricoles, commerciaux ou industriels dans les conditions et dans les limites prévues aux paragraphes précédents.*

§ xv. — En cas de fusion ou de mise en Société, les droits d'enregistrement ne seront perçus que sur la valeur d'avant-guerre.

Enfin, il leur a laissé la faculté de se décider au remploi dans un délai de deux ans, au cas où ce remploi ne leur paraîtrait pas immédiatement désirable

Art. 9. — *L'attributaire aura un délai de deux ans, à partir de la décision portant fixation définitive de l'indemnité pour souscrire à la condition de remploi. Il devra fournir à l'appui de son engagement, en vue de faciliter le calcul des frais supplémentaires, un projet des travaux à exécuter ou des achats à effectuer avec devis estimatif.*

II. — EN MATIÈRE MOBILIÈRE

Nous avons montré dans le chapitre III relatif à l'indemnité la différence essentielle qu'il y a lieu de faire, au point de vue du remploi, entre les biens meubles et les immeubles.

Cas où le montant de la perte est seul accordé.

En matière mobilière, le principe est qu'on ne recherche pas le remploi. La préoccupation des membres du Sénat, comme de la Chambre des Députés, a été qu'il soit bien entendu que le sinistré jouira de la plus grande latitude pour la destination à donner à son indemnité. Afin que cette interprétation ne puisse être mise en doute, le rapporteur de la Commission du Sénat et le ministre des régions libérées ont fait des déclarations bien nettes qui, par leur insertion au Journal Officiel, ont acquis un caractère absolument légal. Nous donnons ci après la déclaration du ministre (J. O. du 18 avril, Sénat, Séance du 17 avril 1919 p 635).

M. le Ministre. — Qu'a voulu l'honorable M. Forgeot ? Il l'a dit en termes précis :

Nous avons dit qu'il suffirait, pour qu'il y eut remploi qu'il (l'attributaire) donnât à l'indemnité reçue une affectation industrielle, agricole, commerciale quelconque. Je demande que nous lui laissions la même liberté quant à la nature du remploi en matière de meubles.

Voilà un sinistré qui a une usine, une filature. Nous lui disons : « Vous pouvez la transformer en huilerie, en savonnerie etc. »

Voilà pour l'immeuble.

M. Forgeot a pensé que le texte relatif aux meubles et qui prévoit que le sinistré doit procéder au remplacement et à la reconstitution des biens meubles était moins large que le précédent, en ce sens qu'on pouvait croire qu'il fallait reconstituer les mêmes meubles ou des meubles analogues ou équivalents. Il a estimé que, puisque la liberté avait été donnée en ce qui concerne les immeubles, il importait de la donner, dans la même mesure, pour les meubles. Voici, d'ailleurs, comment il s'exprime encore :

Toujours avec la même préoccupation de liberté de remploi en matière de meubles comme en matières d'immeubles, je propose de modifier le texte de l'article 45 qui est ainsi conçu : Si l'attributaire procède, soit au remploi en ce qui concerne les immeubles, dans les conditions prévues aux articles 4 et 5, soit au remplacement ou à la reconstitution des biens meubles...

*Et M. le Président de la commission d'ajouter :
« Si nous avons voulu cette liberté pour les immeubles,
de toute évidence nous le voulons aussi pour les meubles.
Vous demandez que nous le disions dans le texte. Volon-
tiers.*

*La pensée, messieurs, n'est donc pas douteuse, si le
texte n'est pas parfaitement clair.*

Frais supplémentaires.

L'interprétation que nous venons de fixer par
un texte officiel ne peut évidemment concerner que
les cas où le montant de la perte subie est seul
accordé et ceux où **les frais supplémentaires
sont alloués sans condition.**

Le cas où le montant de la perte subie est seul
accordé est le cas général, et on ne peut concevoir que
l'attributaire n'ait pas la faculté de donner à cette
part de l'indemnité, qui lui appartient en propre, la
destination qu'il juge à propos.

Mais nous avons vu d'autre part que le Législateur a estimé utile, dans un but d'intérêt général,
et en vue de permettre à la vie économique de
reprendre au plus tôt, de **donner les frais supplémentaires** pour :

1º Les matières premières et approvisionnements
indispensables à une exploitation industrielle dans
la mesure de la quantité nécessaire à la remise en
marche normale et à la fabrication pendant une
période de trois mois, ainsi que les produits en cours
de fabrication et les objets servant à l'exercice d'une
profession;

2º Les animaux lorsqu'ils ne sont pas considérés
comme immeubles par destination, ainsi que les
engrais, semences, récoltes et produits divers néces
saires à la remise en culture, à l'ensemencement des
terres et à la nourriture des animaux des exploitations agricoles jusqu'à la prochaine récolte ;

3º L'outillage servant à l'exploitation des fonds
de commerce ou à l'exercice de la profession ainsi
que les produits et marchandises nécessaires à assurer

la marche du commerce ou de l'industrie pendant une période de trois mois :

4° Le mobilier de l'habitation, meubles meublants, literie, linge, effets personnels; les objets d'agrément dont la valeur, pour chacun, ne dépassait pas 3.000 francs lors de la déclaration de guerre.

Or, il convient de préciser, dans ce chapitre « *DU REMPLOI* » ce que nous avons déjà indiqué au chapitre « *DE L'INDEMNITÉ* », à savoir que **les biens meubles compris dans les catégories 1° 2° 3° sont subordonnés, pour donner droit aux frais supplémentaires, à la reprise de l'exploitation.**

Il en résulte que l'attributaire est libre de disposer à son gré uniquement de l'indemnité à provenir de la catégorie n° 4, (mobilier de l'habitation, meubles meublants, literie, lingerie, effets personnels, etc...). Cette disposition est extrêmement intéressante. Il peut se trouver, par exemple, qu'un sinistré ait reçu en héritage de ses parents du mobilier de chambre à coucher en quantité plus grande que ne le comportent ses besoins. Grâce à la disposition dont il s'agit, il peut remplacer tout ou partie de ce mobilier par un mobilier de bureau ou de salle à manger, **ou même ne pas le remplacer du tout.** Mais s'il ne remplace pas du tout, **la partie de l'indemnité non employée lui est payée en dix termes annuels,** comme il sera dit au *chapitre du Paiement*.

Il peut également employer tout ou partie de l'indemnité dont il s'agit *à payer son passif.* Dans ce cas, il est considéré comme *faisant de ses fonds un usage commercial ou industriel* et jouit, au point de vue du paiement, des avantages accordés à l'attributaire qui effectue le remplacement (voir 2e *Partie*, art. 13).

CHAPITRE V

COMMENT ET PAR QUI L'INDEMNITÉ EST-ELLE FIXÉE?

DE LA JURIDICTION

A. — QUELLE DOIT ETRE LA JURIDICTION

Nous avons montré, dans les chapitres précédents, quels sont les dommages qui donnent droit à la réparation et sur quelles bases l'indemnité est calculée. Il nous faut maintenant indiquer par quelle autorité et dans quelles conditions est fixée l'indemnité due au sinistré pour chacune des catégories de dommages qu'il a subis.

Il n'a pas été possible de songer à remettre ce travail aux agents et aux fonctionnaires de l'administration constitués en commission, ni de faire appel aux tribunaux existants. Le nombre des affaires est trop considérable et la nécessité d'aboutir rapidement est trop impérieuse pour qu'on ait pu envisager l'éventualité de confier ce soin à un personne déjà retenu par d'autres occupations et peut-être aussi trop attaché à certaines habitudes de forme. **Faire vite et bien**, c'est-à-dire agir par des procédés simples et prendre des décisions rapides exigeait donc la création de commissions spéciales. C'est ainsi qu'on a été amené à créer les **Commissions Cantonales** que la loi permet de faire aussi nombreuses que les besoins le comportent.

D'autre part, il importait que le sinistré puisse avoir un recours contre la décision qui lui semblerait contraire à son droit ou à son intérêt. Il en est résulté qu'il était nécessaire de placer au-dessus des commissions cantonales un organisme auquel les sinistrés pussent en appeler des décisions de la commission cantonale. Cet organisme porte le nom de **Tribunal des Dommages de Guerre.**

Commission cantonale et tribunal des Dommages de Guerre tels sont les organes auxquels est confié le soin d'appliquer les dispositions de la loi du 17 avril 1919, sur la réparation des dommages de guerre. *Ce régime comporte essentiellement,* dit la circulaire du 23 avril 1919, *l'institution de* **Commissions** *et, au degré supérieur, de* **Tribunaux de dommages** *qui, sous des modalités et avec des caractères différents,*

les premières à titre **d'organes administratifs,** *ayant principalement pour but d'aboutir à des* **solutions de conciliation,**

les seconds à titre de véritables juridictions,

prendront des décisions attributives d'indemnités dont le paiement sera ensuite effectué suivant les modalités fixées par le législateur. (Voir annexe n° 13.)

Aux commissions cantonales et tribunaux des dommages de guerre, il faut ajouter **le comité technique** prévu dans chaque département et chargé d'établir des séries de prix en vue de renseigner les commissions cantonales sur l'évaluation des dommages et la fixation des indemnités.

B. — COMMISSIONS CANTONALES

1°. — Nombre, siège et ressort.

Art. 20, § i. — *Les dommages visés par la présente loi sont constatés et évalués par des commissions cantonales, créées à cet effet, conformément aux dispositions ci-après :*

§ ii. — *Dans chaque département intéressé, des arrêtés préfectoraux fixent : le délai dans lequel il sera procédé à la constitution des commissions cantonales, le nombre de ces commissions pour chaque canton, le siège et le ressort de chacune d'elles et la date à laquelle devront commencer les opérations.*

§ III. — *Si la situation ou l'état de certaines communes l'exige, le siège d'une commission pourra être fixé dans une commune d'un département voisin par arrêté du ministre des régions libérées.*

Cas où le lieu du dommage n'est pas connu.

§ IV. — *Lorsque le lieu où le dommage s'est produit n'est pas connu et que, d'autre part, il n'est pas possible de procéder à la constatation de ce dommage dans le ressort de la commission cantonale déjà constituée, la constatation et l'évaluation du dommage seront faites par une commission spéciale dont la composition sera la même que celle des commissions cantonales et qui aura son siège à Paris.*

§ V. — *Le tribunal des dommages de guerre de la Seine sera compétent pour statuer sur les recours formés contre les décisions prises par la commission dont il s'agit.*

§ VI. — *Si l'objet du dommage s'étend sur plusieurs cantons la compétence appartient à la commission du canton où est située la partie principale.*

Dommages causés aux bateliers et entreprises de transports par voies navigables.

§ VII. — *Pour l'instruction et l'appréciation des dommages de guerre causés aux bateliers et entreprises de transports par voies navigables et remorquage, il est institué une commission spéciale siégeant à Paris, au ministère des travaux publics. Si le lieu du dommage est connu et que le dommage soit possible à constater, il est procédé à cette constatation par la commission cantonale du lieu du dommage, si l'intéressé en fait la demande, et en sa présence. Il est dressé procès-verbal de la constatation et ce procès-verbal est transmis dans le délai de huitaine au président de la commission spéciale chargée de l'évaluation du dommage*

§ VIII. — *Les recours formés contre les décisions*

prises par cette commission spéciale sont portés devant le tribunal des dommages de guerre de la Seine.

Les trois premiers paragraphes concernent le cas général. Les quatrième et cinquième visent celui où le lieu du dommage n'est pas connu, comme par exemple le cas d'un envoi de marchandises qui n'est pas parvenu à destination d'une gare située en zone libérée. Le lieu où s'est produit le dommage ne peut être déterminé et il n'y a pas, a priori, de raison de choisir, pour le règlement de l'affaire, plutôt le lieu de destination que la gare de départ. Comme, d'autre part, il peut se produire que la gare de départ ne soit pas en région libérée, le choix de Paris s'explique parfaitement.

Il en est de même pour les dommages visés par les § VII et VIII, en raison de la dissémination des localités où s'est produit le dommage, en ce qui concerne les bateliers et entreprises de transports.

2°. — Composition.

a) Cas général

Art. 21. — Les commissions cantonales sont composées de cinq membres :

1° *Un président choisi dans le ressort de la cour d'appel par le premier président et, à défaut, en dehors du ressort, par le ministre de la justice parmi les juges des tribunaux civils et les juges de paix ou les anciens magistrats des tribunaux civils et de commerce ayant dix années de fonctions, les avocats régulièrement inscrits depuis dix ans au moins, les anciens avoués et les anciens notaires ayant exercé pendant le même temps ou ayant exercé successivement pendant dix ans leur profession d'avocat ou d'officier ministériel et des fonctions dans la magistrature ;*

2° *Un délégué désigné par les ministres des finances et des régions libérées ;*

3° *Un architecte, entrepreneur ou ingénieur ;*

4° *Un commissaire priseur, greffier ou ancien*

greffier, négociant en meubles ou toute autre personne possédant une compétence spéciale pour l'évaluation des meubles meublants et effets mobiliers ;

5° Un agriculteur, ou un industriel, ou un commerçant, ou un ouvrier de métier appelés à siéger suivant les cas et la nature des dommages à évaluer.

Ainsi, les commissions sont composées de telle manière et la désignation de leurs membres est entourée de telles garanties que le sinistré doit avoir toute confiance dans leur impartialité et leur compétence. (Voir pour les détails la circulaire du 23 avril 1919. — Annexe n° 13).

b) Cas d'exploitations de mines, minières et carrières.

ART. 22, § 1. — *Lorsqu'il s'agit de dommages causés aux exploitations de mines, minières ou carrières, aux bois et forêts ou aux étangs, la commission est ainsi composée : un président désigné comme il est dit à l'article précédent, un délégué du ministre des finances, deux membres choisis par voie de tirage au sort parmi les exploitants de mines, de bois ou d'étangs et un agent des travaux publics ou des eaux et forêts, désigné par les ministres intéressés, et un délégué mineur, suivant la nature des dommages à évaluer.*

c) Bateliers et entreprises de transports par voies navigables.

§ 2. — *Lorsqu'il s'agit de dommages causés aux bateliers, entreprises de transports par voies navigables et remorquage, la commission est ainsi composée ; un président désigné par le premier président de la cour de Paris comme il est dit à l'article précédent, un délégué du ministre des finances, un délégué du ministre des travaux publics, un constructeur de bateaux et un batelier. Ces deux derniers membres sont désignés par le comité consultatif de navigation intérieure qui désignera en même temps, dans chaque catégorie, un ou plusieurs suppléants.*

Il y a lieu de remarquer que quand il s'agit de

dommages causés aux exploitations de mines, minières ou carrières, la commission comprend en outre du président et du délégué des ministres des finances et des régions libérées, deux membres choisis par voie de tirage parmi les exploitants de mines, un agent des travaux publics désigné par le ministre des travaux publics et un délégué mineur. **Exceptionnellement, dit la circulaire du 23 avril 1919. J. O. du 25 avril 1919, pour les dommages afférents aux mines, la commission comprend donc six membres.**

3° — Dépôt des demandes

ART. 24, § I. — *Les intéressés sont admis, dès la publication de l'arrêté préfectoral prononçant l'ouverture des opérations des commissions, à déposer leurs demandes avec pièces à l'appui entre les mains du greffier de la commission cantonale compétente qui délivrera du tout un récépissé.*

§ II. — *Ils peuvent aussi effectuer ce dépôt à la mairie, à la préfecture ou à la sous-préfecture de l'arrondissement du dommage. L'administration préfectorale, après examen du dossier, le transmet avec son avis au greffe de la commission cantonale, dans le délai de quinzaine.*

§ III. — *Le sinistré devra indiquer, s'il en existe, les noms et domiciles des créanciers hypothécaires, antichrésistes, privilégiés, les bénéficiaires de droits d'usage, d'habitation et de servitude foncière, ainsi que les bénéficiaires de promesses de vente.*

§ IV. — *Ces créanciers seront informés de la demande par les soins du greffier et seront admis à présenter leurs observations devant la commission cantonale et le tribunal des dommages de guerre, dans le délai de quinzaine.*

Il semblerait, à voir les deux premiers paragraphes ci-dessus, qu'il n'est délivré de récépissé de la demande et des pièces jointes que quand le tout est remis entre les mains du greffier de la commission cantonale.

Il n'en est rien. La circulaire du 23 avril 1919, dit en effet :

A partir de la date fixée par arrêté pour l'ouverture des opérations de chacune des commissions cantonales, les demandes accompagnées des déclarations par catégories de dommages et des pièces à l'appui, pourront être déposées par les sinistrés, ou envoyées par lettre recommandée, soit au greffe de la commission cantonale compétente, soit à la préfecture du département, à la sous-préfecture de l'arrondissement, ou à la mairie de la commune du lieu du dommage. **Il en sera délivré récépissé.**

Lors donc que sera révolu le délai de quinze jours au bout duquel le dossier aura été transmis à la mairie ou à la préfecture ou sous-préfecture, le postulant sera fondé à adresser une réclamation au greffier si l'accusé de réception ne lui est pas encore parvenu. **Il évitera d'ailleurs que son dossier ne s'égare dans les transmissions en le remettant ou l'envoyant directement au greffe de la commission cantonale.**

4° Rédaction des demandes
(Voir Circulaire du 23 Avril 1919)

Les demandes seront rédigées sur papier libre, accompagnées pour chaque catégorie, de déclarations détaillées et appuyées de toutes pièces propres à établir la réalité et à permettre l'évaluation du dommage, telles que : actes de vente ou de succession, baux, décisions judiciaires, polices d'assurances, rapports d'experts, procès-verbaux de constats, attestations certifiées, plans, projets de travaux, devis, etc.. Les réclamants seront admis à ne déposer que des copies des actes ou pièces dont ils ne voudront pas se dessaisir, à la condition toutefois que ces copies présentent tous les caractères de sincérité désirables, et que les originaux en soient présentés ultérieurement à la commission.

Afin de faciliter le travail de classement et d'examen des demandes et déclarations, et de hâter en conséquence les décisions à intervenir, les sinistrés sont invités à utiliser de préférence pour leur réduction, les formules imprimées, tenues par les mairies à leur disposition, formules contenant les indications utiles pour permettre de fournir aux commissions tous les renseignements nécessaires en vue de la classification régulière et la juste évaluation des dommages.

Nous donnons ci-après (annexe n° 14), la circulaire du 24 avril 1919, (*Journal officiel,* du 25 avril 1919, avec les modèles y annexés)

Les dommages seront constatés et évalués par catégories suivant la classification établie par l'article 2 de la loi du 17 avril 1919.

Le sinistré a la faculté, soit de produire, en même temps, ses réclamations pour les diverses catégories des dommages qu'il a subis, soit de les présenter séparément et d'une façon successive.

Les demandes seront signées, soit par l'intéressé lui-même, soit, s'il est incapable, par son représentant légal.

La signature apposée sur la demande sera légalisée.

Nous croyons devoir mettre nos lecteurs en garde contre une tendance qui nous a paru très répandue chez les sinistrés, à traiter un peu à la légère la constitution de leur dossier, et à considérer qu'il leur suffit d'une énumération plus ou moins vague des dommages subis pour obtenir le remboursement auquel ils croient avoir droit. C'est selon nous une erreur dont ils trouveront la démonstration à l'article ci-après.

5° — Convocation devant la commission. — Pouvoir du Président.

ART. 27, § I. — *Le greffier convoque les parties. Il informe de cette convocation les créanciers hypothécaires, antichrésistes, privilégiés, les bénéficiaires des droits d'usage, d'habitation et de servitude foncière, ainsi que les bénéficiaires de promesses de vente, le tout par pli recommandé avec avis de réception.* **L'Etat est appelé en la personne du préfet ou de son délégué.**

§ II. — *Le président peut faire compléter les dossiers.*

ART. 32, § III. — *La commission cantonale et le tribunal des dommages de guerre peuvent ordonner la délivrance des extraits, expéditions, copies d'acte publics ou privés, de registres et de livres de commerce, et, en général, de toutes pièces propres à établir la réalité et à permettre l'évaluation du dommage.*

§ IV. — *Ils fixent les délais dans lesquels les enquêtes, expertises et autres mesures d'instruction doivent être terminées. Les experts qui ne se conformeront pas au délai qui leur est imparti peuvent être révoqués.*

Nous avons dit, à l'occasion de la *Rédaction des demandes* que nous ne saurions trop engager nos lecteurs à les présenter avec autant de détails que possible et à y joindre tous les documents de nature à éclairer les commissions. Il nous semble que cette conception doit être la première qui se présente à l'esprit du demandeur, car, comment veut-on que la commission se prononce sur l'évaluation d'un sinistre, si elle ne sait pas, avec toute l'exactitude possible, quelle est l'étendue du désastre, quelle est la nature et la valeur de l'objet ou de l'immeuble dont il s'agit? Mais il y a encore une autre raison pour agir comme nous le recommandons. Non seulement la commission comprend un représentant de l'Etat désigné par les ministres des Finances et des régions libérées, représentant qui sera presque toujours le percepteur ou le receveur de l'enregistrement, mais encore **l'Etat se constitue lui-même partie adverse du demandeur**, ainsi qu'il est dit au § I, ci-dessus, puisqu'il est appelé en la personne du préfet ou de son délégué. Il est certain, dans ces conditions, que l'Etat sera représenté largement. Si, donc le demandeur désire que son affaire soit tranchée rapidement, il devra joindre au dossier tous les documents de nature à permettre à la commission de juger sur pièces. Il évitera ainsi les enquêtes supplémentaires.

Si les dossiers semblent insuffisamment constitués, le président a qualité pour les faire compléter. Il peut notamment, comme il est dit à l'article 32, ordonner la délivrance des extraits, expéditions, copies d'actes publics ou privés, de registres et de livres de commerce, et en général de toutes pièces propres à établir la réalité et à permettre l'évaluation du dommage. Dans ce cas, il fixe les délais dans lesquels les enquêtes, expertises et autres mesures d'instruction doivent être terminés.

6° — Les parties devant la commission. — Elles peuvent se faire représenter.

ART. 27, § III. — *La commission entend les parties et les intéressés. Elle peut entendre également toutes personnes ayant une compétence spéciale pour l'évaluation de certains dommages et ordonner toutes expertises et mesures d'instruction qui lui paraîtraient utiles. Elle peut se transporter sur les lieux et déléguer à cet effet, deux ou plusieurs de ses membres.*

§ IV. — Les parties peuvent se faire assister ou représenter par un membre de leur famille, parent ou allié, ou par un avocat inscrit au barreau, ou par un officier ministériel.

§ V. — Sont applicables à la présente loi les dispositions des articles 26 de la loi du 12 juillet 1905 et 96 de la loi du 13 juillet 1911.

La commission ne néglige aucun moyen d'éclairer sa religion. Elle peut, en outre des parties et des intéressés, entendre toute personne ayant une compétence spéciale pour l'évaluation de certains dommages et ordonner toutes expertises et mesures d'instruction qui lui paraîtraient utiles. Elle peut également se transporter sur les lieux ou déléguer à cet effet, deux ou plusieurs de ses membres.

Il y a lieu de remarquer que la comparution des parties devant la commission n'est pas nécessaire s'il y a accord entre elles. (voir 2° partie art. 27).

L'assistance ou la représentation des sinistrés par un avocat inscrit au barreau ou par un officier ministériel, a fait l'objet de longues discussions. La Chambre des députés, préoccupée à juste titre d'éviter que l'indemnité destinée aux sinistrés ne

se fonde entre les mains des intermédiaires, avait
voulu limiter l'assistance ou la représentation à un
membre de la famille parent ou allié. Mais il pouvait
y avoir de grands inconvénients à laisser le sinistré
seul devant la commission et ce fut la thèse opposée,
présentée au Sénat dans les termes ci-après par le
rapport de la commission spéciale, qui prévalut :

*La tentative de conciliation exige la présence d'un
représentant de l'Etat placé en face du sinistré. L'Etat
utilisera pour cela les services soit d'un agent administratif, soit d'un homme d'affaires, avocat ou avoué. Il
ne faut pas que le sinistré risque de se trouver en état
d'infériorité s'il n'est pas à même de s'expliquer avec
précision et netteté, et de faire valoir ses raisons. Il est
juste qu'à ce moment-là, il puisse se faire assister ou
représenter, s'il est dans l'impossibilité de se présenter
lui-même, par une des personnes dont l'assistance est
admise devant le tribunal des dommages de guerre.*

Enfin, il y avait lieu, pour ne pas mettre les officiers ministériels dans l'obligation de présenter
une procuration lorsqu'ils auraient à défendre leurs
clients, de les mettre à cet égard sur le même pied
que les avocats. C'est ce qu'a fait le § 5. de l'article 27,
en rendant applicables à la présente loi les articles 26
de la loi du 12 juillet 1905 et 96, de la loi du 13 juillet 1911.

Art. 26. — *Les avocats régulièrement inscrits à un
barreau sont dispensés de présenter une procuration
devant la justice de paix du ressort du tribunal où ils
exercent leurs fonctions.*

Art. 96. — *Les avocats régulièrement inscrits à un
barreau sont dispensés de présenter une procuration
devant le tribunal de commerce de leur ressort.*

7° — Procédure devant la Commission cantonale
A. Cas où la conciliation est acquise.

Art. 28, § I. — *La commission s'efforce de concilier
les parties, constate, s'il y a lieu, leurs accords, et
décide s'ils doivent être homologués. Dans ce cas, la*

conciliation est acquise : il en est établi un procès-verbal motivé et l'évaluation est définitive.

La procédure devant les commissions cantonales doit être aussi simple et rapide que possible. Nous montrons dans la deuxième partie, à l'article 27, que les commissions ne sont pas tenues d'entendre les parties, s'il y a accord entre elles.

Remarquons en outre que la commission constate l'importance des dommages par **catégories,** conformément à l'article 2. C'est là une disposition essentielle sur laquelle nous appelons à plusieurs reprises l'attention du lecteur.

Voici d'autre part ce qu'a écrit le rapporteur de la commission sénatoriale :

La procédure devant les commissions cantonales doit être aussi simple que possible. La commission recourt elle-même directement à toutes les mesures d'instruction qu'elles juge utiles et recueille tous les renseignements. Il n'y a pas devant elle de débat contradictoire. Elle n'est liée par aucun délai imposé par la loi, et peut marcher d'un pas aussi rapide que lui permettent les circonstances et le caractère de ses opérations. Elle doit rechercher la conciliation toutes les fois qu'elle peut être obtenue sans que l'équité en souffre; elle a qualité pour recevoir les accords qui se produiraient même en dehors d'elle, mais dans ce cas elle doit les contrôler, et ces accords ne sont valables qu'après avoir été homologués par elle. Il y a là une précaution utile contre des défaillances ou des erreurs qui léseraient les intérêts des parties.

Les citations qui précèdent, complétées par les indications fournies à l'article 27, (2ᵉ partie), nous permettent de nous représenter la procédure devant les commissions.

Une fois le dossier parvenu au greffe, le greffier en donne récépissé, puis l'examine. S'il y a des parties à compléter, il le signale au Président qui a qualité pour ordonner toutes les mesures nécessaires.

Lorsque le dossier est complet, le greffier le passe, suivant les instructions données par le Président, au spécialiste de la Commission (délégué du Ministre des

Finances, architecte, ingénieur, commissaire-priseur
agriculteur. commerçant, ouvrier d'art ou délégué
mineur) et au délégué du Préfet. Chacune des personnalités intéressées signale ses observations au
Président de la Commission qui provoque les explications du sinistré ou de son représentant.

Si l'accord se fait entre le délégué du Préfet et
le sinistré (ou son représentant), la Commission
homologue l'accord et rend sa décision, sans entendre les parties.

Si l'accord ne se fait pas, la Commission entend
alors les parties, le sinistré pouvant se faire représenter comme il a été dit.

Si après la comparution, la conciliation est obtenue,
la Commission rend sa décision et l'affaire est ter-
minée.

Dans le cas contraire, elle suit son cours comme
il est dit à l'article 28 ci-après.

B. — *Cas de non conciliation.*

ART. 28, § II. — *Dans le cas de non-conciliation,
la commission dresse procès-verbal des demandes et
dires des parties et de leur désaccord. Elle constate
l'importance et la réalité des dommages, par catégories,
conformément à l'article 2 de la présente loi, avec une
évaluation distincte pour chacun des éléments qui les
constituent.*

§ III. — *Le greffier adresse aux parties, par pli
recommandé avec accusé de réception, un avis sommaire des décisions de la commission et les prévient
en même temps qu'elles ont un délai d'un mois à dater
du jour de réception de cet avis pour prendre connaissance, au greffe, de leur dossier et pour porter, s'il
y a lieu, leur contestation devant le tribunal des dommages de guerre.*

§ IV. — *Ce tribunal est saisi par une déclaration
inscrite par les parties ou leur mandataire muni d'un
pouvoir spécial, sur un registre tenu par le greffier
dudit tribunal qui délivrera récépissé de la déclaration.*

§ v. — Le procès-verbal de la commission cantonale, l'état des lieux et toutes les pièces du dossier sont alors transmis par le greffier de cette commission au greffe du tribunal des dommage de guerre.

C) — TRIBUNAL DES DOMMAGES DE GUERRE.

Art. 29, § i. — *Il est créé, à titre temporaire, au chef-lieu de chacun des arrondissements dans lesquels ont été constituées des commissions cantonales, un tribunal des dommages de guerre.*

§ ii. — Si par suite de circonstances, un tribunal ne peut pas être établi à son siège, il sera provisoirement installé dans un arrondissement voisin.

§ iii. — Le tribunal peut être divisé en autant de chambres que les besoins le comportent. Les affaires sont distribuées entre les chambres par le président de la première chambre ; les affaires concernant le même canton sont, autant que possible, distribuées à la même chambre.

Composition.

§ iv. — Chaque chambre de ce tribunal est composée :

1° D'un président, désigné par décret, sur la proposition du ministre de la justice, parmi les magistrats honoraires ou en activité des cours d'appel et des tribunaux de première instance

2° De deux membres et de deux suppléants désignés dans les mêmes conditions que le président et choisis parmi les magistrats en activité ou honoraires des cours d'appel et des tribunaux de première instance et des conseils de préfecture, les anciens bâtonniers de l'ordre des avocats, les professeurs des facultés de droit, \les anciens présidents de l'ordre des avocats au conseil d'Etat et à la cour de cassation, des chambres d'avoués et de notaires ;

3° De deux membres et de deux suppléants tirés au sort, au début de chaque session de deux mois, sur une liste de vingt membres désignés par le conseil général.

§ v. — *Le tribunal ne peut statuer valablement que si trois membres sont présents, y compris le président.*

§ vi. — *Le tribunal est assisté d'un greffier nommé par arrêté du ministre de la justice.*

Qualités des membres à désigner par le Conseil général.

Bien que la loi soit muette sur les conditions que doivent remplir les membres appelés à figurer sur la liste dressée par l'assemblée départementale, il convient, dit la circulaire du 23 avril (voir annexe n° 13), d'admettre qu'ils doivent être choisis parmi les citoyens remplissant les conditions requises pour faire partie du jury criminel. En outre les préfets engageront les Conseils généraux à porter leur choix de préférence sur des personnes qui se recommandent par des aptitudes spéciales à remplir ces fonctions juridictionnelles.

Procédure.

Art. 30, § i. — *Le tribunal prononce sur la réalité et l'importance des dommages, par autant de décisions distinctes qu'il y a de catégories, conformément à l'article 2 de la présente loi, avec une évaluation distincte pour chacun des éléments qui les constituent,*

§ ii. — *Il statue sur toutes les questions s'y rattachant, et fixe définitivement le montant des indemnités.*

§ iii. — *Si les règles instituées par la présente loi et par les décrets et arrêtés rendus pour son exécution n'ont pas été observées, il annule les opérations irrégulières, soit d'office, soit sur la demande des intéressés. Lorsque l'annulation est prononcée, le tribunal peut, suivant les circonstances et l'état du dossier, renvoyer l'affaire devant la commission cantonale ou procéder lui-même à l'évaluation des dommages et à la fixation de l'indemnité.*

§ iv. — *Le tribunal statue sur mémoires et en dernier ressort après rapport par l'un des juges. Les parties peuvent, sur leur demande, présenter elles-mêmes de brèves observations orales ou les faire présenter par un membre de leur famille, parent ou allié, par un avocat régulièrement inscrit, par un officier ministériel dans sa circonscription, par le délégué d'une association de sinistrés régulièrement constituée.*

§ v. — Le rapport sera lu et le jugement prononcé en audience publique.

D) — RECOURS EN CONSEIL D'ÉTAT.

Art. 36, § i. — Les décisions du tribunal des dommages de guerre peuvent être l'objet d'un recours devant le conseil d'État, pour incompétence, excès de pouvoir ou violation de la loi.

§ ii. — Le délai est de deux mois à dater de la signification par huissier de la décision, à la requête de la partie la plus diligente. Le recours est déposé au greffe du tribunal des dommages de guerre.

§ iii. — La décision qui prononce l'annulation désigne un tribunal pour statuer à nouveau sur la demande d'indemnité.

E) — COMITÉ TECHNIQUE DÉPARTE-MENTAL

Art. 23, § i. — Dans chaque département, un comité technique est institué pour établir ou faire établir en matière d'immeubles par des personnes ou des associations compétentes des séries de prix destinées à faciliter, d'une part, le calcul de la perte subie et, d'autre part, la détermination des frais supplémentaires de reconstitution et de la valeur de remplacement.

§ ii. — Ce comité est réuni par les soins du préfet au plus tard dans le mois qui précède la réunion de toute commission cantonale. Il comprend, outre le préfet ou son représentant, un délégué du ministre des travaux publics, un délégué du ministre des régions libérées ; les président et vice-présidents des tribunaux et chambres de commerce, des associations et comités

*agricoles, des conseils de prud'hommes du départe-
ment ; un membre du conseil départemental des bâtiments civils désigné par cette compagnie; un membre
de chacune des sociétés d'architectes et d'ingénieurs
existant dans le département.*

*§ III. — Les séries de prix sont mises à la disposi-
tion des commissions d'évaluation et des tribunaux
compétents, qui peuvent en user pour l'évaluation des
dommages et la fixation des indemnités.*

Nous donnons ci-après (annexe n° 11), la circulaire du 19 avril 1919, relative à la Constitution et
au fonctionnement des Comités techniques.

Il y a lieu d'en retenir que le Ministre préconise
les séries de prix pour les immeubles réparables et
d'autre part, pour les immeubles non réparables,
le mode d'évaluation au mètre carré.

Les séries de prix et prix-courants établis par les
Comités techniques seront mis dans les mairies à la
disposition des intéressés, mais à **titre de simple
base d'évaluation.**

F. — DISPOSITIONS CONCERNANT A LA FOIS LES COMMISSIONS CANTONALES ET LE TRIBUNAL DES DOMMAGES DE GUERRE.

**Causes intéressant les femmes mariées, les
incapables et les absents.**

ART. 25, § I. — *Dans les causes qui intéressent les
femmes mariées, les incapables, les absents, et généralement dans tous les cas où il est pourvu à l'administration du patrimoine par un curateur ou administrateur légal ou judiciaire, ainsi que dans les
successions bénéficiaires, l'exercice des droits et actions
résultant de la présente loi s'effectuera* **suivant les
règles du droit commun,** *sous les réserves ci-après :*

*1° Les tuteurs des mineurs et des interdits et les
curateurs des mineurs émancipés n'auront devant
les juridictions compétentes qu'à* **justifier d'une**

délibération motivée du conseil de famille *de l'incapable* ;

2° **La constatation,** *par la juridiction saisie, de l'impossibilité ou du refus du mari d'assister sa femme, même dotale ou commune en biens,* **suffira à habiliter celle-ci** *pour tous les actes de la procédure, ainsi que pour l'exécution des décisions rendues.*

Toutefois, les modalités du remploi devront respecter les droits de jouissance du mari tels qu'ils résultent du régime matrimonial ;

3° *Les administrateurs légaux ou judiciaires, tels que le père, administrateur légal, ou le curateur aux biens de l'absent, ainsi que l'héritier bénéficiaire,* *sont* **dispensés de toute autorisation préalable en justice.**

§ II. — *Dans les cas visés aux trois alinéas précédents, comme aussi au cas de réparation d'un dommage causé à un bien dotal inaliénable, même si la femme est autorisée de son mari, la décision des commissions compétentes devra toujours être soumise au tribunal des dommages de guerre qui statuera.*

Cas d'évaluations partielles.

Art. 26. — *Lorsque le sinistré justifie qu'il n'est en mesure de faire procéder à l'évaluation que d'une partie des dommages causés à ses biens, la commission compétente pourra, sur sa demande, surseoir à statuer aux opérations ou bien procéder à des constatations et évaluations partielles.*

Cette disposition a été introduite sur la demande de M. Boudenoot, en vue des expertises concernant les exploitations minières, Il n'est pas douteux qu'il pourra être procédé à l'évaluation et à la réparation des dommages intéressant les travaux du « jour « avant que le déblaiement n'ait permis d'apprécier toute l'étendue des dommages subis par les travaux du « fond « .C'est à cette intention que M. Boudenoot a fait rétablir les dispositions contenues dans l'article 26. Mais il est bien certain d'autre part que la portée de l'article est illimitée et que par exemple, il s'applique au cas où, dans une exploitation rurale, les experts estimeraient indispensable d'attendre la levée de la première récolte pour apprécier dans sa mesure exacte la dépréciation de valeur subie par le sol.

Nous exposons d'autre part, dans la deuxième partie, article 26, que le droit des sinistrés à des évaluations partielles est indiscutable.

Tous les moyens de preuve sont admis.

Art. 32, § I. — *Tout moyen de preuve, même par simples présomptions, est admis pour établir la réalité et l'importance des dommages, quels qu'ils soient, visés par la présente loi.*

§ II. — Les parents et les domestiques peuvent être entendus comme témoins.

Cette disposition, très bienveillante d'ailleurs, est strictement conforme à l'équité et adaptée aux circonstances.

Ce n'est qu'exceptionnellement qu'on possède, dans une famille, un inventaire exact de tous les objets qui s'y trouvaient à une date déterminée. Seuls, en général, les occupants et leurs familiers ou leurs domestiques ont connaissance de tous les détails d'un ménage. La bonne justice exigeait donc que des règles spéciales fussent édictées pour le cas particulier dont il s'agit.

Cas de litige sur le fond du droit ou la qualité de l'attributaire.

Art. 33. — *S'il y a litige sur le fond du droit ou sur la qualité de l'attributaire et toutes les fois qu'il s'élève des difficultés étrangères à la fixation du montant de l'indemnité, l'indemnité est réglée indépendamment des litiges et difficultés sur lesquels les parties sont renvoyées à se pourvoir devant qui de droit.*

Il est certain que ce sont là des questions qui sont indépendantes de la réparation des dommages. Il est par suite naturel que la loi du 17 avril 1919 renvoie, pour la solution, aux tribunaux et moyens habituels. Cette décision est conforme à la théorie de la séparation et de l'indépendance des pouvoirs.

Les actes de procédure auxquels donnera lieu l'application de la loi sont dispensés des formalités du timbre et de l'enregistrement.

Art. 35, § i. — *Les décisions, ainsi que les extraits ou copies, grosses ou expéditions qui en seront délivrés, et spécialement tous les actes de procédure auxquels donnera lieu l'application de la présente loi devant les commissions cantonales et devant le tribunal des dommages de guerre, sont dispensés des formalités du timbre et de l'enregistrement. Ils porteront la mention expresse qu'ils sont faits en exécution de la présente loi.*

§ ii. — Toutefois, au cas où les parties produiraient à l'appui de leurs prétentions, soit des actes non enregistrés et qui seraient du nombre de ceux dont les lois ordonnent l'enregistrement dans un délai déterminé, soit des actes et titres rédigés sur papier non timbré, contrairement aux prescriptions des lois sur le timbre, la commission cantonale ou le tribunal des dommages de guerre devront, conformément à l'article 16 de la loi du 23 août 1871, ordonner d'office le dépôt de ces actes au greffe pour y être immédiatement soumis à la formalité de l'enregistrement ou du timbre.

Il y a dans cet article deux cas à distinguer :

La premier paragraphe vise les actes de procédure telles que décisions, extraits ou copies, etc... dont l'établissement est la conséquence immédiate et nécessaire de l'application de la loi. Ces actes sont dispensés des formalités du timbre et de l'enregistrement.

Il n'en est pas de même, — et il ne pouvait rationnellement en être de même, — **des actes antérieurs** *produits à l'occasion de la loi,* lorsque ces actes ne sont pas enregistrés alors qu'ils auraient dû l'être. Lorsque des actes non enregistrés seront produits devant la commission cantonale ou le tribunal des Dommages de Guerre, ils devront être déposés d'office au greffe pour être soumis aux formalités qui auraient dû être accomplies.

Indemnités aux membres des Commissions cantonales et du tribunal des Dommages de Guerre.

Art. 31. — *Il est alloué aux membres des commissions cantonales et du tribunal des Dommages de Guerre, ainsi qu'à leurs greffiers, des indemnités qui seront fixées par arrêté pris d'accord entre le ministre de la justice, le ministre des finances et le ministre des régions libérées.*

Nous donnons ci-après (annexe n° 12), le texte de la circulaire du 19 avril 1919, relative aux indemnités accordées aux présidents, aux membres et greffiers des commissions cantonales et tribunaux de Dommages de guerre.

Le principe est qu'il est accordé :

Une indemnité mensuelle aux présidents des tribunaux des Dommages de Guerre, aux membres de ces tribunaux désignés par décret, aux présidents des commissions cantonales et aux greffiers de chacune de ces deux assemblées.

Les membres des commissions cantonales reçoivent au contraire une **indemnité de vacation.**

Secret professionnel — Incompatibilités.

Art. 39. — *Est tenue au secret professionnel, dans les termes de l'article 378 du code pénal, et passible des peines prévues audit article, toute personne appelée, à l'occasion de ses fonctions ou attributions, à intervenir dans la procédure instituée par la présente loi.*

Art. 38. — *Les fonctions de membre d'un tribunal des dommages de guerre sont incompatibles avec celles de membres d'une commission cantonale, avec la qualité d'attributaire dans le ressort du tribunal et l'exercice d'un mandat électif.*

Délais.

ART. 34. — *Les délais sont comptés et augmentés conformément aux dispositions de l'article 1033, du code de procédure civile* (1).

G. — PRESCRIPTION DE L'ACTION EN REPARATION DES DOMMAGES.

ART. 37, § I. — L'action en réparation *des dommages visés à l'article* 2, est prescrite deux ans après la signature de la paix, sauf le cas de force majeure.

§ II. — *Si les commissions et le tribunal institués pas la présente loi sont dissous au moment où l'action est introduite, elle sera portée devant le conseil de préfecture sauf recours au conseil d'Etat.*

H. — DELIVRANCE DE L'EXTRAIT DE LA DECISION RENDUE PAR LA COMMISSION CANTONALE OU LE TRIBUNAL DES DOMMAGES DE GUERRE.

ART. 41, § I. — *Il est délivré à l'attributaire, sur sa demande et dans le délai de quinzaine, par le greffier de la commission cantonale ou du tribunal des*

---

(1) *Art. 1033 du Code de procédure civile.* — Le jour de la signification et celui de l'échéance ne sont point comptés dans le délai général fixé pour les ajournements, les citations, les sommations et autres notes faits à personne ou à domicile.

Ce délai sera augmenté d'un jour à raison de cinq myriamètres de distance.

Il en sera de même dans tous les cas prévus en matière civile et commerciale, lorsqu'en vertu des lois, décrets et ordonnances il y a lieu d'augmenter un délai à raison des distances.

Les fractions de moins de 4 myriamètres ne seront pas comptées : les fractions de 4 myriamètres et au-dessus augmenteront le délai d'un jour entier.

Toutes les fois que le dernier jour d'un délai quelconque de procédure, franc ou non, est un jour férié, ce délai sera prorogé jusqu'au lendemain.

dommages de guerre, un **extrait pour chacune des décisions qui le concernent.** *Cet extrait porte indication du nom de l'attributaire, de la catégorie et de la nature des dommages, du montant de la perte subie et, s'il y a lieu ,de la somme correspondant à la dépréciation résultant de la vétusté et des frais supplémentaires de reconstitution ou de remplacement.*

§ II. — *Des certificats de non-appel et de non-pourvoi devant le Conseil d'Etat sont délivrés dans les mêmes conditions par les greffiers des commissions cantonales et des tribunaux des dommages de guerre.*

La délivrance par les greffiers de la première expédition de chacune des pièces dont la production est prévue par les lois et règlements est **gratuite.** Les duplicatas ont payés au greffier comme il est dit ci-après. (Voir arrêté du 19 avril 1919. Annexe n° 12).

ART. 11. — *Les greffiers ne peuvent recevoir des parties aucune rétribution pour l'accomplissement des* actes *de la procédure prescrits par la loi, ou pour la* **première expédition** *de chacune des pièces dont la délivrance est prévue par la loi ou les règlements.*

Ils sont tenus de fournir gratuitement tous renseignements et copies qui leur sont demandés par le ministre des régions libérées.

La délivrance des **duplicata** *ou* **expéditions** *demandés, en sus du premier exemplaire, par les intéressés donne lieu, au profit du greffier, à la perception des droits fixés par tarifs ci-après :*

Greffier de la commission cantonale.

Duplicata du récépissé de la demande déposée ou transmise à la commission cantonale.............. 0,25
Duplicata du certificat de non-appel.......... 0,25
Relevé des créanciers désignés sur la demande 0,50
Duplicata de l'engagement de remploi prévu à l'article 44.. 0,50
Duplicata de l'avis sommaire de la décision de la commission... 1,00

Expédition du procès-verbal de conciliation, des décisions de la commission, des rapports d'experts et **autres pièces :** *par rôle de 30 lignes à la page et de 20 syl-*

labes à la ligne, et, pour les rôles contenant énumération et évaluation par article par rôle de 30 articles à la page   1,00

Greffier du tribunal des dommages de guerre

Même tarif que le précédent pour les actes de même nature que ceux prévus audit tarif :

Copie de déclaration d'appel 0,50

Duplicata du certificat de non-pourvoi 0,50

Duplicata de mention, sur le registre du greffe, d'une cession d'indemnité ou opposition 0,50

Délivrance d'un extrait du registre des oppositions et cessions par rôle de 50 lignes à la page et de 20 syllabes à la ligne 1,00

I. — MODIFICATIONS A APPORTER ÉVENTUELLEMENT AUX CAHIERS DES CHARGES DES CONCESSIONNAIRES DES SERVICES PUBLICS.

ART. 42, § I. — *Au cours de la procédure d'évaluation de l'indemnité en réparation des dommages subis par les concessionnaires de services publics de l'Etat, des départements ou des communes, il pourra être apporté,* **sur l'initiative de l'autorité concédante ou des concessionnaires,** *des modifications à la convention et aux cahiers des charges, notamment pour* **améliorer les conditions d'exploitation, sous réserve des droits et des intérêts des concessionnaires,** *dans le cas où ces modifications aggraveraient les charges de la concession primitive. A défaut d'accord dans les trois mois qui suivront la décision, le* **droit de rachat** *sera ouvert de plein droit à l'autorité concédante.*

§ II. — *Il sera procédé au rachat dans les conditions fixées par le cahier des charges si le rachat est prévu et, dans le cas contraire, à* **dire d'experts,** *en se basant dans tous les cas sur les résultats de l'exploitation des cinq dernières années ayant précédé l'année 1914. L'autorité concédante sera, en cas de rachat, subrogée de plein droit au concessionnaire dans les droits ouverts par la présente loi.*

CHAPITRE VI

DU PAIEMENT
QUAND ET COMMENT L'INDEMNITÉ EST-ELLE PAYÉE?

DES AUTRES MODES DE LIBÉRATION DONT DISPOSE L'ÉTAT

A). — DÉLIVRANCE DES TITRES

Art. 43, § i. — *Lorsqu'une décision définitive est intervenue au sujet d'une ou plusieurs des catégories de dommages énoncées à l'article 2 ou pour les dommages visés à l'article 15, chacun des extraits délivrés à l'attributaire conformément à l'article 41 est, sur sa demande, échangé,* **dans le délai de deux mois** *et par les soins du ministre des finances, contre un titre constatant le montant de la somme attribuée pour la réparation de la perte subie. Ce titre n'est pas négociable; il peut faire l'objet d'avances dans les conditions qui seront déterminées par arrêtés pris par les ministres des finances et des régions libérées ; il peut également, avec l'autorisation motivée du tribunal civil donnée en chambre du conseil après avis du ministère public, être transporté conformément aux prescriptions des articles 1689 et suivants du code civil ou remis en* *nantissement aux termes des articles* 2.071 *et suivants du même code.*

Tout le mécanisme du paiement est contenu en germe dans ce paragraphe. *Lorsqu'une décision définitive est intervenue au sujet d'une ou plusieurs categories de dommages,* chacun des extraits délivrés à l'attributaire, dans les conditions que nous avons indiquées au chapitre précédent **De la juridiction,** *est échangé contre un titre constatant le montant de la somme attribuée.* C'est ce titre qui va permettre au sinistré de se faire remettre en espèces et suivant les modalités indiquées ci-après, le montant de la somme qui lui est due.

Art. 43, § ii. — *L'attributaire qui effectue le remploi dans les conditions et suivant les modalités prévues aux articles 4 et 5 de la présente loi, ou qui use ultérieurement de la faculté qui lui est réservée par l'article 9, reçoit, dans les mêmes conditions, un* **titre complémentaire** *indiquant le montant des frais supplémentaires qui lui sont attribués.*

§ iii. — *Un titre* **complémentaire** *analogue est délivré pour l'excédent de la valeur de remplacement sur le montant de la perte subie, en ce qui concerne les biens meubles visés aux numéros 1 à 4 du paragraphe 4, de l'article 13. Pour les meubles visés aux trois premiers numéros dudit paragraphe,* **la remise du titre complémentaire est subordonnée à la reprise de l'exploitation.**

§ iv. — *Donnent lieu à délivrance d'un* **titre** spécial *constatant le droit de l'attributaire à l'avance prévue par le paragraphe 5 de l'article 5 de la présente loi, les sommes correspondant à la dépréciation résultant de la vétusté qui sont indiquées par l'extrait de la décision définitive.*

§ v. — **Dans un délai de deux mois,** *il est remis un titre spécial en échange de l'extrait de la décision définitive concernant la réparation, en capital et intérêts à 5 % l'an, à dater du jour où s'est produit le dommage, des prélèvements en espèces, amendes et contri-*

butions de guerre imposés par les autorités ou les troupes ennemies. *Les sommes dues de ce chef sont,* **sur la présentation de ce titre,** *versées en espèces à l'attributaire.*

Il y a donc trois sortes de titres :

Le **titre ordinaire,** destiné à constater le montant de la somme attribuée pour la réparation de la perte subie.

Le **titre complémentaire,** indiquant le montant des frais supplémentaires attribués soit pour les immeubles, soit pour les biens meubles.

Le **titre spécial** qui :

Constate le droit de l'attributaire aux avances pour dépréciation résultant de la vétusté, dans les conditions exposées au chapitre de l'**Indemnité.**

Ou fixe le montant de la réparation en capital et intérêts à 5 ½ l'an, des prélèvements en espèces, amendes et contributions de guerre imposés par les autorités ou les troupes ennemies.

B). — ÉPOQUE DU PAIEMENT

D'abord il y a lieu de retenir de ce qui précède (*DÉLIVRANCE DES TITRES*), que les titres, quels qu'ils soient, sont délivrés dans les **deux mois** qui suivent la décision définitive de la Commission.

Ensuite les paiements commencent en principe **deux mois** après la remise du titre, ce qui donne un total de **quatre mois au maximum** à dater de la décision définitive de la Commission cantonale ou du tribunal des Dommages de Guerre.

Prélèvements en espèces,
amendes et contributions de guerre.

Toutefois **une exception est faite en faveur du titre spécial** remis en échange de l'extrait de la décision définitive **concernant la réparation en capital et intérêts** à 5 % l'an, à dater du jour où s'est produit le dommage, des **prélèvements en espèces, amendes et contributions de guerre** imposés par les autorités ou les troupes ennemies. Les sommes dues de ce chef **sont sur la présentation de ce titre,** c'est-à-dire immédiatement, versées à l'attributaire.

En ce qui concerne les indemnités pour montant de la perte subie et les frais supplémentaires, les règles varient suivant que l'attributaire remploie ou ne remploie pas.

1° — L'ATTRIBUTAIRE REMPLOIE

a) **Montant de la perte subie.**

Art. 44, § 1. — *Si l'attributaire procède au remploi en ce qui concerne soit les immeubles, dans les conditions prévues aux articles 4 et 5, soit les biens meubles ou s'il prend, devant la commission cantonale ou le tribunal des dommages de guerre, l'engagement de procéder à ce remploi ou à cette reconstitution, il a droit, sans justification, dans le délai de deux mois à dater de la remise du titre, à un premier acompte de 25 % sur la somme allouée pour la perte subie, sans que cet acompte puisse être inférieur à 3.000 francs, si la perte subie est égale ou supérieure à ce chiffre, ni supérieure à 100.000 francs, à moins qu'il ne justifie devant le tribunal des dommages de guerre d'un emploi ou de besoins immédiats plus condidérables, notamment par la production de quittances, comptes, factures, notes de livraison ou commandes acceptées par les fournisseurs.*

§ II. — *Le solde du montant de la perte subie lui est versé par acomptes successifs, au fur et à mesure de la justification des travaux exécutés ou des achats effectués, dans les conditions prévues au paragraphe précédent. Chacun des versements a lieu dans le délai de deux mois de la justification.*

Ici c'est le **titre ordinaire** qui joue.

L'attributaire a droit dans le délai de **deux mois**

à dater de la remise du titre, et sur **simple engagement de procéder au remploi ou à la reconstitution**, à un premier acompte de 25 % de la somme allouée pour le montant de la **perte subie**. Ce premier acompte ne peut être inférieur à 3.000 francs, si la perte subie est égale ou supérieure à 3.000 francs, ni supérieur à 100.000 francs, à moins que l'attributaire ne justifie, non devant la Commission cantonale, mais **devant le tribunal des dommages de guerre**, d'un emploi ou de besoins immédiats plus considérables, notamment par la production de quittances, comptes, factures, notes de livraison ou commandes acceptées par les fournisseurs.

Une grande bataille s'est engagée au Parlement au sujet de ce premier acompte de 25 %. Deux thèses se trouvaient en présence dès le début de la discussion. Les Députés voulaient, pour que les attributaires puissent toucher des acomptes, qu'ils **justifient avoir exécuté les travaux de réfection ou payé les achats de remplacement.** C'était, en d'autres termes, admettre *a priori* que les sinistrés avaient devant eux les sommes nécessaires à l'engagement des premières dépenses, ou exiger qu'ils s'endettent pour réunir les premiers fonds indispensables. Le Sénat comprit de suite combien cette exigence eût été non seulement contraire aux intérêts des sinistrés, mais encore injuste à leur égard. Il précisa donc que les attributaires auraient droit à un premier acompte de 25 % de la perte subie **dans les deux mois** qui suivraient la remise du titre. De cette manière le sinistré pourrait parer aux premières dépenses. La fixation du premier acompte à 25 % du montant de la perte subie a été combattue très vivement par le ministre des Finances, M. Klotz, qui voulait, sous couleur de mieux servir les intérêts des sinistrés, que le premier acompte fût délivré **dans la mesure des besoins.** Le Sénat a rejeté cette disposition afin d'éviter au sinistré d'avoir des difficultés avec l'Administration.

C'est là un chiffre forfaitaire, dit le rapporteur de la Commission Sénatoriale des Dommages de Guerre. Nous avons considéré intéressant de le maintenir. Si la nécessité d'un premier acompte étant reconnue, il fallait que chaque fois, le sinistré fît valoir la situation spéciale dans laquelle il se trouve, il s'en serait suivi une discussion inévitable, le Trésor étant tenté de donner moins alors que le sinistré serait tenté de demander plus. Nous avons donc pensé qu'il était utile de fixer un chiffre forfaitaire supprimant toute discussion et faisant connaître aux uns et aux autres la somme à laquelle le sinistré doit prétendre.

Dans un ordre d'idées analogue, le Sénat a fixé à 3.000 francs le minimum du premier acompte, afin que les attributaires d'une faible indemnité puissent néanmoins avoir tout de suite la somme nécessaire pour remettre leur exploitation en train.

Enfin, pour ménager les ressources de la trésorerie qui rencontrera évidemment de grosses difficultés pour faire face aux premiers débours nécessités par la mise en application des dispositions relatives au Paiement, il a été fixé à ce premier acompte une limite maximum, celle de 100.000 fr. Si exceptionnellement l'attributaire a besoin d'une somme plus élevée, il en justifiera, non devant la commission cantonale, mais devant le Tribunal des Dommages de Guerre.

A partir du moment où le premier acompte a été versé, ou ce qui est équivalent au point de vue où nous nous plaçons, à partir du moment où les travaux sont en train, il n'y a plus les mêmes raisons pour avancer de l'argent soit aux attributaires, soit aux entrepreneurs. On peut alors ne faire les versements en espèces qu'au fur et à mesure de l'exécution des travaux, comme il est de pratique courante. **Le solde du montant de la perte subie est dès lors versé par acomptes successifs, au fur et à mesure de la justification des travaux exécutés ou des achats effectués. Chacun des versements a lieu dans le délai de deux mois de la justification.**

b). — **Frais supplémentaires.**

Art. 44, § III. — *Quand le payement de la perte subie est totalement effectué, le montant des frais supplémentaires est versé dans les mêmes conditions, sur la présentation du* **titre complémentaire.**

§ IV. — *Il en est de même pour l'excédent de la valeur de remplacement sur le montant de la perte subie en ce qui concerne les biens meubles visés aux numéros 1 à 4 du paragraphe 4 de l'article 13.*

Lorsque le montant de la perte subie a été complètement réglé, l'attributaire perçoit les frais supplémentaires.

C'est alors le **titre complémentaire** qui entre en jeu.

L'opération se fait dans les mêmes conditions que pour les acomptes sur le montant de la perte subie versés successivement après le premier, c'est-à-dire que les frais supplémentaires sont payés par acomptes successifs au fur et à mesure de la justification des travaux exécutés ou des achats effectués, le versement ayant lieu dans le délai de **deux mois** à partir de la justification.

De cette manière l'attributaire est libre de pousser ses travaux ou d'effectuer ses achats dans les conditions de temps les plus favorables. Il lui suffit de présenter ses justifications en temps utile pour assurer la continuité de son effort. L'intention du législateur a été en effet clairement exprimée par le rapporteur de la commission sénatoriale lorsqu'il a écrit :

En réalité, le but est qu'il s'établisse entre l'exécution des travaux et le paiement des accomptes un rythme régulier qui permette une marche ininterrompue.

c) Avances pour dépréciation résultant de la vétusté.

Art. 44, § VI. — *Si, après affectation du montant des frais supplémentaires à la reconstruction d'immeubles ou à la reconstitution d'une exploitation, l'attributaire use de la faculté qui lui est réservée par le paragraphe 5 de l'article 5, la somme correspondant à la dépréciation résultant de la vétusté lui est versée sur la présentation du* **titre spécial,** *au fur et à mesure des justifications d'emploi.*

Dans ce cas, c'est le **titre spécial** relatif aux avances pour dépréciation résultant de la vétusté qui va jouer.

Il permet à l'attributaire d'obtenir, par acomptes successifs, les fonds indispensables pour parfaire, après le versement de la perte subie, des frais supplémentaires et des 10.000 francs alloués en toute propriété pour dépréciation résultant de la vétusté, la somme nécessaire à la reconstitution de l'immeuble.

2° L'ATTRIBUTAIRE NE REMPLOIE PAS

ART. 45, § 1. — *Dans le cas où l'attributaire n'a droit qu'au montant de la perte subie, s'il déclare dans le délai de deux ans, devant la commission cantonale ou devant le tribunal des dommages de guerre vouloir destiner l'indemnité à un usage immobilier, agricole, industriel, commercial, ou à l'exercice d'une profession sur un point quelconque du territoire, l'indemnité représentative de la perte subie lui est également versée par acomptes successifs, au fur et à mesure de la justification des travaux exécutés ou des achats effectués.*

Nous nous trouvons ici en face de la situation la moins favorable à l'attributaire. La loi y vise les deux cas où le sinistré n'a droit qu'au montant de la perte subie, soit parce qu'il ne veut pas remployer, soit parce que le remploi lui a été interdit.

Nous avons vu au chapitre *DU REMPLOI* que le remploi n'est reconnu comme effectué que s'il a lieu **dans la commune du dommage ou dans un rayon de 50 kilomètres, sans sortir de la zone dévastée.** Cette condition rappelée, il nous est facile de bien préciser la question.

Si l'attributaire ne remploie pas parce qu'il en a spontanément décidé ainsi, il peut :

Ou renoncer à faire un usage commercial de son indemnité,

Ou, au contraire, vouloir la « réinvestir » sur un point quelconque du territoire national, c'est-à-dire vouloir destiner l'indemnité à un usage immobilier, agricole, industriel, commercial, ou à l'exercice d'une profession, en dehors du rayon des 50 kilomètres en région libérée.

Il en est de même pour l'attributaire à qui le remploi a été interdit. Il peut, à son gré, s'il ne remploie pas dans le rayon de 50 kilomètres en région libérée, renoncer à faire usage de son indemnité ou vouloir la réinvestir.

a) **L'attributaire réinvestit son indemnité.**

Qu'il s'agisse de l'un ou l'autre de ces attributaires, s'il déclare dans le délai de deux ans, devant la commission cantonale ou devant le tribunal des dommages de guerre, vouloir « réinvestir », la somme qui lui a été allouée, l'indemnité représentative de la perte subie lui est également versée par acomptes successifs, **au fur et à mesure de la justification des travaux exécutés ou des achats effectués.**

Après le rapporteur de la Commission sénatoriale nous faisons remarquer combien cette formule est rigoureuse.

N'accorder, dit M. Reynald, *une somme quelconque à un sinistré, lorsqu'il réinvestit son indemnité, qu'après justification d'avoir déjà effectué des travaux et acheté des matières premières,* **c'est l'obliger à trouver du crédit par ailleurs ;** *c'est ce que nous appellerions respectueusement mettre la charrue avant les bœufs.*

Nous avions estimé qu'il fallait soit, comme nous le demandions, lui permettre de toucher sans justification un premier acompte, soit tout au moins lui accorder ce premier acompte non pas sur le vu des travaux exécutés, mais sur la production d'un devis; non pas sur des achats réalisés, mais sur des engagements d'achats.

Si l'administration ne veut pas lui faire crédit, si elle ne veut pas s'en remettre à lui, à sa parole, si elle tient à ne lui donner une somme que lorsqu'elle est certaine que cette somme recevra un emploi, nous comprenons très bien qu'elle réclame des garanties. Mais, ici, on précède les garanties, et l'on rendrait la situation très difficile pour des sinistrés qui veulent agir et n'ont aucun moyen d'action personnel, si on ne les autorisait à passer aux caisses de l'État que lorsqu'ils auront déjà exécuté des travaux, c'est-à-dire lorsqu'ils se seront procuré les fonds que justement leur qualité de sinistré ne permet pas d'espérer trouver en leurs mains.

Reprenant le même argument, M. Touron demande au Ministre d'atténuer les rigueurs de cette disposition par un large système d'avances :

Alors, que vont devenir les malheureux sinistrés qui n'ont pas un centime dans leur poche, **s'il faut d'abord débourser de l'argent avant d'en toucher de l'État ?** *C'est là une rigueur inadmissible et je demande à M. le Ministre des régions libérées d'user du droit que lui donne l'article 44* **de faire des avances** *d'accord avec le ministre des finances et de réparer cette erreur de séance, car ce ne peut être que cela.*

En un mot, la disposition que nous incriminons est contraire au principe d'après lequel il suffit, pour avoir droit au premier acompte, de prendre un engagement de remploi (ou de remplacement s'il s'agit de biens meubles). Il y a là une sorte d'injustice que M. Touron voit la possibilité de réparer par un large système d'avances.

b) L'attributaire
ne réinvestit pas son indemnité.

ART. 45, § II. — *Sauf les cas prévus par l'article 8, si l'attributaire ne destine pas l'indemnité à un usage immobilier, agricole, industriel, commercial ou à l'exercice d'une profession, le payement est fait en* **dix** **termes annuels égaux,** *le premier terme étant payable* **trois mois** *après la remise du titre de créance et les termes suivants de douze en douze mois.*

Art. 8, § I. — *Si le remploi n'est pas effectué, le payement de la perte subie est réalisé par la remise au sinistré d'un titre représentant le montant de ce qui lui est dû et productif d'intérêts à 5 % l'an.*

§ II. — **Ces titres sont inaliénables** *pendant cinq ans à dater de la remise aux attributaires ; ils pourront toutefois, pendant ce délai, faire l'objet de cessions sur autorisation motivée du tribunal civil donnée en chambre du conseil, le ministère public entendu. Il pourra être appelé de la décision de première instance devant la Cour qui statuera en chambre du conseil et comme en matière sommaire.*

§ III. — *Sera nulle toute aliénation effectuée en violation des dispositions qui précèdent ; la nullité sera prononcée à la requête du ministre des finances.*

§ IV. — *Après l'expiration du délai de cinq ans, le remboursement du titre est effectué par le payement en espèces de* **dix termes annuels égaux,** *le premier étant exigible à* **l'expiration de la sixième année** *année et les termes suivants de douze mois en douze mois.*

Nous sommes ici, ne l'oublions pas, à l'article 45 qui est consacré au cas où l'attributaire n'a droit qu'au montant de la perte subie. Nous savons également que s'il se trouve dans cette situation, c'est qu'il ne remploie pas (ou ne remplace pas, s'il s'agit de biens meubles). Or, il y a encore lieu de distinguer suivant qu'il s'agit de biens meubles ou d'immeubles.

S'il s'agit de biens meubles, c'est le paragraphe 2, de l'article 45, qui donne la solution au point de vue de la date du paiement : **le paiement est fait en dix termes annuels égaux,** le premier terme étant payable **trois mois** après la remise du titre de créance et les termes suivants de douze en douze mois.

S'il s'agit d'immeubles, l'attributaire tombe alors sous le coup des dispositions de l'article 8. En raison de la distinction faite entre les biens immobiliers et les biens mobiliers, d'après laquelle il y a lieu de pousser au remploi pour les immeubles alors qu'il n'en est pas de même pour les biens meubles, les conditions de payement du montant de la perte subie sont plus lourdes quand il s'agit de non remploi en matière d'immeubles. Au lieu d'être fait en dix termes annuels, le paiement est réalisé par la remise au sinistré d'un titre inaliénable pendant cinq ans. Le remboursement est ensuite effectué ne dix termes annuels égaux comme il est dit à l'article 8 ci-dessus.

Cette mesure est également appliquée dans le cas du paragraphe 3 de l'article 13, ci-après :

Art. 13, § III. — *L'indemnité accordée pour réparer les dommages causés aux matières premières et aux approvisionnements de l'industrie sera payée suivant le mode prévu par l'article 8 toutes les fois que l'attributaire,* **s'il a subi des dommages immobiliers,** *n'aura pas souscrit à la condition du remploi et toutes les fois que le remploi n'aura pas été interdit.*

Elle vise les dommages causés aux matières premières et aux approvisionnements de l'industrie, toutes les fois que l'attributaire, s'il a subi des dommages immobiliers, n'aura pas souscrit à la condition du remploi et toutes les fois que le remploi n'aura pas été interdit. En d'autres termes, le législateur a voulu en quelque sorte punir l'industriel qui, **ayant subi à la fois des dommages immobiliers et mobiliers, se désintéresse complètement de la reconstitution de l'immeuble.** Ses matières et approvisionnements lui sont payés dans les mêmes conditions que le montant de la perte subie en ce qui conserne son immeuble, c'est-à-dire en dix termes annuels égaux dont le premier commence à courir après les cinq ans pendant lesquels le titre est inaliénable.

Cas des meubles dits « de luxe ».

Art. 44, § V. — *Les sommes allouées à l'attributaire pour la réparation des dommages causés aux meubles visés au paragraphe 2 de l'article 13 de la présente loi seront payées après épuisement de toutes autres sommes dues audit attributaire à quelque titre que ce soit.*

Il s'agit ici des biens meubles n'ayant pas une utilité industrielle, commerciale, agricole, professionnelle ou domestique qui ne peuvent recevoir, en vertu du paragraphe 2 de l'article 13, une estimation supérieure à la valeur attribuée soit par des ventes, soit par des inventaires, déclarations de successions ou tous autres actes dans lesquels il aurait été fait une évaluation, pourvu que ces actes ne remontent pas à plus de dix ans. Nous avons dit précédemment que l'attributaire pourrait échapper à cette règlementation difficile à appliquer en déclarant tous les biens meubles dont il s'agit comme des objets d'agrément.

Si cependant, il y a, (malgré la réserve que nous venons de formuler), des biens meubles classés dans la catégorie prévue au paragraphe 2 de l'article 13, il sera entendu que les sommes allouées pour la réparation des dommages causés à ces biens meubles ne seront payées qu'après épuisement de toutes autres sommes dues audit attributaire à quelque titre que ce soit.

L'attributaire ne souscrit pas *DE SUITE* à la condition du remploi.

Art. 9. — *L'attributaire aura un délai de deux ans, à partir de la décision portant fixation définitive de l'indemnité, pour souscrire à la condition de remploi. Il devra fournir à l'appui de son engagement, en vue de faciliter le calcul des frais supplémentaires, un projet des travaux à exécuter ou des achats à effectuer avec devis estimatif.*

Art. 8, § v. — *Les attributaires qui s'engageront dans les conditions prévues par les articles 9, 44 et 45 de la présente loi à effectuer le remploi ou à réinvestir leur indemnité obtiendront des versements en espèces suivant les modalités prévues par lesdits articles.*

L'attributaire qui ne souscrit pas à la condition du remploi ou du réinvestissement a, d'après l'article 9 un délai de deux ans, à dater du jour de la décision définitive concernant la catégorie intéressée, pour se décider au remploi ou au réinvestissement.

S'il se décide à remployer ou à réinvestir son indemnité, il rentre dans l'un des cas exposés ci-dessus concernant le remploi ou le réinvestissement.

C.) — DES AUTRES MOYENS
DE LIBERATION DE L'ETAT.

ART. 46, § I. — *L'Etat peut se libérer par l'un des moyens suivants,* **si les attributaires y consentent :**

§ II. — *En ce qui concerne les immeubles par nature, par la dation d'un autre immeuble de même nature et de même valeur situé dans le canton du dommage ou les cantons limitrophes ;*

§ III. — *En ce qui concerne les immeubles par destination et les meubles ayant une utilité industrielle, commerciale, agricole, professionnelle ou domestique, par une fourniture similaire de même valeur ;*

§ IV. — *En ce qui concerne les autres meubles, par la remise d'objets mobiliers de même nature et de même valeur.*

§ V. — *L'Etat peut également se libérer pour totalité ou partie, en faisant exécuter à ses frais les travaux de restauration des immeubles ou meubles endommagés ou en fournissant les matériaux pour cette restauration.*

Le membre de phrase **si les attributaires y consentent** avait été ajouté au paragraphe Ier par le Sénat, lors du premier examen du projet de loi par la Haute Assemblée en même temps qu'au paragraphe v, il était introduit la même faculté par l'adjonction des mots : **sous réserve de la même acceptation** placés après les mots : « l'Etat peut également ».

La Chambre des députés n'avait pas voulu admettre

cette latitude laissée au sinistré et avait renvoyé, pour la deuxième fois, le projet au Sénat en supprimant les membres de phrase « si les attributaires y consentent » et « sous réserve de la même acceptation ».

A son tour le Sénat avait rétabli les membres de phrase en question, et lorsque le projet vint pour la troisième fois en discussion devant la Chambre, la Commission spéciale des Dommages de Guerre avait proposé à nouveau à l'approbation de la Chambre des députés un texte duquel les membres de phrase dont il s'agit, avaient été rayés encore une fois. Mais au cours de la dernière séance consacrée par la Chambre à la discussion de la loi, les mots « si les attributaires y consentent » furent rétablis sur l'intervention de M. Magniaudé. L'amendement de M. Magniaudé porte en outre uniquement sur les mots « si les attributaires y consentent ». Mais il est bien certain que dans l'esprit de la Chambre cette latitude s'appliquait aussi au paragraphe 5.

Afin qu'il ne puisse subsister le moindre doute à cet égard, le rapporteur de la Commission sénatoriale fit préciser à la Séance du 17 avril 1919, (*Journal Officiel*, du 18 avril 1919, p. 636), que **c'est pour l'ensemble des dations en payement que le consentement du sinistré est rétabli**, et le ministre constata que cette interprétation est bien exacte.

Si nous nous sommes peut-être étendu un peu longuement sur cette question, c'est qu'il nous a paru qu'il ne fallait laisser subsister aucun doute.

ART. 46, § VI. — *L'État a également la faculté de se rendre acquéreur, pour tout ou partie, des immeubles endommagés ou détruits. A défaut d'accord amiable, le prix est déterminé suivant les règles prescrites au titre précédent pour l'évaluation de l'indemnité en tenant compte de la valeur du sol et en y comprenant tous les éléments prévus au cas de remploi, si le vendeur prend l'engagement de l'effectuer dans les conditions précisées à l'article 5 de la présente loi. Le paie-*

ment aura lieu, suivant les cas, comme il est dit aux articles 44 et 45.

§ VII. — *L'Etat* **devra** *se rendre acquéreur des immeubles,* **après tentative de conciliation,** *si la remise en état du sol dépasse la valeur du terrain, déprécié dans son utilisation, en tenant compte, s'il y a lieu, de la dépréciation qui pourrait en résulter pour le surplus de l'immeuble, en cas d'acquisition partielle.*

§ VIII. — *L'Etat a, dans tous les cas et à tout moment, la faculté de se libérer par anticipation.*

L'abbé Lemire ayant demandé que, dans tous les cas où il y aura expropriation, l'indemnité soit déterminée par les lois qui régissent la matière, le Président de la Commission fait la déclaration ci-après :

Pour répondre à ces préoccupations, l'expropriation n'a qu'un but, celui de l'utilité publique, c'est de faire rentrer dans le domaine public un certain nombre de parcelles appartenant à des particuliers. La procédure de l'expropriation sera suivie, mais en ce qui concerne l'indemnité, la loi actuelle la conçoit bien plus large que la loi de 1841, et nous en laissons le bénéfice aux sinistrés.

M. LEMIRE. — *Je prends acte de votre déclaration. Il est entendu que les frais supplémentaires nécessités par le déplacement d'un immeuble et qui sont la conséquence d'une expropriation seront réglés d'après la loi actuelle. Je vous remercie et je retire mon amendement.*

D) — CAS OU L'ATTRIBUTAIRE EST DEBITEUR DE L'ETAT.

ART. 46, § IX. — *Si l'attributaire est débiteur de l'Etat à quelque titre que ce soit, même pour le payement de ses contributions, la somme ainsi due par lui sera,* **sur sa demande,** *imputée à valoir sur le montant de son indemnité et ne sera pas exigible avant que ce montant n'ait été déterminé.*

E) — LES SOMMES DUES PAR L'ETAT PRODUISENT INTERET.

ART. 47, § I. — *Les sommes dues par l'Etat pour la réparation de la perte subie* à l'exception de celles dues pour les dommages causés aux maisons de plaisance et aux meubles visés au paragraphe 2 de l'article 13, *produisent, à partir du 11 novembre 1918, un intérêt de 5 % l'an qui est payé trimestriellement et en espèces à l'attributaire.*

§ II. — *Toutefois, pour les dommages causés aux marchandises, récoltes, produits, approvisionnements, et à celles des matières premières qui ne bénéficient pas des dispositions du paragraphe 4, numéros 1, 2 et 3 de l'article 13, les intérêts courent six mois après la date du dommage.*

§ III. — *Pour les dommages causés à ces marchandises, récoltes, produits et approvisionnements et à ces matières premières pendant l'occupation ennemie, on prendra la date de l'invasion.*

Les dispositions qui précèdent sont relatives à l'intérêt produit par les sommes dues par l'Etat. Pour traiter autant que possible tout le monde sur le même pied, et en raison de la difficulté de déterminer la date du dommage, il a été décidé que les sommes dues pour la réparation de la perte subie porteraient intérêt à 5 % à dater du 1er novembre 1918, jour de la signature de l'armistice.

Exception a cependant été faite, en ce qui concerne les biens-meubles, pour les meubles dits « de luxe » et en ce qui concerne les immeubles, pour les maisons de plaisance. Les sommes dues par l'Etat pour dommages causés à ces meubles et immeubles ne produisent pas d'intérêt.

Au paragraphe 2 ci-dessus, on a distingué, parmi les marchandises, récoltes, produits, approvisionnements, matières premières, ceux qui donnent droit aux frais supplémentaires en vertu des dispositions des numéros, 1, 2, 3, du paragraphe 4 de l'article 13 et ceux pour lesquels ce droit n'est pas ouvert.

Pour les premiers, qui bénéficient d'une sorte de traitement de faveur par le fait qu'ils donnent droit aux frais supplémentaires, les intérêts partent à dater du 11 novembre 1918. Pour les autres, ils courent à partir de six mois après la date du dommage.

Enfin si ces dommages ont été causés pendant l'occupation ennemie, on a choisi, pour éviter de faire des différences entre les personnes suivant les époques auxquelles le dommage a été causé, une date uniforme, celle du commencement de l'invasion.

F) — LE PAIEMENT SERA FAIT SOUS LA GARANTIE DE L'ETAT.

Art. 48. — *Le paiement des indemnités, des intérêts et des avances sera effectué directement par l'Etat ou sous sa garantie. Au cas où l'Etat ferait appel au concours d'établissements financiers, les conventions passées seront soumises à la ratification des Chambres.*

G) — DES AVANCES.

Art. 44, § VII. — *Indépendamment de l'application des dispositions ci-dessus et avant toute évaluation des dommages de guerre, il peut être alloué aux sinistrés, pour répondre aux besoins les plus urgents, des avances dont les conditions d'attribution sont fixées de concert par le ministre des régions libérées et par le ministre des finances.*

Voir, pour les dispositions concernant les avances, le chapitre VII ci-après.

CHAPITRE VII

DES ABRIS PROVISOIRES ET DES AVANCES

1°. — **DES ABRIS PROVISOIRES.**

La question des abris provisoires est traitée par le § 2 de l'article 18, l'article 19 de la loi du 17 avril 1919, ainsi que par la circulaire du 26 avril 1919, portant institution d'un nouveau régime d'avances pour la construction de bâtiments semi-provisoires,

Art. 18, § II. — « *Les sommes attribuées pour la construction d'abris provisoires pour les personnes les animaux ou les meubles ne sont pas déduites du montant de l'indemnité.* »

Résumées sous cette forme, les dispositions prévues par la loi sont un peu laconiques, et la rédaction qui précède est faite pour troubler bon nombre de sinistrès.

En réalité la question se présente comme il suit.

Dès le début, l'administration a considéré deux sortes de constructions provisoires. Les premières étaient, en principe, des maisons démontables que l'Etat installait au point où elles paraissaient nécessaires et qu'il se réservait la faculté de transporter autre part lorsque le besoin s'en ferait sentir. Ces maisons démontables étaient, d'après une déclaration faite par le Ministre des régions libérées à la Chambre des députés le **22** janvier 1919, louées un franc par an aux indigents, et 3 % d'une fraction du prix de revient à ceux qui étaient en situation de payer. Si ces derniers demandaient à acheter cet abri provisoire, il leur était vendu à demi prix coûtant.

Les autres constructions provisoires étaient au contraire des maisons définitives en bois, plus spécialement destinées à former des bâtiments agricoles, et l'administration les vendait à moitié du prix de revient.

Cette situation a pris fin par l'effet de l'introduction dans la loi, à la requête de M. Marin, du § 2 ci-dessus de l'art. 18. La distinction existant avant le vote de la loi, le 17 avril 1919, entre les constructions provisoires, démontables ou non, a disparu et les unes, comme les autres, **doivent être mises gratuitement à la disposition des demandeurs, dans la mesure des disponibles.**

La circulaire du 26 avril 1919 a prévu d'autre part une nouvelle manière de procéder. (Voir annexe n° 16.)

En raison de l'impossibilité où l'administration se trouve de faire face à toutes les demandes, les **préfets peuvent autoriser les sinistrés qui le demanderaient à édifier eux-mêmes** des constructions « provisoires » ou « semi-provisoires » destinées à leur permettre d'attendre le moment de la reconstruction de leurs immeubles détruits. Ces autorisations sont accordées aux conditions ci-après :

Deux cas sont à distinguer.

1° Les constructions envisagées présentent le caractère de **véritables abris provisoires** en matériaux de durée limitée, pleinement assimilables à ceux **dont la cession peut être faite aux sinistrés sur la base de moitié du prix de revient.** Dans ce cas, **la dépense dans laquelle l'État a à intervenir ne doit pas dépasser 4500 francs,** prix normal d'une des maisons provisoires fournies par les services de Reconstitution. La construction doit être édifiée sous le contrôle de ce service et la moitié de la dépense est imputée au compte des dommages de guerre du sinistré.

2° Si la construction doit être édifiée en matériaux durables, tout en demeurant différente de la construction définitive que le sinistré se propose d'élever en remplacement de son immeuble ancien, l'hypothèse se rapproche de celle que prévoit et règlemente l'article 19 ci-après :

ART. 19. — *L'attributaire pourra obtenir en vue d'une construction provisoire et dans les conditions de la présente loi, la délivrance d'acomptes dont le total ne pourra dépasser le tiers du montant de l'indemnité. En ce cas, le surplus de l'indemnité sera, sur la demande de l'intéressé, capitalisé à 5 % par les soins du Trésor jusqu'au rétablissement de la créance initiale, et la somme ainsi obtenue versée à l'attributaire sous condition de construction définitive, conformément aux dispositions de la présente loi relatives au payement.*

Dans ce cas, il est accordé des acomptes dont le total est limité au tiers du montant de l'indemnité.

Les avances dont il s'agit seront imputées sur la future indemnité de guerre.

L'octroi de ces avances est subordonné à l'engagement pris par l'intéressé d'accepter la capitalisation à 5 % par les soins du Trésor du surplus de l'indemnité afférente à l'immeuble dont le bâtiment semi-provisoire doit tenir lieu, jusqu'au rétablissement de ladite somme. Cette réserve a dû être faite par l'administration, parce que en vertu de l'article 47, l'intérêt des sommes dues par l'État doit être payé trimestriellement et en espèces à l'attributaire, à dater du 11 novembre 1918, en principe.

Les demandes en vue d'obtenir un abri provisoire doivent être adressées au Préfet, dans les formes prescrites par ce haut fonctionnaire.

NOTA. — Par une nouvelle circulaire datée du 15 juin, que nous donnons ci-après *in extenso* (voir annexe n° 19), le ministre des régions libérées a confirmé les dispositions que nous venons d'exposer.

Les constructions sont considérées comme provisoires si elles ne dépassent pas 4.500 francs pour une maison de deux pièces, 5.600 francs pour trois pièces, et 7.400 francs pour quatre pièces.

Ces constructions peuvent être édifiées **aux frais exclusifs de l'Etat** sur les terrains appartenant aux communes ou aux départements. Elles sont louées, soit 1 franc par an, soit aux conditions indiquées ci-dessus, suivant la situation de fait des demandeurs.

Elles peuvent être construites par les soins de l'Etat sur les terrains appartenant à des particuliers, sur leur demande. Dans ce cas, l'Etat paye la moitié de la valeur admise (2.250, 2.800 ou 3.700), et l'excédent de la dépense est imputé au compte de dommages de guerre du demandeur. La construction devient immédiatement propriété de ce dernier.

Le sinistré peut également, dans les mêmes conditions de prix et d'imputation, **construire lui-même ou faire construire** un bâtiment provisoire. L'Etat supporte la dépense jusqu'à concurrence de 2.250 francs, 2.800 ou 3.700 francs et le sinistré devient propriétaire, comme dans le cas précédent.

Si le prix de la construction dépassait les maxima ci-dessus fixés (4.500 francs, 5.600 francs, 7.400 francs) la construction cesserait d'être classées comme provisoire. On appliquerait alors les dispositions précédemment indiquées pour les **bâtiments semi-provisoires**, en exécution de l'article 19 de la loi.

2° — DES AVANCES

Art. 44, § VII. — « *Indépendamment de l'application des dispositions ci-dessus et avant toute évaluation des dommages de guerre, il peut être alloué aux sinistrés, pour répondre aux besoins les plus urgents, des avances dont les conditions d'attribution sont fixées de concert par le ministre des régions libérées et par le ministre des finances.* »

Bien que cette disposition ait été introduite au dernier moment dans le texte de la loi du 17 avril 1919, il convient de remarquer qu'elle ne fait que consacrer un état de choses antérieur.

Ce régime a commencé à fonctionner dès 1915. Cependant il faut arriver à la circulaire du 7 mai 1917 pour se trouver en face d'un document d'ensemble, permettant de dégager les principes d'après lesquels les avances doivent être consenties.

A cet égard, il nous paraît intéressant, pour bien fixer les éléments de la question, d'en faire un historique sommaire. Nos lecteurs acquerront ainsi la conviction que l'administration a, peu à peu, harmonisé ses exigences avec la situation et qu'aujourd'hui il est nettement conforme aux intentions du Parlement, intentions traduites par le Ministre des régions libérées dans ses circulaires aux Préfets, **que les avances soient consenties largement et que les formalités soient réduites au minimum.**

Déjà la circulaire du 16 juillet 1917, qui a véritablement institué le régime des fonds de roulement, s'exprimait ainsi :

I. — *L'attention du gouvernement a été appelée sur l'intérêt qui s'attache, pour favoriser la reprise de l'activité économique dans les régions libérées de l'occupation ennemie, à instituer, au profit des habitants sinistrés* **qui seraient désireux de reprendre immédiatement leurs travaux ou leurs exploitations antérieures,** *un système d'avances susceptible de les aider à constituer, à cet effet, le fonds de roulement nécessaire,* **sans attendre l'évaluation régulière des dommages qu'ils ont pu subir du fait des événements de guerre, évaluation sans laquelle il ne peut être consenti** *d'acomptes sur les indemnités éventuelles.*

En vue d'apporter à cette question une solution qui soit de nature à procurer rapidement aux habitants des régions libérées les facilités recherchées, tout en assurant la légitime sauvegarde des intérêts de l'État, des mesures ont été concertées entre les ministères des finances de l'agriculture, du commerce et de l'intérieur, avec l'approbation des commissions financières du parlement, et la présente circulaire a pour objet de vous adresser les instructions nécessaires pour la mise en vigueur immédiate du nouveau régime d'avances institué.

II. — *Le but poursuivi par l'institution de ce nouveau régime d'avances aux sinistrés est, comme il est dit ci-dessus, de mettre avant toute évaluation des dommages par la commission cantonale, et* **après simple constat** *provisoire,* **dressé dans des formes sommaires,** *à la disposition des personnes qui auront subi, du fait des événements de guerre, des dommages susceptibles* *d'ouvrir à leur profit* **un droit à indemnité, des avances sans intérêt à valoir sur lesdites indemnités,** *pour contribuer à leur constituer un fonds de roulement en vue de la reprise immédiate de leurs exploitations.*

III. — *Les intéressés devront d'abord provoquer — s'il n'y a déjà été procédé — la mise en œuvre* **de la procédure très simple de constatation provisoire des dommages,** *telle qu'elle a été réglée par la circulaire du ministre de l'intérieur du 29 mai 1917, ou qu'elle le sera par des instructions ultérieures,* **en exécution de la loi toute récente du 5 juillet 1917.**

Mais malgré les bonnes intentions qui avaient inspiré ces dispositions, les formalités furent encore reconnues trop complexes et dans sa circulaire du 5 mai 1918, le ministre dut, pour simplifier à nouveau, écrire ce qui suit :

I. — *Il résulte de l'enquête à laquelle il a été procédé en exécution de mes instructions du 10 janvier, qu'une des principales causes de retard, dans l'application des circulaires des 16 juillet, 13 octobre 1917, relatives aux avances pour fonds de roulement, résulte de l'obligation imposée aux sinistrés de recourir, avant le dépôt des demandes, à la mise en œuvre de la procédure de constatation provisoire des dommages prévus par la loi du 5 juillet 1917.*

Cette obligation entraîne, en effet, de multiples délais, tant pour la désignation des experts que pour l'obtention des laisser-passer qui leur sont nécessaires, la recherche des moyens de transport indispensables, l'établissement matériel des constats, les dépôts de procès-verbaux et états de lieux aux greffes des tribunaux, la délivrance des copies de ces pièces par les greffiers, les formalités de timbre et d'enregistrement, etc. etc...

Il arrive aussi que la perspective des frais relativement élevés qu'entraîne cette procédure, et qui sont parfois hors de proportion avec les dommages subis, empêche certains sinistrés de formuler leurs demandes.

II. — *Il importe que le régime d'avances pour fonds de roulement, qui a été institué, soit affranchi de toutes les formalités non essentielles ou de nature à en entraver l'exercice.*

J'ai, en conséquence, décidé, d'accord avec MM. les Ministres des finances, de l'agriculture et du commerce, que l'allocation d'avances pour fonds de roulement **ne serait plus nécessairement subordonnée** *à* **l'accomplissement préalable de la procédure de la loi du 5 juillet 1917.**

Les intéressés resteront libres d'y recourir, s'ils le jugent utile, et de produire, à l'appui de leurs demandes, les constats provisoires qui auront été dressés.

De même les commissions spéciales conserveront le droit de l'exiger, si, après examen du dossier et des pièces produites par le sinistré, le recours à cette procédure leur paraissait indispendable pour leur .permettre de statuer en connaissance de cause.

Mais l'obligation de principe qui résultait des dispositions du § III, deuxième alinéa, de la circulaire du 13 octobre est abolie et remplacée, désormais, par les prescriptions ci-après.

III. — Dans le but d'éclairer la commission spéciale et de lui permettre, comme à vous-même, d'apprécier la réalité et le montant approximatif du dommage, les sinistrés produiront en outre des renseignements énumérés au § III de la circulaire du 13 octobre 1917, un état détaillé de leurs pertes, comportant la désignation précise de la consistance et de l'importance des biens détruits ou endommagés.

L'exactitude des énonciations de cet état sera attestée par deux témoins, et certifiée par le maire de la commune.

Tel est l'esprit dans lequel la solution doit être recherchée.

Aujourd'hui d'ailleurs le système des avances est en plein fonctionnement. Il est même appelé à prendre un développement plus considérable que jamais parce que, du fait que la loi est votée, chacun peut calculer quand et comment il sera payé et envisager dans quelles conditions il pourra reprendre son exploitation. Il est donc nécessaire que tous ceux qui ne disposent pas de fonds suffisants pour couvrir leurs premières dépenses, sachent **qu'ils peuvent obtenir facilement les avances indispensables en nature ou en espèces.**

Nous avons dit que l'incorporation dans la loi du 17 avril 1919 du paragraphe de l'art. 44, relatif aux avances, ne doit pas être considéré simplement comme une régularisation de l'état des choses antérieur, encore que cette régularisation soit une excellente mesure au point de vue administratif. Elle doit apparaître surtout comme le commencement d'une ère nouvelle dans laquelle les avances se placent au premier plan, par le fait que le parlement en a consacré l'existence légale.

Il importe en effet de se bien rendre compte de ce qu'il ne suffit pas que la loi soit votée pour que les indemnités soient versées aux intéressés. Les délais pour la remise du titre à l'attribuatire ainsi que pour le paiement du premeier acompte ont bien été réduits au minimum quand ils ont été portés à **deux mois** pour chaque opération, mais si appropriées aux circonstances que soient ces prescriptions, il n'en subsiste pas moins qu'il faudra d'abord que les commissions aient terminé l'examen d'une catégorie avant que n'interviennent les **deux mois** prévus pour la remise du titre et les **deux autres mois** exigés pour le versement du premier acompte.

Il en résulte que le besoin d'obtenir des avances sera une règle générale pendant longtemps encore. C'est pourquoi nous avons cru devoir y consacrer un chapitre spécial.

Les avances peuvent être consenties à des titres différents suivant qu'elles concernent :

a) **la reconstitution des immeubles détruits** ;

b) **les fonds de roulement** ;

c) **la constitution d'un mobilier indispensable** ;

d) **les professions libérales** ;

e) **les avances pour fonds de roulement aux industriels et chefs d'entreprise** ;

f) **les reprises d'exploitation agricole** ;

g) **les avances pour l'établissement des dossiers et pour fonds de roulement des coopératives de reconstruction.**

Nous allons, dans ce qui suit, résumer l'ensemble des dispositions qui concernent chaque cas particulier. Nous donnerons ensuite, en annexe, les circulaires dont la lecture *in extenso* par les intéressés nous paraît désirable.

1° Reconstitution des immeubles détruits.

Sur la demande des sinistrés adressée à la Préfecture, les agents locaux de l'administration procèdent à l'examen des immeubles pour lesquels l'intervention de l'administration est sollicitée. Les travaux doivent présenter un caractère urgent et conservatoire et avoir pour objet, soit la remise en état d'habitabilité, soit la préservation de l'immeuble.

La limitation, antérieurement existante, de l'avance au 1 /5 de la valeur de l'immeuble, est abrogée. La limite à ne pas dépasser dans cet ordre d'idées est uniquement calculée d'après la dépense nécessaire pour l'exécution des travaux urgents reconnus indispensables.

Lorsque les sinistrés déclarent être en situation d'exécuter eux-mêmes, ou par leurs propres moyens, les travaux de réparation, il leur est délivré *des matériaux* au moyen de bons de matériaux, sous réserve du contrôle à exercer sur l'emploi qu'ils se proposent d'en faire.

Si les intéressés se déclarent en situation de faire exécuter matériellement leurs travaux par leurs propres moyens, il leur est délivré des *avances en espèces* au lieu de bons de matériaux.

(Circulaire du 14 octobre 1917 — annexe n° 2.)

2° Avances pour fonds de roulement.

Le principe de ces avances procède de l'idée qu'il ne peut suffire, par exemple, à un agriculteur d'être mis en possession de l'outillage, des animaux de trait ou d'élevage, des semences ou des plants indispensables à la remise en train de ses cultures, pour pouvoir gérer son exploitation. Il est évident que le fonctionnement même de cette exploitation lui occasionne des frais élevés auxquels il est nécessaire qu'il soit également en mesure de faire face. Il devra en effet, pendant de longs mois avant de récolter et de toucher le prix de ses récoltes, payer ses ouvriers, nourrir ses animaux, subvenir enfin à sa propre subsistance et à celle de sa famille.

Le même raisonnement s'applique aux commerçants et industriels, ainsi qu'aux artisans, auxquels il importe de reconstituer le fonds de roulement nécessaire pour l'achat d'un minimum de marchandises ou de matières premières, et pour le paiement de leurs ouvriers ou employés pendant la période de remise en train de leurs exploitations.

Dès le début, ces avances étaient consenties sous la condition que le sinistré ferait exécuter, dans la forme prévue par la loi du 5 juillet 1917, le constat provisoire des dommages subis, afin de permettre aux commissions d'évaluation de se rendre approximativement compte de la valeur des dégâts. Elles ne devaient pas d'autre part dépasser en principe le 1/4 du montant approximatif du dégât (la ½ pour les agriculteurs).

Ces règles limitatives ont été abolies. La circulaire du 5 avril 1918, après avoir constaté que l'obligation de faire procéder au constat entraîne de multiples opérations qui retardent l'aboutissement de la demande, a institué le régime actuel d'après lequel il suffit de remettre à l'administration un état détaillé des pertes attesté par deux témoins et certifié par le Maire.

D'autre part la circulaire du 12 octobre 1918 a prescrit que les acomptes pourraient s'élever jusqu'à 75 % du montant approximatif du dégât (90 % pour les travaux confiés aux Coopératives de Reconstruction.)

(Voir à l'annexe n° 4 la circulaire du 12 octobre 1918.)

3° **Reconstitution du mobilier indispensable.**

Dans le même ordre d'idées, la circulaire du 28 Décembre 1917, a institué un régime d'avances pour les objets mobiliers usuels indispensables au rétablissement, tant de la vie familiale que de l'habitation elle-même.

Tout sinistré, autorisé, ou non, à se réinstaller dans les régions libérées, peut, sans attendre la constatation et l'évaluation de ses dommages par la commission cantonale, demander au Préfet une avance *en nature ou en espèces* pour la reconstitution d'urgence de son mobilier. **Cette demande est accompagnée d'une attestation du maire établissant que le mobilier du demandeur a été détruit par suite des événements de guerre.**

Si le sinistré désire procéder lui-même à ses achats, il lui est remis en principe un extrait de décision constituant « **bon de livraison** ». Muni de ce « **bon de livraison** » le sinistré pourra s'adresser au fournisseur de son choix.

Il peut même — sous réserve d'engagement de présenter dans le délai d'un mois la justification des acquisitions faites — recevoir directement le montant de ces avances en espèces.

Le maximum est fixé à 1000 francs, pour le chef de famille, et 200 francs, de supplément par enfant ou personne à sa charge.

4° **Avances aux professions libérales.**

Ces avances se rattachent au principe de celles qui sont consenties pour reconstitution du mobilier indispensable. Elles peuvent être concédées en espèces ou en nature. Les avances en nature intéressent particulièrement les médecins et pharmaciens. Les avances en espèces peuvent aller jusqu'à 10.000 francs, sous condition, bien entendu, de ne pas dépasser la valeur des objets perdus, ni 75 % des dommages subis. (Voir, pour le détail, à l'annexe n° 8, la circulaire du 22 février 1919)

5° Avances pour fonds de roulement aux industriels et chefs d'entreprise.

Les avances susceptibles d'être accordées aux industriels et chefs d'entreprise sont analogues à celles qui sont allouées pour fonds de roulement aux agriculteurs, petits commerçants et artisans.

Le montant est déterminé de manière à permettre la remise en marche et la poursuite des fabrications et entreprises pendant trois mois en principe. Il est calculé sur une dépense de 1200 francs par ouvrier dont 200 francs pour frais divers et frais généraux.

(Voir circulaire du 21 février 1919, annexe n° 7.)

6° — Avances aux cultivateurs dont les terres sont incultivables.

Les avances spéciales consenties, dans ce cas, sont subordonnées aux 3 conditions ci-après :

1° La nouvelle exploitation ne devra pas être susceptible d'être classée comme « terre abandonnée ».

2° Elle devra être située dans un rayon de 50 kilomètres de la commune du dommage, mais sans sortir de la région libérée, conformément aux dispositions que nous avons indiquées au chapitre du « *DU REMPLOI* ».

3° Enfin, l'administration devra au préalable se rendre compte, par l'intermédiaire des services de reconstitution et du génie rural, que l'ancien domaine est devenu incultivable, tout au moins pour une période excédant une année.

Les avances peuvent aller jusqu'a 1000 francs de l'hectare et exceptionnellement jusqu'à 2000 francs.

Les dispositions qui précèdent sont régies par les circulaires des 17 Janvier 1918, 21 octobre 1918, et 27 avril 1919. Nos lecteurs les trouveront respectivement aux annexes n° 3 ; n° 5 et n° 17.

7° — **Avances pour établissement des dossiers de déclaration de dommages de guerre et constitution d'un fonds de roulement aux coopératives de construction.**

Enfin, il peut être accordé, pour couvrir les dépenses concernant l'établissement des dossiers d'indemnité à remettre aux commissions cantonales, des avances qui peuvent aller jusqu'à 2 % du montant approximatif du dommage. Elles sont, comme toutes les avances, imputables sur la future indemnité de guerre .

Ces avances sont remises soit au sinistré, soit à la société coopérative dont il aura déclaré faire partie. Pour encourager la formation de ces coopératives et pour leur constituer un fonds de roulement, le montant de l'avance dont il s'agit, pourra être porté à 4 % du montant approximatif du dommage, si l'avance est versée entre les mains du trésorier de la coopérative.

(Voir pour plus amples détails, la circulaire du 25 avril 1919, annexe n° 15 ci après.)

CHAPÍTRE VIII

DOMMAGES QUI NE SONT PAS VISÉS PAR LA LOI

DU 17 AVRIL 1919

ET QUI DOIVENT ÊTRE RÉPARÉS PAR DES LOIS ULTÉRIEURES

1º **Baux concernant les immeubles atteints par les faits de la guerre ainsi que ceux des places fortes et des localités dont les habitants ont été évacués par l'autorité militaire.**

Art. 64 — *Une loi spéciale règlera les droits et obligations résultant des baux concernant les immeubles atteints par les faits de la guerre ainsi que ceux des places fortes ou localités dont les habitants ont été évacués par l'autorité militaire.*

Le projet de loi appelé à régler les droits et obligations dont il s'agit, est déposé sur le bureau du Sénat.

2º **Fonds de commerce.**

Art. 65. — *Une loi spéciale réglera les conditions dans lesquelles sera ouvert le droit à réparation des dommages causés aux fonds de commerce.*

**3° Droit à la réparation des dommages causés :
aux personnes par les faits de guerre,**

aux personnes et aux biens par suite d'accidents dans les arsenaux, manufactures ou usines privées travaillant pour la défense nationale.

Art. 66. — *Une loi spéciale déterminera les conditions dans lesquelles s'exercera le droit à la réparation :*

1° — Des dommages résultant des faits de la guerre causés aux personnes ;

2° Des dommages dont quiconque aurait eu à souffrir sur sa personne ou sur ses biens, par suite d'accidents qui se seront produits ;

a) Dans les arsenaux, manufactures, dépôts de munitions de l'État ;

b) Dans les usines privées travaillant pour la défense nationale, lorsque la réparation n'en pourra être obtenue par le recours de droit commun. L'État sera subrogé aux droits, actions et privilèges de la victime du dommage, pour le recouvrement des avances qu'il aura dû consentir à celle-ci en vue de subvenir à ses besoins les plus urgents.

La loi concernant la réparation des dommages résultant des faits de guerre causés aux personnes a été votée dernièrement. Elle sera promulguée sous peu.

CHAPITRE IX

DISPOSITIONS AYANT UN CARACTÈRE GÉNÉRAL ET CONCERNANT :

1º La cession ou la délégation du droit à l'indemnité.

2º Le droit à la résiliation de la vente du sol sur lequel l'immeuble détruit était construit.

3º Le droit pour le tribunal des dommages de guerre de réduire les sommes réclamées aux attributaires par les intermédiaires.

4º La préférence à accorder, en cas de remise en marche, aux ouvriers précédemment employés par un industriel ou un commerçant.

5º Le droit de priorité accordé aux sinistrés pour l'obtention et le transport des matériaux, matières premières et matériel, ainsi que l'obtention de la main-d'œuvre.

6º L'attribution aux sociétés de construction des frais supplémentaires destinés au fonds commun institué aur l'art. 7.

7º Le dépôt à la préfecture du procès-verbal et de l'état descriptif prévus par la loi du 5 juillet 1917, quand l'expert de l'État aura été désigné par le Préfet.

————————

1° Cession ou délégation du droit à indemnité.

Art. 49, § I. — *En cas de remploi et de réinvestissement, le droit à indemnité peut être cédé ou délégué, dans les conditions prévues par les articles 1689 et suivants du Code civil, avec l'autorisation motivée du tribunal civil donnée en chambre du conseil après avis du ministère public; les actes constatant la cession ou la délégation sont exempts de tous droits de timbre et d'enregistrement.*

§ II. — La même disposition est applicable lorsque la cession est faite à une société de crédit immobilier, à une coopérative ou à une société d'habitations à bon marché ayant assumé les charges de la reconstitution de l'immeuble, ou encore à l'une des sociétés ou œuvres de bienfaisance spécialement agréés à cet effet par le ministre chargé de la reconstitution des régions libérées.

§ III. — Lorsque les attributaires d'une indemnité ont cédé leur droit à une société de crédit immobilier, à une coopérative ou à une société d'habitations à bon marché, celle-ci peut leur consentir les prêts nécessaires à la reconstitution de l'immeuble, sans qu'ils aient ni à justifier de la possession d'une valeur équivalente au cinquième du montant du prêt, ni à fournir une garantie hypothécaire, ni à contracter une assurance sur la vie.

2° Droit à la résiliation de la vente du sol sur lequel l'immeuble détruit était construit.

Art. 50. — *L'attributaire qui a, antérieurement à la promulgation de la présente loi, vendu le sol sur lequel l'immeuble était construit, peut, s'il souscrit à la condition du remploi, demander au tribunal civil statuant en chambre du conseil, la résiliation de la vente, à charge par lui de rembourser à son acquéreur le prix payé et les loyaux coûts du contrat.*

3° Droit pour le tribunal des dommages de guerre de réduire les sommes réclamées aux attributaires par les intermédiaires.

Art. 51. — *Le tribunal des dommages de guerre a compétence pour réduire souverainement et en dernier ressort, même d'office, nonobstant toute convention contraire, les sommes réclamées à l'attributaire par les mandataires et hommes de l'art auxquels il aurait eu recours pour la défense de ses intérêts, ainsi que par les experts.*

La réduction ne pourra être demandée ou prononcée d'office que dans le délai de deux ans à compter de la fixation de l'indemnité.

Les sommes payées sont sujettes à répétition.

4° La préférence à accorder, en cas de remise en marche, aux ouvriers précédemment employés par un industriel ou un commerçant.

ART. 55. — *L'industriel ou le commerçant qui aura reconstitué totalement ou partiellement son établissement dans les conditions prévues au titre II de la présente loi sera tenu, quinze jours avant la remise en marche de l'établissement, d'en donner avis au ministre du travail qui lui délivrera récépissé et prendra toutes dispositions utiles pour porter cet avis à la connaissance des ouvriers ou employés qu'occupait l'industriel ou le commerçant. Dans le mois qui suivra la déclaration, les ouvriers ou employés pourront reprendre le travail dans l'ordre de leur inscription et dans la mesure des besoins de l'exploitation.*

Cette disposition est entrée en vigueur et le *Journal Officiel* a déjà publié de nombreux avis en exécution de l'art. 55 de la loi.

5° Droit de priorité accordé aux sinistrés pour l'obtention et le transport des matériaux, matières premières et matériel, ainsi que l'obtention de la main-d'œuvre.

ART. 56. — *Un droit de priorité, par préférence à tous autres, est accordé aux sinistrés, pour l'obtention et le transport des matériaux, matières premières et matériel, ainsi que pour l'obtention de la main-d'œuvre dont ils auront besoin pour effectuer le remploi. Ce droit de priorité sera réglementé par un décret qui devra intervenir dans le mois de la promulgation de la présente loi.*

6° Attribution aux sociétés de construction des frais supplémentaires destinés au fonds commun institué par l'art. 7.

ART. 58. — *Si des sociétés se constituent en vue de relever les établissements ou les immeubles détruits, elles recevront, au cas de non-remploi par l'allocataire, même à défaut de cession consentie par lui, le montant des frais supplémentaires, aux lieu et place du fonds commun institué au paragraphe 2 de l'article 7 de la présente loi.*

7° Dépôt à la préfecture du procès-verbal et de l'état descriptif prévus par la loi du 5 juillet 1917, quand l'expert de l'État aura été désigné par le préfet.

ART. 69. — *Le premier paragraphe de l'article 4 de la loi du 5 juillet 1917 relative à la constatation de l'état des lieux susceptible de donner ouverture à la réparation des dommages de guerre est complété ainsi qu'il suit :*

Toutefois, quand l'expert de l'État aura été désigné par le Préfet dans les conditions fixées par l'article 1er, le procès-verbal de la visite et l'état descriptif des lieux seront déposés à la préfecture. Il sera délivré un récépissé de ce dépôt.

CHAPITRE X

DES CAS DE DÉCHÉANÇE

1º La déchéance peut être totale ou partielle.

ART. 52. — *Peut être déchu à tout moment, en totalité ou en partie, du droit à indemnité :*

1º Tout individu condamné contradictoirement ou par contumace pour un des crimes ou délits prévus par les articles 204, 205, 206, 208, 238, et 239 du Code de justice militaire pour l'armée de terre, ou par les articles 262, 263, 264, 265, 316 et 317 du Code de justice militaire pour l'armée de mer ;

Les articles visés par ce paragraphe concernent les individus condamnés pour trahison, espionnage, embauchage, désertion à l'ennemi, désertion en présence de l'ennemi.

2º Tout Français ou tout sujet français insoumis ou déserteur pendant la guerre. Dans ce dernier cas, comme dans celui de condamnation par contumace prévu au paragraphe ci-dessus, la déchéance du droit à indemnité sera rapportée de plein droit si l'insoumis, le déserteur ou le contumax bénéficient ultérieurement d'un jugement d'acquittement pour le crime ou délit qui a entraîné le prononcé de la déchéance. Ni la prescription de la peine, ni la prescriptiou du crime ou du délit ne pourront relever les intéressés de cette déchéance.

Art. 53 — *Peut être déchu à tout moment en totalité ou en partie du droit à indemnité :*

1º L'attributaire qui aura fait de l'indemnité un usage contraire aux conditions de remploi auxquelles elle est subordonnée.

2º L'attributaire qui aura cédé ou compromis contrairement aux dispositions de l'article 1321 du code civil ;

3º Tout réclamant qui aura négligé volontairement de déclarer qu'il a déjà reçu une indemnité provenant d'une assurance ou qui aurait intentionnellement fait une fausse déclaration.

Dans ces trois cas, la répétition des sommes indûment cédées ou perçues sera en outre poursuivie.

2º Par qui elle est prononcée.

Art. 54. — *Les déchéances prévues aux articles 52 et 53 sont prononcées par les tribunaux ordinaires à la requête du ministère public, à l'exception de la déchéance prévue au 1º de l'article 53, qui est prononcée par le tribunal des dommages de guerre à la requête du représentant de l'État.*

Ces dispositions sont tout à fait normales. Il est naturel que la connaissance des faits appartenant au droit commun soit réservée aux tribunaux ordinaires et qu'inversement le tribunal des dommages de guerre soit seul qualifié pour juger un délit propre à la loi sur la réparation des dommages causés par les faits de la guerre.

CHAPITRE XI

DES FRAIS ET TRAVAUX PRIS EN CHARGE PAR L'ÉTAT

ET CONCERNANT :

1° La réfection du cadastre.
2° Les travaux de déblaiement.
3° Les plans d'alignement et de nivellement.
4° Les dépenses résultant des améliorations apportées à l'hygiène publique des aglomérations.
5° Les emprunts contractés **par les communes** pour faits de guerre antérieurs.

1° **Réfection du cadastre.**

Art. 59. — *Les frais de réfection du cadastre, de délimitation et, s'il y a lieu, de remembrement nécessités par les faits de la guerre sont à la charge de l'État.*

2° **Travaux de déblaiement.**

Art. 60, § I. — *Les frais de déblaiement de tous les immeubles, de recherche et d'enlèvement des projectiles non éclatés sont également à la charge de l'État qui pourra y procéder d'office, d'accord avec la municipalité sans autorisation des propriétaires. L'État devient propriétaire des matériaux.*

§ II. — *L'Etat sera responsable des accidents que pourrait produire l'explosion de projectiles non éclatés.*

M. Marin aurait voulu faire supprimer les mots « l'État devient propriétaire des matériaux », afin que ces derniers puissent rester sur place à la disposition des sinistrés. M. Forgeot avait, au contraire, fait introduire la disposition visée par M. Marin afin que les entrepreneurs aient intérêt à la conservation des dits matériaux, lorsqu'ils seraient appelés à les transporter au dehors des villes pour effectuer le déblaiement. En réalité les deux orateurs dont il s'agit visaient deux situations différentes lorsqu'ils concevaient, l'un, que les matériaux resteraient à proximité des immeubles à rebâtir, l'autre, qu'ils devaient être transportés au dehors de la localité. Le Ministre des Régions libérées fit valoir que les deux systèmes peuvent se concilier. L'Etat ayant été déclaré propriétaire des matériaux, les cède au sinistré **si ce dernier en a l'utilisation et en fait la demande,** et ce sinistré, au lieu de comprendre dans sa demande de dommages la perte totale afférente à la destruction de son immeuble, en déduit la valeur des matériaux qui lui sont rétrocédés.

Cette explication ne lui paraissant pas suffisante, M. Marin voulut faire préciser par le Ministre que l'accord préalable entre l'Etat et la Municipalité prévu par la première phrase du § 1er de l'article 60 peut comporter de la part de l'Etat une sorte d'engagement de recéder les matériaux au sinistré qui en fait la demande. Le ministre répondit :

L'accord avec la municipalité vise le plan d'ensemble des travaux.

Vous entendez bien que M. le Ministre n'est pas habilité à commencer le déblaiement d'une ville comme Verdun ou Reims si, d'abord, on ne lui a pas présenté un plan général de nivellement et d'alignement, car le déblaiement doit tenir compte de ce que sera la future ville.

C'est après accord sur ce point, avec la municipalité, que les services locaux chargés de ce soin règlent l'opération du déblaiement, opération pour laquelle il est procédé en principe à une adjudication, conformément à un cahier des charges, dans les conditions que je viens d'exposer.

Voilà pour la première partie de l'opération.

Vient ensuite la seconde partie, qui peut comporter l'utilisation des matériaux de déblai sous des formes diverses, et même leur cession éventuelle. Cette seconde partie n'est pas précisément soumise aux mêmes règles que la précédente, et, par exemple, il n'y a pas lieu pour la municipalité d'intervenir dans les cessions après coup. C'est l'agent de l'État qui consentira ou autorisera ces cessions, si le sinistré le demande, toutes les fois que ce sera compatible avec les conditions générales d'exécution des travaux.

3° Plans d'alignement et de nivellement.

Art. 61, § i. — *Les frais d'établissement des plans d'alignement et de nivellement des voies publiques de toutes catégories qui devront être dressés en vue de la reconstitution des immeubles détruits dans les communes ou les parties de communes atteintes par les faits de la guerre sont à la charge de l'Etat.*

§ ii. — *Des subventions inscrites au budget du ministère chargé de la reconstitution des régions libérées, pourront, pour les dépenses d'application immédiate des plans d'alignement et de nivellement, être accordées par le ministre aux communes, en ce qui concerne les voies dont le sol leur appartient et aux départements en ce qui concerne les routes départementales.*

§ iii. — *Ces subventions seront notamment applicables à l'acquisition des terrains nus ou des bâtiments actuellement ruinés ou gravement endommagés compris dans les alignements. Le prix d'acquisition de ces terrains et bâtiments sera, à défaut d'entente amiable, fixé par un jury composé de 4 jurés dans les conditions fixées par l'article 16 de la loi du 21 mai 1836, quel que soit le caractère de la voie publique à laquelle ces terrains et bâtiments doivent être incorporés.*

§ iv. — *Le taux des dites subventions sera déterminé suivant un barême fixé en un décret contresigné par le ministre des finances et par le ministre des régions libérées.*

Le *Journal officiel* du 15 mars 1919, a publié la loi du 14 mars 1919 relative aux plans d'extension et d'aménagement des villes.

4º Dépenses résultant des améliorations apportées à l'hygiène publique des agglomérations.

Art. 62. — *Les dépenses résultant des améliorations apportées à l'hygiène publique des agglomérations, par application du règlement d'administration publique, prévu à l'article 5, sont à la charge de l'État.*

5º Emprunts contractés par les communes pour faits de guerre antérieurs.

Art. 63. — *Les sommes restant dues par les communes, en France, sur les emprunts contractés par elles pour des faits de guerre antérieurs sont prises en charge par l'État, à dater de la promulgation de la présente loi.*

CHAPITRE XII

DISPOSITIONS TRANSITOIRES
LA LOI EST APPLICABLE AUX COLONIES

1° Revision des décisions prises en exécution des dispositions du décret du 20 juillet 1915.

Art. 57. — *A titre transitoire, les décisions déjà prises par les commissions cantonales, conformément aux dispositions des articles 3 à 8 du décret du 20 juillet 1915, et par les commissions départementales, conformément aux dispositions des titres II et III du même décret, seront, sur la demande soit du préfet, soit des attributaires ou de leurs ayants droit,* **révisées et complétées,** *s'il y a lieu,* **suivant les prescriptions de la présente loi.** *Elles pourront en tous cas, faire l'objet de contestations, devant le tribunal des dommages de guerre, dans le délai de six mois à dater de la promulgation de la présente loi.*

M. Marin, avait demandé qu'en vue de ne pas perdre le bénéfice des évaluations et ententes déjà réalisées par les commissions constituées en exécution des décrets de 1916, il soit créé, soit une section spéciale dans les commissions cantonales à nommer en exécution de la présente loi, soit une commission spéciale qui serait chargée de liquider la situation des instances en cours, ou des évaluations déjà réglées.

Cette proposition fut combattue par le gouvernement et la commission spéciale qui firent valoir qu'il serait fâcheux de créer soit une section, soit une commission de recours contre les décisions déjà prises. Le texte ci-dessus prévoit que les opérations antérieures seront révisées dans les conditions de la présente loi, c'est-à-dire par les commissions cantonales instituées par elle, et pourront faire l'objet de contestations devant le tribunal des dommages de guerre. Il assure par le fait au sinistré toutes les garanties désirables.

2° Syndicats provisoires d'hébergement. .

Art. 67, § 1. — *Pendant les trois années qui suivront la cessation des hostilités, les habitants des régions atteintes par les faits de la guerre qui disposeront dans leur habitation personnelle de locaux susceptibles d'être loués ou sous-loués meublés aux visiteurs de passage, pourront, dans chaque commune, former un syndicat sous le régime de la loi du 21 mars 1894.*

§ II. — *Les logements offerts devront répondre aux conditions prescrites par la commission départementale d'hygiène et seront soumis à son contrôle.*

§ III. — *La liste de ces logements avec les conditions de prix approuvés par l'office national du tourisme, sera tenue à la disposition de tous demandeurs à la mairie.*

Cet article consacre la reconnaissance officielle des **syndicats d'hébergement** qui pourraient se créer dans les régions envahies.

Art. 68, § 1. — *La présente loi est applicable aux colonies et pays de protectorat. Un règlement d'administration publique déterminera les conditions de cette application.*

§ II. — *Les indemnités accordées pour la répara-*

tion des dommages causés par les faits de la guerre dans les colonies seront imputées sur les crédits ouverts au budget général de l'Etat.

3° **Toutes les dispositions contraires à la présente loi sont abrogées.**

Art. 70, § 1. — *Sont et demeurent abrogés les décrets du 4 février 1915, modifié par les décrets en date des 8 et 27 avril 1915, du 24 mars 1915, modifié par le décret en date du 22 avril 1915, et du 20 juillet 1915,* ainsi que **toutes les dispositions contraires à la présente loi.**

§ II. — *La présente loi délibérée et adoptée par le Sénat et par la Chambre des députés sera exécutée comme loi de l'Etat.*

TITRE PREMIER

DISPOSITIONS GÉNÉRALES

—————

ARTICLE PREMIER

La République proclame **l'égalité et la solidarité** *de tous les Français devant les charges de la guerre.*

C'est dans cette affirmation solennelle de la solidarité nationale que le droit à la réparation intégrale a pris naissance. Le grand principe de **l'égalité de tous les Français devant les charges de la guerre** domine toute la loi du 17 avril 1919, et c'est dans son expression, comme dans les mesures adoptées en vue de son application que les sinistrés doivent chercher l'explication de toutes les dispositions prévues par les articles qui suivent.

ARTICLE 2

Les dommages **certains, matériels et directs** *causés, en France et en Algérie, aux biens immobiliers ou mobiliers par les faits de la guerre, ouvrent droit à la réparation intégrale instituée par l'article 12 de la loi du 26 décembre 1914, sans préjudice du droit, pour l'État français, d'en réclamer le payement à l'ennemi.*

§ II. — Sont considérés comme dommages résultant des faits de la guerre, notamment :

1° Toutes les réquisitions opérées par les autorités ou

troupes ennemies, les prélèvements en nature effectués sous toutes formes ou dénominations, même sous la forme **d'occupation,** *de* **logement** *et de* **cantonnement** *ainsi que les impôts, contributions de guerre et amendes dont auraient été frappés les particuliers ou les collectivités ;*

2° *Les enlèvements de tous objets tels que : récoltes, animaux, arbres et bois, matières premières, marchandises, meubles meublants, titres et valeurs mobilières ; les détériorations ou destructions partielles ou totales de récoltes, de marchandises et de* **tous biens meubles** *quels que soient les auteurs de ces enlèvements, détériorations ou destructions; les pertes d'objets mobiliers, soit en France, soit à l'étranger, au cours des évacuations ou rapatriements ;*

3° *Les détériorations* **d'immeubles bâtis et non bâtis,** *y compris les bois et forêts ; les destructions partielles ou totales d'immeubles bâtis; les enlèvements, détériorations ou destructions partielles ou totales d'outillages, d'accessoires et d'animaux appartenant à une exploitation commerciale, industrielle ou agricole qui seront, pour l'application de la présente loi,* **considérés comme immeubles par destination,** *qu'ils appartiennent à l'exploitant ou au propriétaire de l'immeuble, sans qu'il y ait lieu de chercher quels sont les auteurs des dommages visés au présent paragraphe ;*

4° *Tous les dommages visés aux paragraphes précédents causés dans la zone de défense des frontières ainsi que dans le voisinage des places de guerre et des points fortifiés, sans qu'il puisse être opposé aux ayants droit aucune exception tirée des lois et décrets concernant les servitudes militaires. Toutefois, pour fixer le montant de l'indemnité, les commissions d'évaluation devront faire état du caractère précaire des constructions élevées dans les zones militaires en contravention aux lois et règlements ou en vertu d'autorisations subordonnées à l'engagement de démolir à première réquisition ;*

5° *Tous les dommages causés aux bateaux armés à* **la petite** *pêche. Un règlement d'administration publique* *déterminera la procédure à suivre pour la constatation et l'évaluation du dommage.*

§ III. — *Sont compris dans les dommages visés aux paragraphes précédents ceux* **causés par les armées françaises ou alliées,** *soit en raison des mesures préparatoires de l'attaque, des mesures préventives de la défense, des nécessités de la lutte et de l'évacuation des points menacés, soit en raison des besoins de l'occupation dans les parties du territoire qui ont été comprises dans la zone des armées, en particulier de la* **réquisition,** *du* **logement** *et du* **cantonnement,** *le réclamant conservant la faculté d'user par préférence des dispositions des lois du 10 juillet 1791 et du 3 juillet 1877, des décrets du 2 août 1877, du 23 novembre 1886 et du 27 décembre 1914.*

§ IV. — **Les dommages sont constatés et évalués** *et l'indemnité est fixée pour chaque sinistré par* **catégories,** *suivant la classification ci-dessus, conformément aux dispositions de la présente loi. Le sinistré a la faculté de produire en même temps ses réclamations pour les diverses catégories des dommages qu'il a subis.*

L'article 2 est un des plus importants de la loi. C'est l'article qui définit les *catégories.* En classant les dommages par catégories, le Sénat s'est proposé d'obliger le sinistré à faire une réclamation spéciale pour chacune d'elles et par suite à mettre de l'ordre dans les faits. Il a vu à cette manière d'opérer l'avantage que des demandes présentées par dommages de même nature seraient jugées de même, et que la juridiction bénéficierait ainsi du rapprochement de demandes semblables ou analogues, ce qui permettrait de créer des jurisprudences plus équitables. C'est en outre un moyen d'accélérer sensiblement la décision des solutions définitives parce que, chaque litige étant localisé, s'il y a une difficulté pour une catégorie, cette difficulté n'immobilisera pas les demandes concernant les autres catégories. Enfin, et c'est peut-être là le point de vue le plus intéressant, le classement par catégories permettra d'effectuer le paiement suivant le degré d'urgence de chaque catégorie et le mécanisme du paiement s'en trouvera singulièrement facilité et accéléré.

ARTICLE 3

§ I. — *Sont admis à l'exercice du droit ci-dessus défini : les particuliers et leurs héritiers, les associations, établissements publics ou d'utilité publique, communes, départements.*

§ II. — *Les sociétés dont une partie du capital social était détenu par des nationaux des puissances ennemies, à la date du 1ᵉʳ août 1914, devront rembourser à l'État, par des retenues sur les dividendes distribués* **aux porteurs ressortissants des puissances ennemies** *ou par toutes autres retenues à faire supporter par ces porteurs, la part d'indemnité dont le capital par eux détenus aurait bénéficié.*

§ III. — *Un règlement d'administration publique déterminera les conditions d'application du précédent paragraphe.*

§ IV. — *Le droit à la réparation appartiendra aux étrangers en France et aux naturalisés à qui la qualité de Français a été retirée, dans les conditions déterminées par les traités à conclure entre la France et la nation à laquelle ressortissent ou ont ressorti ces étrangers · ou ces naturalisés. A titre purement conservatoire, les étrangers seront admis à faire constater et évaluer les dommages dont ils auront souffert.*

§ V. — *Une loi spéciale déterminera les conditions dans lesquelles les concessionnaires de voies de communication d'intérêt général seront admis au bénéfice de la présente loi.*

TITRE II

DE L'INDEMNITÉ

ARTICLE 4

§ i. — L'indemnité, en matière immobilière, comprend le montant de la perte subie, évalué à la veille de la mobilisation, et celui des frais supplémentaires nécessités par la reconstitution des immeubles endommagés ou détruits.

§ ii. — L'octroi de ces deux éléments de l'indemnité est subordonné à la condition d'effectuer le remploi suivant les modalités prévues aux articles ci-après.

§ iii. — Dans le cas où le remploi n'est pas effectué, le sinistré reçoit seulement le montant de la perte subie.

L'article 4 pose la question du **Remploi**. Elle a trop passionné l'opinion chez les sinistrés pour que nous ne nous croyions pas tenus d'en dire quelques mots.

Aux termes du premier projet de la Chambre des députés, le remploi était obligatoire dans ce sens que, pour ne pas remployer, l'attributaire devait, si le remploi n'était pas interdit pour des raisons d'ordre général, obtenir l'autorisation du tribunal des dommages de guerre. Si cette autorisation lui était refusée et s'il passait outre, la loi de réparation était muette à son sujet. Il se trouvait donc déchu du droit à la réparation, c'est-à-dire frappé de **déchéance**.

En face de cette conception qui se réclamait d'un soi-disant **droit social** en opposition avec le **droit individuel**, le Sénat proclama la liberté absolue. Il dénia principalement à un **tribunal irresponsable** la capacité nécessaire **pour apprécier l'opportunité** du remploi, tant par rapport aux personnes que par rapport à la chose elle-même. Pour donner à sa thèse une solution pratique, le Sénat décomposa l'indemnité en deux éléments, le **montant de la perte subie**, et les **frais supplémentaires**. Le montant de la perte subie, c'est le droit de chacun : il était accordé dans tous les cas de remploi ou non. Les **frais supplémentaires**, qui représentent la partie de beaucoup la plus élevée de l'indemnité, n'étaient alloués qu'en cas de remploi.

La thèse du Sénat, seule conforme au principe posé par l'article premier « **La République proclame l'égalité et la solidarité de tous les Français devant les charges de la guerre** », a fini par triompher grâce à l'appui du gouvernement ; la Chambre s'est ralliée à l'opinion du Sénat. Elle n'a cependant abandonné son point de vue que peu à peu et, quand elle a trouvé l'occasion, notamment en ce qui concerne le paiement, elle a maintenu quelques-unes de ses rigueurs premières contre les non-remployants, sans faire d'ailleurs aucune distinction entre ceux-ci, que le remploi leur fût interdit ou qu'ils y aient renoncé volontairement.

ARTICLE 5

§ I. — *Le montant de la perte subie et celui des frais supplémentaires nécessités par la reconstitution des immeubles, sont évalués séparément par les commissions instituées par les articles 20 et suivants de la présente loi.*

§ II. — *Pour les immeubles bâtis et les immeubles par destination, le montant de la perte subie est évalué en prenant pour base le coût de construction, d'instal-*

lation ou de réparation à la veille de la mobilisation, sous déduction de la somme correspondant à la dépré- ciation résultant de la vétusté, et, s'il s'agit d'immeubles reconstruits ou réparés postérieurement à la mobilisa- tion, au jour où ils ont été réparés ou reconstruits.

§ III. — Dans le cas où le remploi n'est pas effec- tué, si l'immeuble a été l'objet d'une translation de pro- priété remontant à moins de dix années avant l'ouverture des hostilités et constatée par acte authentique ou ayant date certaine, il sera tenu compte du prix porté dans l'acte pour l'évaluation de la perte subie, si ce prix est infé- rieur à celui de l'évaluation prévue au paragraphe précédent. Le montant de la perte subie ne pourra excéder la valeur vénale de l'immeuble à la veille de la mobili- sation.

§ IV. — Pour les immeubles visés au second paragraphe du présent article, les frais supplémentaires sont égaux à la différence entre le coût de construction, d'installation ou de réparation à la veille de la mobili- sation et celui de la reconstitution d'immeubles iden- tiques au jour de l'évaluation.

§ V. — Sous condition de remploi, la somme correspondant à la dépréciation résultant de la vétusté est allouée en toute propriété à l'attributaire, jusqu'à concurrence d'une somme de dix mille francs (10.000 francs) et, pour le surplus, elle fait l'objet, sur la demande de l'attributaire, d'avances remboursables par lui à l'Etat en 25 années à partir de l'année qui suivra le dernier versement et productives d'un intérêt de 3 %.

§ VI. — Sous la même condition, la dépréciation pour vétusté ne pourra excéder 20% du coût de la cons- truction à la veille de la mobilisation, en cas d'immeubles servant exclusivement à l'exploitation rurale.

§ VII. — Pour le remboursement de ces avances, l'Etat jouit d'un privilège qui est inscrit au premier rang des privilèges règlementés par l'article 2103 du code civil.

§ VIII. — Le remploi a lieu en immeubles ayant la même destination que les immeubles détruits, ou

une destination immobilière, industrielle, commerciale ou agricole, dans la commune du dommage ou dans un rayon de 50 kilomètres, sans sortir de la zone dévastée. Toutefois, dans le cas d'expropriation ou de rachat de terres par l'Etat, le remploi pourra être effectué, en matière agricole, dans l'étendue des régions dévastées.

§ IX. — Les immeubles bâtis doivent être reconstruits conformément aux dispositions prescrites par les lois et règlements sur l'hygiène publique.

§ X. — Dans le délai de quinze jours qui suivra la promulgation de la présente loi, un règlement d'administration publique rendu, après avis du conseil supérieur d'hygiène, déterminera les règles qui devront être appliquées à la reconstitution des immeubles et des agglomérations.

§ XI. — Le remploi est considéré comme totalement effectué si l'attributaire a affecté à la reconstruction d'immeubles ou à la reconstitution d'une exploitation une somme égale au montant de l'indemnité à lui attribuée en toute propriété.

§ XII. — Si le remploi n'est que partiel, l'attributaire ne reçoit qu'une fraction des frais supplémentaires correspondant aux sommes employées.

§ XIII. — Pour les immeubles non bâtis, le montant de la perte subie est évalué en tenant compte de la détérioration du sol, de la détérioration ou de la destruction des clôtures, des arbres de toutes sortes, des vignes, des plants, du taillis et de la futaie. En cas de reprise d'exploitation, l'attributaire a droit, en outre, au montant des dépenses supplémentaires nécessitées par la remise de la terre dans son état d'exploitation ou de productivité antérieur, par le rétablissement des clôtures, l'enlèvement des souches, les plantations nouvelles ou le repeuplement des bois et forêts.

§ XIV. — Les attributaires ont la faculté de mettre en commun leurs droits à l'indemnité ou de les apporter en société en vue de la reconstruction d'immeubles ou de la reconstitution d'exploitations ou d'établissements

*agricoles, commerciaux ou industriels dans les condi-
tions et dans les limites prévues aux paragraphes précédents.*

*§ xv. — En cas de fusion ou de mise en société,
les droits d'enregistrement ne seront perçus que sur la
valeur d'avant-guerre.*

*§ xvi. — Pour les concessionnaires de services
publics, les départements, les communes, établissements
publics ou d'utilité publique, l'indemnité ne peut dépasser le montant des frais de reconstruction de l'immeuble
avec l'affectation antérieure.*

*§ xvii. — Pour les concessionnaires de mines,
l'octroi des indemnités prévues au présent article est
subordonné à la condition de la reprise de l'exploitation,
à moins que l'impossibilité de la reprendre ne soit
dûment établie, auquel cas l'indemnité est seulement du
montant de la perte subie.*

L'article 5 est, à proprement parler, l'article qui
fixe l'indemnité en matière immobilière.

Toutes les dispositions qu'il contient ont été
analysées au cours de l'exposé du chapitre III de la
1re partie concernant *L'INDEMNITÉ* et du chapitre IV concernant le *REMPLOI*, et aucune d'elles
ne réclame un complément d'explication.

Nous signalerons simplement les points suivants
sur lesquels des membres du Parlement ont provoqué
des explications de la part du ministre ou de la part
de la commission spéciale, afin d'être certains que
l'interprétation n'en pût être faussée, et qu'en cas de
doute on puisse retrouver, au *Journal officiel*, confir-
mation de l'explication donnée.

§ iii. — A propos des immeubles ayant été l'objet
d'une translation de propriété remontant à moins de
dix années avant l'ouverture des hostilités, il est dit :
« il sera tenu compte du prix porté **dans l'acte** »
et un peu plus bas « le montant de la perte subie
ne pourra excéder la **valeur vénale** de l'immeuble ».
Le gouvernement et la Commission ont précisé, à la

séance du 17 avril 1919, au Sénat, que les mots « valeur vénale » veulent dire « le prix porté dans l'acte. »

§ IV. — A une question qui lui était posée, le ministre répondit, à la deuxième séance de la Chambre des Députés, du 24 décembre 1918, que les frais supplémentaires sont déterminés par les commissions **le jour de l'évaluation.**

Il est nécessaire en effet, a-t-il dit, de fixer une date ferme afin que les Commissions aient une direction précise. Elles statueront au jour de leur réunion et cela présentera au moins l'avantage que l'intéressé saura à quoi s'en tenir. Quant à savoir si cette disposition sera favorable ou défavorable au sinistré, il est impossible de le déclarer. C'est un forfait qu'il faut prendre tel quel, avec ses avantages et ses inconvénients. (Voir première partie Ch. III. *Indemnité en matière immobilière. Frais supplémentaires*).

§ VI. — Il doit être entendu que quand la loi dit que la dépréciation pour vétusté ne pourra excéder 20 % en ce qui concerne les immeubles servant exclusivement à l'exploitation rurale, elle ne fixe pas du tout une sorte de forfait pour ces immeubles. La proportion de 20 % est un maximum au-dessous duquel le coefficient de vétusté devra être tenu toutes les fois que la dépréciation sera elle-même inférieure a 20 % (Sénat, séance du 17 avril 1919).

§ VIII. — Le remploi est considéré comme effectué si l'attribution a donné à son indemnité une destination immobilière, industrielle, commerciale ou agricole, et il jouit dans ce cas, de tous les avantages accordés au remploi. (Chambre des Députés, deuxième séance du 24 décembre 1918).

Il en est de même pour l'agriculteur qui effectue le remploi dans l'étendue des régions dévastées (Chambre des Députés, séance du 17 Janvier 1919).

§ XIII. — M. Monfeuillart, considérant le cas des vignes et des houblonnières, pour lesquelles il faut traverser une période de plusieurs années avant

d'obtenir la première récolte, voulait faire ajouter les
mots :

*L'attributaire a droit en outre aux dépenses supplé-
mentaires nécessitées par les plantations nouvelles, y
compris leur aménagement et les frais de culture et d'entretien jusqu'à la première récolte.*

**Le rapporteur lui répondit que le texte, tel qu'il
est rédigé, lui donne satisfaction.**

*Notre collègue, dit-il, craint que lorsqu'il s'agira
d'une vigne ou d'une houblonnière, c'est-à-dire d'une
culture dont la reconstitution est plus lente et qui ne permet
pas de compter sur la récolte de l'année suivante, notre
texte n'indemnise pas le sinistré.*

*A cela, je réponds : lorsque, dans la perte subie, on se
trouve en présence de vignes ou de houblonnières, il est
évident que la valeur est calculée en tenant compte,
justement, des difficultés ou de la durée de la reconstitution, et, par conséquent, des conditions spéciales à ce
mode de culture : d'autre part, s'il se préoccupe des conditions et des nécessités de culture et d'entretien qui se
prolongeront pendant trois ou quatre ans avant qu'une
récolte ne se produise, je lui dirai que notre texte répond
encore à sa préoccupation. Lorsque nous avons écrit ceci :
« En cas de reprise d'exploitation, l'attributaire a droit,
en outre, au montant des dépenses supplémentaires
nécessitées par la remise de la terre en état d'exploitation ou de productivité antérieure », cela veut
bien dire que tous les* **travaux ou toutes** *les dé-*
penses qui seront nécessaires avant *que la vigne*
**ait été remise en état de productivité seront
accordés** *et rentreront bien dans le calcul de l'indemnité.*

Il ressort nettement de la citation qui précède que
les dispositions prévues par le § 13 de l'art. 5,
s'appliquent non seulement aux vignes et houblonnières, mais à toute exploitation agricole en général.

ARTICLE 6

*La reconstitution d'un immeuble bâti ou la reprise
d'une exploitation pourra être interdite d'office par
le tribunal des dommages de guerre si elle est reconnue
irréalisable ou contraire à l'intérêt économique ou à la
santé publique.*

ARTICLE 7

§ I. — *Dans les cas où le remploi n'est pas effectué, l'indemnité est cependant calculée en y comprenant le montant de la perte subie et les frais supplémentaires. Le sinistré reçoit le montant de la perte subie.*

§ II. — *Les frais supplémentaires de reconstitution seront, dans les conditions déterminées par la loi de finances, attribués à un fonds commun pour être employés au profit des régions sinistrées.*

La disposition consacrée par cet article est intéressante à un double titre. Elle permettra d'abord de réclamer à l'ennemi le montant des frais supplémentaires et servira ensuite à constituer un fonds qui permettra de venir en aide aux régions sinistrées.

ARTICLE 8

§ I. — *Si le remploi n'est pas effectué le paiement de la perte subie est réalisé par la remise au sinistré d'un titre représentant le montant de ce qui lui est dû et productif d'intérêts à 5 % l'an.*

§ II. — *Ces titres sont inaliénables pendant cinq ans à dater de la remise aux attributaires ; ils pourront toutefois, pendant ce délai, faire l'objet de cessions sur autorisation motivée du tribunal civil donnée en chambre du conseil, le ministère public entendu. Il pourra être appelé de la décision de première instance devant la cour qui statuera en chambre du conseil et comme en matière sommaire.*

§ III. — *Sera nulle toute aliénation effectuée en violation des dispositions qui précèdent ; la nullité sera prononcée à la requête du ministre des finances.*

§ IV. — *Après l'expiration du délai de cinq ans, le remboursement du titre est effectué par le paiement en espèces de dix termes annuels égaux, le premier étant exigible à l'expiration de la sixième année et les termes suivants de douze mois en douze mois.*

§ V. — *Les attributaires qui s'engageront dans les conditions prévues par les articles 9, 4 et 45 de la présente loi à effectuer le remploi ou à réinvestir leur indemnité obtiendront des versements en espèces suivant les modalités prévues par lesdits articles.*

Nous retrouvons ici une des dispositions que nous avons signalées à l'art. 4 comme un des vestiges des pénalités dont la Chambre avait, dès le début, frappé les non-remployants. Nous avons eu l'occasion de dire, dans la première partie, au chapitre *DU PAIEMENT*, combien il sera facile aux sinistrés d'éluder cette disposition et de se faire payer de suite en réinvestissant leur indemnité, puisqu'ils peuvent alors obtenir le paiement en espèces au fur et à mesure de la justification des travaux faits ou des achats effectués.

Le Sénat avait estimé que la mesure sanctionnée par l'article 8, était contraire à l'idée du remploi par le fait qu'elle peut être considérée comme favorisant en quelque sorte ce qu'on a appelé le « débauchage économique ». Le motif déterminant de cette conception est que le sinistré, qui trouvera dans la disposition en question un encouragement à aller fonder une entreprise en région non envahie, serait peut-être resté dans les régions libérées en attendant qu'il s'y produise une occasion favorable, s'il n'avait été en quelque sorte incité, par cette mesure draconienne en ce qui concerne le paiement, à y échapper en réinvestissant son indemnité hors de la zone libérée.

ARTICLE 9

L'attributaire aura un délai de deux ans, à partir de la décision portant fixation définitive de l'indemnité pour souscrire à la condition de remploi. Il devra fournir à l'appui de son engagement, en vue de faciliter le calcul des frais supplémentaires, un projet des travaux à exécuter ou des achats à effectuer avec devis estimatif.

ARTICLE 10

§ I. — Si, parmi les copropriétaires d'un bien, ceux qui constituent la majorité en valeur et en nombre déclarent vouloir effectuer le remploi, celui-ci est de droit ; l'indivision est alors prorogée pour une période -

maxima de cinq ans à dater de la reconstruction de la chose détruite, sur la demande des co-propriétaires qui déclarent vouloir effectuer le remploi. En cas de partage, le remploi sera de droit.

§ II. — En matière de société, le remploi sera de droit s'il est décidé dans les conditions de vote prévues aux statuts.

§ III. — Toutefois la durée de la société ne pourra être modifiée que conformément aux règles posées aux statuts.

§ IV. — Le remploi est également de droit s'il est voulu, soit par le nu-propriétaire, soit par l'usufruitier ou l'emphytéote, soit par le bénéficiaire d'une promesse de vente.

§ V. — Pendant la durée de l'usufruit ou du bail emphytéotique (1), le remboursement des annuités qui peuvent être dues à l'État, dans les conditions prévues au § 5 de l'article 5, est pour moitié à la charge du nu-propriétaire et pour moitié à celle de l'usufruitier ou de l'emphytéote.

§ VI. — Le créancier privilégié, hypothécaire ou antichrésiste (1) ne peut s'opposer au remploi, ni exiger le paiement de sa créance en argent qu'à l'échéance fixée par le contrat initial, prorogée sans frais d'une période correspondant à l'interruption de la jouissance.

§ VII. — Les créanciers privilégiés, hypothécaires ou antichrésistes, les usufruitiers, les emphytéotes, les titulaires d'un droit réel d'usage ou d'habitation, les bénéficiaires d'une promesse de vente ont leurs droits reportés sur la chose reconstituée, sous réserve du privilège consenti à l'État par le § 7 de l'article 5.

§ VIII. — Au cas de non-remploi, les créanciers privilégiés, hypothécaires ou antichrésistes, ainsi que les créanciers chirographaires (1) et les bénéficiaires d'une promesse de vente peuvent, avec l'autorisation du tribunal civil, donnée en chambre du conseil après avis

------

(1) Voir Première partie, Chapitre III, De l'Indemnité.

du ministère public, le débiteur entendu, et en souscrivant aux conditions du remploi aux lieu et place du débiteur, être subrogés dans les droits attribués à ce dernier par la présente loi pour la reconstitution de leur gage. Le bénéfice de cette subrogation n'appartient aux étrangers en France, que dans les conditions prévues au paragraphe 4 de l'article 3.

§ IX. — Les créanciers ne peuvent exercer l'action qui leur est réservée qu'après un délai de deux mois à compter de la mise en demeure faite par eux à leur débiteur. Au cas de demande introduite par l'ayant-droit, l'intéressé en est avisé par les soins du greffier de la commission cantonale.

§ X. — En cas de non remploi, l'indemnité est attribuée aux créanciers privilégiés, hypothécaires ou antichrésistes, suivant leur rang, et aux bénéficiaires d'une promesse de vente, sans qu'il y ait besoin de délégation expresse et dans les conditions prévues à l'atricle 43.

§ XI. — Les oppositions au paiement doivent être formées et les cessions et délégations d'indemnités signifiées entre les mains des trésoriers-payeurs généraux et des receveurs des finances dans le mois qui suivra la fixation définitive de l'indemnité. Elles seront dans le délai de huitaine, inscrites, à peine de nullité, sur un registre tenu au greffe du tribunal des dommages de guerre. Passé ce délai, les paiements effectués sont valables.

§ XII. — Dans le cas d'usufruit, il en est tenu compte dans l'immatriculation du titre de rente délivré à l'attributaire.

§ XIII. — Si l'immeuble est grevé de droits d'usage ou d'habitation ou de servitudes foncières, l'indemnité est répartie entre le propriétaire et les bénéficiaires de ces droits, au prorata de la valeur relative de leurs droits respectifs, dans les proportions et aux conditions établies par l'administration de l'enregistrement pour les droits dus en matière successorale.

Remarquer au § I qu'en cas de partage, le remploi sera de droit, et au § II, qu'en matière de société, il sera également de droit s'il est décidé dans les conditions prévues aux statuts.

ARTICLE 11

Lorsque le remploi n'est pas effectué par l'attributaire, les propriétaires intéressés peuvent, pour l'exécution de travaux ayant une utilité collective, former des associations syndicales autorisées, dans les formes et conditions fixées par les lois des 21 juin 1865 et 22 décembre 1888. Dans le cas où la commune ne figure pas parmi les propriétaires présumés intéressés, le maire a néanmoins entrée à l'assemblée générale, mais avec voix consultative seulement.

ARTICLE 12

§ I. — S'il s'agit d'édifices civils ou cultuels, l'indemnité consiste dans les sommes nécessaires à la reconstruction d'un édifice présentant le même caractère, ayant la même importance, la même destination et offrant les mêmes garanties de durée que l'immeuble détruit.

§ II. — Cette importance et ces garanties sont déterminées sur la demande des intéressés ou d'office par la commission spéciale ci-après indiquée.

§ III. — En cas de contestation, il est statué par le tribunal des dommages de guerre.

§ IV. — Le ministre de l'instruction publique et des beaux-arts statue, après avis favorable de la même commission, sur la conservation et la consolidation des ruines et éventuellement, sur la reconstruction, en leur état antérieur, des monuments présentant un intérêt national d'histoire ou d'art. Des subventions, à ce destinées, sont inscrites au chapitre du budget du ministère de l'instruction publique et des beaux-arts.

§ V. — Si la reconstruction n'est pas autorisée sur l'emplacement des ruines, l'indemnité comprend les sommes nécessaires à l'acquisition du nouveau terrain.

§ VI. — La commission prévue ci-dessus est composée de deux sénateurs, élus par le Sénat ; de trois

députés, élus par la Chambre ; de deux membres de l'Académie française, de deux membres de l'Académie des inscriptions et belles-lettres, de deux membres de l'Académie des beaux-arts, désignés par leurs compagnies ; d'un membre du Conseil supérieur des beaux-arts, d'un membre du conseil général des bâtiments civils, de deux membres de la commission des monuments historiques, élus par leurs collègues ; d'un délégué du ministre de l'instruction publique et des beaux-arts ; d'un délégué du ministre des finances ; d'un délégué du ministre de l'intérieur ; d'un délégué du ministre du travail ; d'un délégué du ministre chargé de la reconstitution des régions libérées ; d'un représentant de chaque culte intéressé à la réparation des édifices, désigné par le ministre de l'intérieur et de six personnalités artistiques, désignées par le ministre de l'instruction publique et des beaux-arts.

§ VII. — Dans le délai d'un mois, à partir de la promulgation de la présente loi, un règlement d'administration publique déterminera le fonctionnement et la procédure de cette commission qui devra consulter les conseils municipaux et groupements intéressés.

ARTICLE 13

§ I. — Les dommages causés aux biens meubles sont réparés dans la mesure de la perte subie évaluée à la date du 30 juin 1914, pour les meubles, autres que les produits agricoles et, pour ces derniers, à la date de la maturité de la récolte. Toutefois, pour les meubles achetés ou produits postérieurement au 30 juin 1914, l'évaluation de la perte subie est faite d'après le prix d'achat ou le coût de production si ceux-ci peuvent être établis.

§ II. — Les biens meubles n'ayant pas une utilité industrielle, commerciale, agricole, professionnelle ou domestique ne pourront, en aucun cas, recevoir une estimation supérieure à la valeur attribuée soit par des ventes, soit par des inventaires, déclarations de successions ou tous autres actes dans lesquels il en aurait été fait une évaluation, pourvu que ces actes ne remontent

pas à plus de dix ans. A défaut d'un de ces actes, l'évaluation aura lieu conformément au paragraphe premier.

§ III. — L'indemnité accordée pour réparer les dommages causés aux matières premières et aux approvisionnements de l'industrie sera payée suivant le mode prévu par l'article 8 toutes les fois que l'attributaire, s'il a subi des dommages immobiliers, n'aura pas souscrit à la condition du remploi et toutes les fois que le remploi n'aura pas été interdit.

§ IV. — Les frais supplémentaires représentant la différence entre la perte subie et la valeur de remplacement — calculée en tenant compte, soit du prix de remplacement si celui-ci a été dûment effectué, soit de la valeur de remplacement au jour de l'évaluation s'il n'est par encore réalisé — sont en outre accordés pour les biens meubles compris dans les catégories suivantes :

« 1° Les matières premières et approvisionnements indispensables à une exploitation industrielle dans la mesure de la quantité nécessaire à la remise en marche normale et à la fabrication pendant une période de trois mois, ainsi que les produits en cours de fabrication et les objets servant à l'exercice d'une profession ;

« 2° Les animaux, lorsqu'ils ne sont pas considérés comme immeubles par destination, ainsi que les engrais, semences, récoltes et produits divers nécessaires à la remise en culture, à l'encemencement des terres et à la nourriture des animaux des exploitations agricoles jusqu'à la prochaine récolte ;

« 3° L'outillage servant à l'exploitation des fonds de commerce ou à l'exercice de la profession ainsi que les produits et marchandises nécessaires à assurer la marche du commerce ou de l'industrie pendant une période de trois mois ;

« 4° Le mobilier de l'habitation, meubles meublants, literie, linge, effets personnels ; les objets d'agrément dont la valeur, pour chacun, ne dépassait pas 3000 francs, lors de la déclaration de guerre.

L'article 13 est, pour les biens meubles, le correspondant de l'art. 5 pour les immeubles.

Nous avons dit dans la première partie, au chapitre de *L'INDEMNITÉ EN MATIÈRE MOBILIÈRE*, pour quelles raisons il n'y a pas lieu d'envisager le remploi en ce qui concerne les biens meubles. Le principe est donc que la réparation a lieu dans la mesure de la perte subie. Mais ici, comme pour le remploi, la formule définitive n'a été acquise que de haute lutte, après un long débat entre les deux assemblées. La Chambre des Députés voulait, au début, n'accorder le montant de la perte subie, c'est-à-dire le dû de chacun, que pour les biens meubles ayant une utilité industrielle, commerciale, agricole, professionnelle ou domestique. Les autres biens meubles, qu'elle qualifiait de « somptuaires » ne recevaient que la moitié du montant de la perte subie. C'était là une profonde injustice qui souleva des protestations indignées.

La saine doctrine, celle du Sénat, finit par triompher et tous les biens meubles sont aujourd'hui payés à la valeur de la perte subie. Cependant la Chambre n'a pas oublié cette sorte de pénalité dont elle avait voulu frapper les détenteurs d'objets d'art et, d'une façon plus générale, les biens meubles n'ayant pas une utilité industrielle, commerciale, agricole, professionnelle ou domestique. On en retrouve trace dans les dispositions prévues au deuxième paragraphe en vertu desquelles ces objets ne peuvent recevoir une estimation supérieure à la valeur attribuée soit par des ventes, soit par des inventaires, déclarations de successions ou tous autres actes dans lesquels il en aurait été fait une évaluation.

Le Sénat, là encore, s'est contenté de faire des réserves, afin de ne pas retarder le vote de la loi. Mais il est précieux que ces réserves, que nous donnons ci-après *in extenso*, figurent au *Journal Officiel* parce que la connaissance qu'en auront, d'une part, les membres des Commissions cantonales et les sinistrés, de l'autre, permettront, aux premiers, d'appliquer la loi avec toute la largeur de vues nécessaire, et aux autres, de défendre éventuellement leurs droits en toute connaissance de cause.

Dans cet article, dit le rapporteur, *nous trouvons deux dispositions que votre commission et vous-mêmes aviez délibérément écartées à deux reprises.*

La première de ces dispositions, analogue à celle que nous avons rencontrée à l'article 5 pour les immeubles, vise « les biens meubles n'ayant pas une utilité industrielle, commerciale, agricole, professionnelle ou domestique qui ne pourront, en aucun cas, recevoir une estimation supérieure à la valeur attribuée soit par des ventes, soit par des inventaires, déclarations de successions ou tous autres actes dans lesquels il en aurait été fait une évaluation, pourvu que ces actes ne remontent pas à plus de dix ans. »

Les motifs qui l'avaient fait écarter par votre commission et par le Sénat étaient les mêmes que ceux que nous avons exprimés à propos de l'article 5 : nous redoutions que le sinistré ne fût lésé, car si on prend comme base des pactes de famille, des partages, déclarations de successions, il est certain que, très souvent, on peut se trouver en présence d'une atténuation considérable de la valeur réelle des biens.

Je ne reviens pas sur les observations qui ont été déjà présentées. Nous acceptons l'article malgré cette sévérité plus grande pour les biens ainsi définis.

Je me permettrai cependant une question à laquelle je ne sais pas si je pourrai obtenir réponse. Je ne comprends pas exactement quelle va être cette catégorie de meubles. Qu'entend-on par les biens meubles n'ayant pas une utilité industrielle, commerciale, agricole, professionnelle ou domestique ?

Un des arguments qui se présentent à l'esprit, c'est que la définition n'en est pas très facile à donner. Quels sont les biens meubles qui ne présenteront d'utilité à aucun de ces points de vue, pas même domestique, pas même professionnel ? Où commencera, suivant certaines professions, le meuble utile, et le meuble inutile ? Il y a là une première difficulté d'interprétation que tout le monde reconnaîtra, je crois, avec nous.

J'ajouterai, et je pense que c'est là une observation toute naturelle, que la difficulté d'interprétation ou de définition me paraît augmentée si je me reporte au 4° du dernier alinéa de ce même article. J'y lis, en effet, que le mobilier de l'habitation, les meubles meublants, literie, linge, effets personnels, et objets d'agrément, sont payés à leur valeur de remplacement. Qui distinguera les objets d'agrément et les meubles sans utilité ? Vous nous dites : pour les meubles qui sont des meubles sans utilité, non seulement nous ne consentons pas à leur donner une valeur d'avant-guerre, mais nous leur ferons subir la diminution de valeur qui résultera de la consultation de tous actes passés dans les dix années précédentes, et dans le même article, nous voyons que les objets d'agrément, qui sont essentiellement des meubles sans utilité seront payés à leur valeur de remplacement, à moins que cette valeur ne dépasse 5000 francs.

Je me demande comment ces différents textes peuvent se concilier ; peut-être ont-ils été faits isolément, sans qu'on ait songé à les rapprocher, c'est ce qui est le plus probable.

Donc il sera facile d'éluder la trop grande rigueur du texte. **Le meuble d'agrément comprendra le** *meuble inutile ; l'assimilation est trop facile pour que les intéressés ne soient pas tentés de la faire et il sera bien malaisé de rejeter leur demande et leur interprétation. (Sénat, Séance du 17 avril.)*

Une autre question a préoccupé également le Sénat, celle de la destination qui peut être donnée à l'indemnité reçue pour objets mobiliers.

La définition ci-après du rapporteur a la même valeur que les précisions que nous venons de donner au sujet des biens meubles n'ayant pas une utilité industrielle, commerciale, professionnelle ou agricole, car elle a reçu, en séance, l'approbation et l'accord du ministre.

Il y a un point sur lequel je tiens à insister, parce qu'il nous a été signalé par tous les industriels. Lorsqu'ils ont vu débattre ces différents articles qui, au fur et à mesure des délibérations, paraissaient ou disparaissaient suivant qu'on se trouvait devant la Chambre ou devant le Sénat, ils ont été alarmés et ils ont vivement protesté contre l'immixtion de l'idée de remploi en matière mobilière. Leur crainte était que, si, étendant la règle du remploi, on n'accordait de payement pour les meubles que dans les conditions de reconstitution, ils ne se trouvassent dans l'impossibilité d'acquitter leur passif.

La question du passif est importante, elle se pose pour les particuliers, mais avec plus de gravité pour les industriels. La guerre étant intervenue d'une façon imprévue, il s'est produit ce fait que beaucoup, et non des moindres, avaient à ce moment pratiqué des achats de matières premières qui n'étaient pas encore payés, que, par conséquent, ils avaient à leur charge un passif qui les constitue actuellement débiteurs, non point seulement de fournisseurs français, mais encore de fournisseurs étrangers. Pendant toute la guerre, les intérêts se sont accumulés; ils ont, de ce fait, la préoccupation pressante d'éteindre ce passif. Si on s'en tenait purement et simplement à la condition du remploi, et à la nécessité de la reconstitution, ils seraient exposés à ce qu'on leur dise, lorsqu'ils payeront ce passif qu'ils doivent cependant payer : « Ce n'est pas un remploi, ce n'est pas une reconstitution. »

Nous tenons à bien préciser à cet égard que c'est pour cela que nous avons surtout protesté contre l'application de l'idée du remploi à l'indemnité mobilière.

D'autre part, maintenant que l'article 46 a donné du réinvestissement une définition très large — usage commercial, agricole, ou industriel — je crois que sur ce point, il ne peut y avoir de difficulté d'interprétation ; car sûrement, un commerçant ou un industriel qui paye son passif, fait de ses fonds un usage commercial ou industriel.

Signalons, pour terminer, qu'en ce qui concerne les biens meubles, le **remplacement peut se faire n'importe où** (Chambre des députés, séance du 21 janvier 1919). Cette disposition est intéressante en ce qu'elle permet aux sinistrés qui le désireraient, d'acheter leurs meubles avant de rejoindre les régions libérées.

ARTICLE 14

§ I. — Les dommages causés par la perte de titres ou de coupons de rente de l'État français sont séparés par l'attribution de titres ou coupons de même nature donnés en remplacement.

§ II. — S'il s'agit de titres ou coupons français

autres que ceux émis par l'Etat ou de titres ou coupons étrangers, dont la restitution n'a pu être obtenue en France par les moyens légaux, les dommages sont réparés dans la mesure de la perte subie, évaluée d'après le dernier cours coté avant le jour de la fixation de l'indemnité, ou, à défaut de cotations, par une estimation directe, l'Etat français étant subrogé dans les droits des attributaires pour poursuivre la restitution de leurs titres ou coupons et conservant, dans tous les cas, la faculté de se libérer par la remise de titres ou coupons de même nature.

A remarquer que le cours de réparation est le dernier cours coté avant le jour de la fixation de l'indemnité. Ce cours a été choisi comme celui qui permet le mieux de placer sur le même plan les personnes qui ont perdu leurs titres et celles qui les ont gardés.

ARTICLE 15

§ I. — *Les dommages de guerre immédiats, directs et certains, causés aux officiers publics et ministériels sont réparés dans la mesure de la perte subie, égale à la différence entre la valeur de l'office au jour de la mobilisation et sa valeur au jour de l'évaluation.*

§ II. — *Les demandes devront être présentées dans un délai de deux ans à compter de la date qui sera fixée par décret pour la cessation des hostilités.*

§ III. — *L'évaluation du préjudice est appréciée souverainement par le tribunal des dommages de guerre après avis de la chambre de discipline ou du bureau et de la cour d'appel ou du tribunal civil.*

§ IV. — *L'Etat récupérera les sommes déboursées en réparation des dommages causés aux offices par un prélèvement de la moitié des plus-values constatées suivant une évaluation faite dix ans après celle à laquelle il aura été procédé pour la constatation des dommages.*

§ V. — *Le recouvrement prévu à l'alinéa précédent s'opérera lors de la cession qui suivra l'évaluation décennale ; mais il portera intérêt au taux légal qui courra à compter de cette dernière évaluation et sera payable annuellement.*

§ VI. — Toutefois, si la cession de l'office n'intervient pas, au plus tard, dans les cinq années qui suivront l'évaluation décennale, les recouvrements afférents aux plus-values s'effectueront par fractions annuelles d'un cinquième, dont la première sera exigible six mois après l'expiration des cinq années, sans préjudice de l'exigibilité immédiate au cas où une cession interviendrait avant l'amortissement de la dette.

§ VII. — Pendant le même délai de deux ans, l'officier ministériel gravement lésé pourra demander la suppression de son étude ; de même, la chancellerie pourra prononcer la suppression de tout office ministériel qui fait l'objet d'une demande d'indemnité, sur réquisition du ministère public, après avis, dans les deux cas, de la chambre de discipline ou du bureau et de la cour d'appel ou du tribunal de la situation statuant en chambre du conseil.

§ VIII. — Le titulaire de l'office supprimé ou ses ayants droit recevront la valeur de la charge au jour de la mobilisation, en capitalisant, au taux pratiqué au moment de la déclaration de guerre, par la chancellerie, le produit moyen de l'office pendant les cinq années qui ont précédé la mobilisation.

§ IX. — En cas de suppression d'un office, l'indemnité payée par l'État sera, en totalité ou en partie, mise à la charge, par décision du garde des sceaux, des officiers ministériels appelés à bénéficier de la mesure, dans la proportion indiquée par la cour ou le tribunal, après avis de la chambre de discipline et après que la valeur comparative d'avant et d'après-guerre de ces offices grevés de restitution aura été établie.

§ X. — Le recouvrement des sommes mises à la charge des officiers ministériels bénéficiaires de la suppression, ne pourra être exercé que sur la moitié de la plus-value de leur office.

§ XI. — Ce recouvrement s'exercera selon les modalités indiquées aux quatrième, cinquième et sixième alinéas du présent article.

§ XII. — Les évaluations décennales seront établies par une commission composée d'un conseiller à la cour d'appel ou d'un membre du tribunal civil président, désignés par le premier président de la cour d'appel, et d'un agent de l'administration de l'enregistrement désigné par le ministre des finances, de deux membres de la chambre de discipline s'il en existe, désignés par la cour ou le tribunal. Il sera adjoint à cette commission, en qualité de secrétaire, un greffier choisi parmi les titulaires en exercice ou ayant exercé les fonctions pendant dix ans.

§ XIII. — Toutes les créances de l'État en recouvrement sur les plus-values des offices seront conservées par un privilège spécial sur la charge. Ce privilège sera inscrit sur un registre spécial tenu par le bureau des officiers ministériels du ministère de la justice.

§ XIV. — En cas de suppression d'un office de notaire, il ne sera pas tenu compte des dispositions de l'article 32 de la loi du 25 ventôse an XI ; un décret indiquera les notaires qui auront le droit d'instrumenter dans tous les cantons dont tous les offices auraient été supprimés.

La réparation des dommages causés aux officiers ministériels n'a été admise que tardivement. Au début, elle avait été, ainsi que la réparation des dommages causés aux fonds de commerce, écartée par la Chambre des Députés, sous prétexte que le dommage était indirect. Les adversaires du droit à la réparation objectaient en outre que si le principe de la réparation était admis pour les offices ministériels et pour les fonds de commerce, il faudrait l'étendre à toute la France, car selon eux, tous les offices ministériels et tous les fonds de commerce avaient vu disparaître une partie de leur clientèle. Ils estimaient en conséquence que, devant l'étendue des dépenses qui en résulteraient, il fallait maintenir l'ostracisme de principe prononcé contre tous les dommages indirects.

Le Sénat ne se rangea pas à cet avis et dans le projet de loi sorti de ses délibétations le 22 décembre 1917, il admit le droit à la réparation pour les offices ministériels et les fonds de commerce. Seulement le Sénat ne retenait, comme susceptibles de donner lieu à indemnité que les fonds de commerce ayant été l'objet d'une cession par un acte ayant acquis date certaine avant la guerre, excluant ainsi les fonds de commerce que le propriétaire a pu recevoir de ses parents, et ceux qui ont été créés par lui à force de tenacité et souvent après bien des dépenses.

La Chambre des Députés estima à juste titre que cette distinction ne devait pas subsister et, pour ne pas relarder le vote de la loi, elle admit que la réparation des fonds de commerce ferait l'objet d'un projet de loi spécial. Le Sénat s'est rallié à cette manière de voir, et, en fait, le Parlement a pris, par l'article 65, l'engagement de régler la question de cette manière.

Les officiers ministériels sont donc seuls compris parmi les bénéficiaires éventuels des dispositions de la loi sur la réparation des dommages de guerre. On peut dire du reste que cette réparation est **conditionnelle**, puisqu'au cas où l'office retrouve sa valeur d'avant guerre, l'État récupère les sommes qu'il a déboursées.

Deux procédés avaient été envisagés pour réparer les dommages. Le premier, celui qui a été adopté, consistait à faire au sinistré l'avance de la perte subie, égale à la différence entre la valeur de l'office au jour de la mobilisation et sa valeur au jour de l'évaluation. L'autre aurait fait donner au plaignant une indemnité annuelle pendant une période et suivant un taux à déterminer. Cette dernière solution a été écartée comme tendant à consacrer le « *lucrum cessans* », le dommage indirect. Il est conforme à l'esprit de la loi d'envisager seulement la diminution de valeur du capital de l'office : à ce point de vue seulement, le dommage est direct.

Il y a lieu de remarquer enfin que le texte échappe au reproche qu'on pourrait être tenté de lui faire, de réparer un dommage indirect. L'article 15 ne vise en effet que la réparation des dommages **immédiats, directs** et **certains** causés aux officiers publics et ministériels, puisqu'il ne répare que le tort causé à la valeur du fonds, à l'exclusion des dommages qui résultent de la diminution de la clientèle et du manque à gagner.

ARTICLE 16

Les prescriptions de l'article 10, concernant la conservation des droits réels, s'appliquent en matière mobilière, soit aux objets de remplacement, soit à l'indemnité en tenant lieu. »

ARTICLE 17

Lorsque des mesures conservatoires ont été prises pour éviter des dommages, tant immobiliers que mobiliers, ou pour empêcher leur aggravation, une indemnité sera accordée en remboursement des dépenses dûment justifiées. »

ARTICLE 18

§ i. — Les indemnités attribuées conformément aux dispositions du présent titre ne peuvent se cumuler avec aucune autre indemnité reçue à l'occasion des mêmes faits, sinon avec les sommes que l'État français aura recouvrées sur l'ennemi en vertu des conventions et des traités, pour les dommages de toute nature qui n'auront pas été réparés ou qui ne l'auront été que partiellement par la présente loi.

§ ii. — Les sommes attribuées pour la construction d'abris provisoires pour les personnes, les animaux ou les meubles ne sont pas déduites du montant de l'indemnité.

§ iii. — Dans le cas où l'attributaire a contracté une assurance le garantissant contre les risques de guerre, l'indemnité sera calculée sous déduction des sommes dues par l'assureur, mais il sera tenu compte

des primes payées. En aucun cas, les compagnies d'assurances ne pourront exercer de recours contre l'Etat. »

Le § II de l'article 18 mérite une mention spéciale en ce qui concerne les abris provisoires. Nos lecteurs trouveront à la première partie, chapitre 7, un exposé détaillé de la question.

ARTICLE 19

« *L'attributaire pourra obtenir en vue d'une construction provisoire et dans les conditions de la présente loi, la délivrance d'acomptes dont le total ne pourra dépasser le tiers du montant de l'indemnité. En ce cas, le surplus de l'indemnité sera, sur la demande de l'intéressé, capitalisé à 5 % par les soins du Trésor, jusqu'au rétablissement de la créance initiale et la somme ainsi obtenue versée à l'attributaire sous condition de construction définitive, conformément aux dispositions de la présente loi relatives au payement.*

Voir, pour les conditions d'application des dispositions qui précèdent, le chapitre VII (*DES ABRIS PROVISOIRES ET DES AVANCES*).

TITRE III

DE LA JURIDICTION

Article 20

§ I. — *Les dommages visés par la présente loi, sont constatés et évalués par des commissions cantonales, créées à cet effet, conformément aux dispositions ci-après.*

§ II. — *Dans chaque département intéressé, des arrêtés préfectoraux fixent : le délai dans lequel il sera procédé à la constitution des commissions cantonales, le nombre de ces commissions pour chaque canton, le siège et le ressort de chacune d'elles et la date à laquelle devront commencer les opérations.*

§ III. — *Si la situation ou l'état de certaines communes l'exige, le siège d'une commission pourra être fixée dans une commune d'un département voisin, par arrêté du ministre des régions libérées.*

§ IV. — *Lorsque le lieu où le dommage s'est produit n'est pas connu, et que d'autre part, il n'est pas possible de procéder à la constatation de ce dommage dans le ressort de la commission cantonale déjà constituée, la constatation et l'évaluation du dommage seront faites par une commission spéciale, dont la composition sera la même que celle des commissions cantonales et qui aura son siège à Paris.*

§ V. — *Le tribunal des dommages de guerre de la Seine sera compétent pour statuer sur les recours formés contre les décisions prises par la commission dont il s'agit.*

§ VI. — *Si l'objet du dommage s'étend sur plusieurs cantons, la compétence appartient à la commission du canton où est située la partie principale.*

§ VII. — *Pour l'instruction et l'appréciation des dommages de guerre causés aux bateliers et entreprises de transports par voies navigables et remorquage, il est institué une commission spéciale siégeant à Paris, au ministère des travaux publics. Si le lieu du dommage est connu et que le dommage soit possible à constater, il est procédé à cette constatation par la commission cantonale du lieu du dommage, si l'intéressé en fait la demande et en sa présence. Il est dressé procès verbal de la constatation et ce procès-verbal est transmis dans le délai de huitaine au président de la commission spéciale chargée de l'évaluation du dommage.*

§ VIII. — *Les recours formés contre les décisions prises par cette commission spéciale sont portés devant le tribunal des dommages de guerre de la Seine.*

ARTICLE 21

§ I. — *Les commissions cantonales sont composées de cinq membres :*

« 1° *Un président, choisi dans le ressort de la cour d'appel par le premier président et, à défaut, en dehors du ressort par le ministre de la justice parmi les juges des tribunaux civils et les juges de paix ou les anciens magistrats des tribunaux civils et de commerce ayant dix années de fonctions, les avocats régulièrement inscrits depuis dix ans au moins, les anciens avoués et les anciens notaires ayant exercé pendant le même temps ou ayant exercé succesivement pendant dix ans leur profession d'avocat ou d'officier ministériel et des fonctions dans la magistrature.*

2° *Un délégué désigné par les ministres des finances et des régions libérées ;*

3° *Un architecte, entrepreneur ou ingénieur ;*

4° *Un commissaire-priseur, greffier ou ancien greffier, négociant en meubles, ou toute autre personne possédant une compétence spéciale pour l'évaluation des meubles meublants et effets mobiliers ;*

5° *Un agriculteur ou un industriel, ou un commerçant ou un ouvrier de métier appelés à siéger suivant les cas et la nature des dommages à évaluer.*

§ II. — *Les membres de la commission autres que le président et le délégué du ministre des finances sont désignés par le tribunal civil siégeant en chambre du conseil qui désignera en même temps, dans chaque catégorie, un ou plusieurs suppléants.*

§ III. — *Le tribunal nomme, pour remplir le rôle de greffier auprès de chaque commission, un secrétaire choisi parmi les greffiers ou anciens greffiers, commis ou anciens commis greffiers et secrétaires ou anciens secrétaires de mairie, ou à défaut, parmi toutes autres personnes qui lui paraîtront justifiées.*

§ IV. — *La commission ne pourra statuer valablement que si le président et trois membres titulaires ou suppléants assistent à la séance.*

ARTICLE 22

§ I. — *Lorsqu'il s'agit de dommages causés aux exploitations de mines, minières ou carrières, aux bois et forêts ou aux étangs, la commission est ainsi composée : un président désigné comme il est dit à l'article précédent ; un délégué du ministre des finances, deux membres choisis par voie de tirage au sort, parmi les exploitants de mines, de bois ou d'étangs et un agent des travaux publics ou des eaux et forêts, désignés par les ministres intéressés, et un délégué mineur, suivant la nature des dommages à évaluer.*

§ II. — *Lorsqu'il s'agit de dommages causés aux bateliers, entreprises de transport par voies navigables et remorquage, la commission est ainsi composée : un président désigné par le premier président de la cour de Paris comme il est dit à l'article précédent ; un délégué du ministre des finances, un délégué du ministre des travaux publics, un constructeur de bateaux ou un batelier. Ces deux derniers membres sont désignés par le comité consultatif de navigation intérieure qui désignera en même temps, dans chaque catégorie, un ou* **plusieurs suppléants.**

ARTICLE 23

§ I. — *Dans chaque département, un comité technique est institué pour établir ou faire établir en matière d'immeubles par des personnes ou des associations compétentes des séries de prix destinées à faciliter, d'une part, le calcul de la perte subie et, d'autre part, la détermination des frais supplémentaires de reconstitution et de la valeur de remplacement.*

§ II. — *Ce comité est réuni par les soins du préfet au plus tard dans le mois qui précède la réunion de toute commission cantonale. Il comprend, outre le préfet ou son représentant, un délégué du ministre des travaux publics, un délégué du ministre des régions libérées, les présidents et vice-présidents des tribunaux et chambres de commerce, des associations et comités agricoles, des conseils de prud'hommes du département ; un membre du conseil départemental des bâtiments civils désignés par cette compagnie ; un membre de chacune des sociétés d'architectes et d'ingénieurs existant dans le département.*

§ III. — *Les séries de prix sont mises à la disposition des commissions d'évaluation et des tribunaux compétents, qui peuvent en user pour l'évaluation des dommages et la fixation des indemnités.*

ARTICLE 24

§ I — *Les intéressés sont admis, dès la publication de l'arrêté préfectoral prononçant l'ouverture des opérations des commissions, à déposer leurs demandes avec pièces à l'appui entre les mains du greffier de la commission cantonale compétente qui délivrera du tout un récépissé.*

§ II. — *Ils peuvent aussi effectuer ce dépôt à la mairie, à la préfecture ou à la sous-préfecture de l'arrondissement du dommage.*

L'administration préfectorale, après examen du dossier, le transmet avec son avis au greffe de la commission cantonale, dans le délai de quinzaine.

§ III. — *Le sinistré devra indiquer, s'il en existe,*

les noms et domiciles des créanciers hypothécaires, antichrésistes, privilégiés, les bénéficiaires de droits d'usage, d'habitation et de servitude foncière, ainsi que les bénéficiaires de promesse de vente.

§ IV. — Ces créanciers seront informés de la demande par les soins du greffier et seront admis à présenter leurs observations devant la commission cantonale et le tribunal des dommages de guerre, dans le délai de quinzaine.

§ V. — S'il s'agit de biens appartenant aux communes et si le maire n'agit pas dans le délai de trois mois, tout contribuable inscrit au rôle de la commune a le droit de déposer une demande tendant à la réparation des dommages causés aux biens de la commune.

ARTICLE 25

§ I. — Dans les causes qui intéressent les femmes mariées, les incapables, les absents, et généralement dans tous les cas où il est pourvu à l'administration du patrimoine par un curateur ou administrateur légal ou judiciaire, ainsi que dans les successions bénéficiaires, l'exercice des droits et actions résultant de la présente loi s'effectuera suivant les règles du droit commun, sous les réserves ci-après :

1° Les tuteurs des mineurs et des interdits et les curateurs des mineurs émancipés n'auront devant les juridictions compétentes qu'à justifier d'une délibération motivée du conseil de famille de l'incapable ;

2° La constatation, par la juridiction saisie, de l'impossibilité ou du refus du mari d'assister sa femme, même dotale ou commune en biens, suffira à habiliter celle-ci pour tous les actes de la procédure, ainsi que pour l'exécution des décisions rendues.

Toutefois les modalités du remploi devront respecter les droits de jouissance du mari tels qu'ils résultent du régime matrimonial ;

3° Les administrateurs légaux ou judiciaires, tels que le père, administrateur légal, ou le curateur aux biens de l'absent, ainsi que l'héritier bénéficiaire, sont dispensés de toute autorisation préalable en justice.

§ II. — *Dans les cas visés aux trois alinéas précédents, comme aussi au cas de réparation d'un dommage causé à un bien dotal inaliénable, même si la femme est autorisée de son mari, la décision des commissions compétentes devra toujours être soumise au tribunal des dommages de guerre qui statuera.*

ARTICLE 26

Lorsque le sinistré justifie qu'il n'est en mesure de faire procéder à l'évaluation que d'une partie des dommages causés à ses biens, la commission compétente pourra, sur sa demande, surseoir à statuer aux opérations ou bien procéder à des constatations et évaluations partielles.

ARTICLE 27

§ I. — *Le greffier convoque les parties. Il informe de cette convocation les créanciers hypothécaires, antichrésistes, privilégiés, les bénéficiaires des droits d'usage, d'habitation et de servitude foncière, ainsi que les bénéficiaires de promesse de vente, le tout par pli recommandé avec avis de réception. L'État est appelé en la personne du préfet ou de son délégué.*

§ II. — *Le président peut faire compléter les dossiers.*

§ III. — *La commission entend les parties et les intéressés. Elle peut entendre également toutes personnes ayant une compétence spéciale pour l'évaluation de certains dommages et ordonner toutes expertises et mesures d'instruction qui lui paraîtraient utiles. Elle peut se transporter sur le lieux et déléguer, à cet effet, deux ou plusieurs de ses membres.*

§ IV. — *Les parties peuvent se faire assister ou représenter par un membre de leur famille, parent ou allié, ou par un avocat inscrit au barreau, ou par un officier ministériel.*

§ V. — *Sont applicables à la présente loi les dispositions des articles 26 de la loi du 12 juillet 1905, et 96 de la loi du 13 juillet 1911.*

L'article 27 dispose en son § III que **la commission entend les parties et les intéressés.** D'autre part, l'art. 28 dit que la commission s'efforce de concilier les parties, constate, s'il y a lieu leurs accords et décide s'ils doivent être homologués. Or, il y a lieu de se demander si, en raison des dispositions qui précèdent, d'après lesquelles la commission constate s'il y a lieu, les accords, il est bien nécessaire que la commission entende les parties du moment où elles sont d'accord. En d'autres termes, étant entendu que le dossier du demandeur a été examiné d'abord par le délégué du préfet, si le délégué et le demandeur se mettent d'accord sur les évaluations, est-il nécessaire qu'il y ait comparution devant la commission?

La réponse à cette question est franchement négative. En cas d'accord, la commission n'est pas obligée d'entendre les parties, sous condition toutefois de se conformer aux dispositions du § premier de l'art. 28, c'est à dire de ne pas négliger d'homologuer les dits accords.

Cette interprétation est consacrée par la réponse ci-après du président de la commission spéciale (Chambre des députés, première séance du 28 janvier 1919).

« M. Grousseau. — *Dans le texte de M. Marin, comme dans celui de la commission, il est dit que la commission cantonale entend les parties. Est-ce que la commission cantonale est forcée de les entendre? Est-ce une obligation ou une faculté ? Je suppose cette hypothèse que la demande formulée par un sinistré est considérée comme juste et raisonnable, que l'administration préfectorale représentant l'Etat donne un avis favorable ;* je suppose qu'il y a accord entre le sinistré et la préfecture ; *dans cette hypothèse, est-ce que la commission est obligée d'entendre les parties?*

M le président de la commission. — *Vous demandez si, dans l'hypothèse où la demande du sinistré a été considérée comme raisonnable et* acceptée par les représentants de l'Etat, *la commission cantonale sera obligée d'entendre les parties. Non, elle ne sera pas obligée d'entendre les parties, mais sous réserve, cependant, des premières lignes de l'article 28. Il ne faut pas que la commission cantonale oublie son rôle, qui consiste non seulement à « s'efforcer de concilier les parties, mais aussi à constater, s'il y a lieu, leurs accords ». Même dans cette hypothèse, elle constatera leurs accords et elle* devra les homologuer. Elle sera maîtresse de sa procédure et elle n'aura pas l'obligation d'entendre les parties. *Elle en aura seulement la faculté.* »

ARTICLE 28

§ I. — *La commission s'efforce de concilier les parties, constate, s'il y a lieu, leurs accords, et décide s'ils doivent être homologués. Dans ce cas, la conciliation est acquise; il est établi un procès-verbal motivé et l'évaluation est définitive.*

§ II. — *Dans le cas de non-conciliation, la commission dresse procès-verbal des demandes et dires des parties et de leur désaccord. Elle constate la réalité et l'importance des dommages, par catégories, conformément à l'article 2 de la présente loi, avec une évaluation distincte pour chacun des éléments qui les constituent.*

§ III. — *Le greffier adresse aux parties, par pli recommandé avec accusé de réception, un avis sommaire des décisions de la commission et les prévient en même temps qu'elles ont un délai d'un mois à dater du jour de réception de cet avis pour prendre connaissance, au greffe, de leur dossier et pour porter, s'il y a lieu, leurs contestations devant le tribunal des dommages de guerre.*

§ IV. — *Ce tribunal est saisi par une déclaration inscrite par les parties ou leur mandataire muni d'un pouvoir spécial, sur un registre tenu par le greffier dudit tribunal, qui délivrera récépissé de la déclaration.*

§ V. — *Le procès-verbal de la commission cantonale, l'état des lieux et toutes les pièces du dossier sont alors transmis par le greffier de cette commission au greffe du tribunal des dommages de guerre.*

ARTICLE 29

§ I. — *Il est créé, à titre temporaire, au chef-lieu de chacun des arrondissements dans lesquels ont été constituées des commissions cantonales, un tribunal des* **dommages de guerre.**

§ II. — *Si, par suite de circonstances, un tribunal ne peut pas être établi à son siège, il sera provisoirement installé dans un arrondissement voisin.*

§ III. — *Le tribunal peut être divisé en autant de chambres que les besoins le comportent. Les affaires sont distribuées entre les chambres par le président de la première chambre ; les affaires concernant le même canton sont, autant que possible, distribuées à la même chambre.*

§ IV. — *Chaque chambre de ce tribunal est composée :*

1° D'un président, désigné par décret, sur la proposition du ministre de la justice, parmi les magistrats honoraires ou en activité des cours d'appel et des tribunaux de première instance ;

2° De deux membres et de deux suppléants désignés dans les mêmes conditions que le président et choisis parmi les magistrats en activité ou honoraires des cours d'appel et des tribunaux de première instance et des conseils de préfecture, les anciens bâtonniers de l'ordre des avocats, les professeurs des facultés de droit, les anciens présidents de l'ordre des avocats au conseil d'État et à la cour de cassation, des chambres d'avoués et de notaires ;

3° De deux membres et de deux suppléants tirés au sort, au début de chaque session de deux mois, sur une liste de vingt membres désignés par le conseil général.

§ V. — *Le tribunal ne peut statuer valablement que si trois membres sont présents, y compris le président.*

§ VI. — *Le tribunal est assisté d'un greffier nommé par arrêté du ministre de la justice.*

ARTICLE 30

§ I. — *Le tribunal prononce sur la réalité et l'importance des dommages, par autant de décisions distinctes qu'il y a de catégories, conformément à l'article 2 de la présente loi, avec une évaluation distincte pour chacun des éléments qui les constituent.*

§ II. — *Il statue sur toutes les questions s'y rattachant, et fixe définitivement le montant des indemnités.*

§ III. — *Si les règles instituées par la présente loi et par les décrets et arrêtés rendus pour son exécution n'ont pas été observées, il annule les opérations irrégulières, soit d'office, soit sur la demande des intéressés. Lorsque l'annulation est prononcée, le tribunal peut, suivant les circonstances et l'état du dossier, renvoyer l'affaire devant la commission cantonale ou procéder lui-même à l'évaluation des dommages et à la fixation de l'indemnité.*

§ IV. — *Le tribunal statue sur mémoires et en dernier ressort après rapport par l'un des juges. Les parties peuvent, sur leur demande, présenter elles-mêmes de brèves observations orales ou les faire présenter par une membre de leur famille, parent ou allié, par un avocat régulièrement inscrit, par un officier ministériel dans sa circonscription, par le délégué d'une association de sinistrés régulièrement constituée.*

§ V. — *Le rapport sera lu, et le jugement prononcé en audience publique.*

ARTICLE 31

Il est alloué aux membres des commissions cantonales et du tribunal des dommages de guerre, ainsi qu'à leurs greffiers, des indemnités qui seront fixées par arrêté pris d'accord entre le ministre de la justice, le ministre des finances et le ministre des régions libérées.

ARTICLE 32

§ I. — *Tout moyen de preuve, même par simples présomptions, est admis pour établir la réalité et l'importance des dommages, quels qu'ils soient, visés par la présente loi.*

§ II. — *Les parents et les domestiques peuvent être entendus comme témoins.*

§ III. — *La commission cantonale et le tribunal des dommages de guerre peuvent ordonner la délivrance des extraits, expéditions, copies d'actes publics ou privés, de registres et de livres de commerce, et, en général, de toutes pièces propres à établir la réalité et à permettre l'évaluation du dommage.*

§ IV. — Ils fixent les délais dans lesquels les enquêtes, expertises et autres mesures d'instruction doivent être terminées. Les experts qui ne se conformeront pas au délai qui leur est imparti peuvent être révoqués.

ARTICLE 33

S'il y a litige sur le fond du droit ou sur la qualité de l'attributaire et toutes les fois qu'il s'élève des difficultés étrangères à la fixation du montant de l'indemnité, l'indemnité est réglée indépendamment des litiges et difficultés sur lesquels les parties sont renvoyées à se pourvoir devant qui de droit.

ARTICLE 34

Les délais sont comptés et augmentés conformément aux dispositions de l'article 1033 du code de procédure civile.

ARTICLE 35

§ I. — Les décisions, ainsi que les extraits ou copies, grosses ou expéditions qui en seront délivrés, et spécialement tous les actes de procédure auxquels donnera lieu l'application de la présente loi devant les commissions cantonales et devant le tribunal des dommages de guerre, sont dispensés des formalités du timbre et de l'enregistrement. **Ils porteront la mention expresse qu'ils sont faits en exécution de la présente loi.**

§ II. — Toutefois, au cas ou les parties produiraient à l'appui de leurs prétentions soit des actes non enregistrés et qui seraient du nombre de ceux dont les lois ordonnent l'enregistrement dans un délai déterminé, soit des actes et titres rédigés sur papier non timbré, contrairement aux prescriptions des lois sur le timbre, la commission cantonale ou le tribunal des dommages de guerre devront, conformément à l'article 16 de la loi du 23 août 1871, ordonner d'office le dépôt de ces actes au

*greffe pour y être immédiatement soumis à la formalité
de l'enregistrement ou du timbre.*

Les dispositions visées par l'art. 35 ont fait l'objet
de débats assez sérieux.

Au paragraphe premier, les mots « dispensés des
formalités de timbre et d'enregistrement » ont été
substitués à la rédaction antérieurement proposée
« visé pour timbre et enregistrés gratis », afin de
diminuer les formalités et d'éviter au sinistré de
nouvelles causes de retard dans le règlement de son
instance. M. Lafont avait demandé le maintien de
l'ancienne rédaction afin qu'il reste trace des actes à
l'enregistrement, mais la thèse opposée a prévalu.

La supression du deuxième paragraphe a été
proposée sous prétexte qu'elle constituait une mesure
d'exception contre les sinistrés. Elle a été combattue,
au nom du ministre des finances, par le commissaire
du gouvernement qui a fait observer que la suppression de ce paragraphe pourrait, au contraire, en raison
des circonstances ci-après exposées, être considérée
comme une dérogation à la règle générale. En effet
ce paragraphe, qui figurait déjà dans le premier
projet de loi, en a été retranché par le Sénat qui avait
estimé que, l'application de la règle générale étant
de droit, il n'y avait pas lieu de l'énoncer. C'est la
raison pour laquelle le gouvernement a estimé qu'il
convenait de le rétablir. Si la suppression avait été
maintenue, il aurait pu, en effet, y avoir doute.

D'autre part, a-t-il été ajouté, il faut, au nom de
la morale en matière fiscale, que rien ne vienne
couvrir les fraudeurs.

ARTICLE 36

§ I. — *Les décisions du tribunal des dommages
de guerre peuvent être l'objet d'un recours devant le
conseil d'État, pour incompétence, excès de pouvoir
ou violation de la loi.*

§ II. — *Le délai est de deux mois à dater de la
signification par huissier de la décision, à la requête*

de la partie la plus diligente. Le recours est déposé au greffe du tribunal des dommages de guerre.

§ III. — La décision qui prononce l'annulation désigne un tribunal pour statuer à nouveau sur la demande d'indemnité.

ARTICLE 37

§ I. — L'action en réparation des dommages visés à l'article 2 est prescrite deux ans après la signature de la paix, sauf le cas de force majeure.

§ II. — Si les commissions et le tribunal intitués par la présente loi sont dissous au moment où l'action est introduite, elle sera portée devant le conseil de préfecture sauf recours au conseil d'État.

ARTICLE 38

Les fonctions de membre d'un tribunal des dommages de guerre sont incompatibles avec celles de membre d'une commission cantonale, avec la qualité d'attributaire dans le ressort du tribunal et l'exercice d'un mandat électif.

ARTICLE 39

Est tenue au secret professionnel, dans les termes de l'article 378 du code pénal, et passible des peines prévues audit article, toute personne appelée, à l'occasion de ses fonctions ou attributions, à intervenir dans la procédure instituée par la présente loi.

ARTICLE 40

Dans le délai d'un mois après la promulgation de la présente loi, il sera statué, par décret, rendu sur la proposition du ministre de la justice et du ministre des régions libérées, sur les détails de l'organisation et du fonctionnement des greffes près les commissions cantonales et les tribunaux des dommages de guerre.

ARTICLE 41

§ I. — Il est délivré à l'attributaire, sur sa demande et dans le délai de quinzaine, par le greffier de la commission cantonale ou du tribunal des dommages *de guerre, un extrait pour chacune des décisions qui le concernent. Cet extrait porte indication du nom de l'attributaire, de la catégorie et de la nature des dommages, du montant de la perte subie et, s'il y a lieu, de la somme correspondant à la dépréciation résultant de la vétusté et des frais supplémentaires de reconstitution ou de remplacement.*

§ II. — Des certificats de non-appel et de non-pourvoi devant le conseil d'Etat sont délivrés dans les mêmes conditions par les greffiers des commissions cantonales et des tribunaux des dommages de guerre.

ARTICLE 42

§ I. — Au cours de la procédure d'évaluation de l'indemnité en réparation des dommages subis par les concessionnaires de services publics de l'Etat, des départements et des communes, il pourra être apporté, sur l'initiative de l'autorité concédante ou des concessionnaires, des modifications à la convention et aux cahiers des charges, notamment pour améliorer les conditions d'exploitation, sous réserve des droits et des intérêts des concessionnaires, dans le cas où ces modifications aggraveraient les charges de la concession primitive. A défaut d'accord dans les trois mois qui suivront la décision, le droit de rachat sera ouvert de plein droit à l'autorité concédante.

§ II. — Il sera procédé au rachat dans les conditions fixées par le cahier des charges si le rachat est prévu et, dans le cas contraire, à dire d'experts, en se basant dans tous les cas sur les résultats de l'exploitation des cinq dernières années ayant précédé l'année 1914. L'autorité concédante sera, en cas de rachat, subrogée de plein droit au concessionnaire dans les droits ouverts par la présente loi.

Un amendement, tendant à garantir aux départements le bénéfice des frais supplémentaires pour les chemins de fer d'intérêt local, fut retiré sur la déclaration du président de la commission, qu'il résultait nettement des dispositions déjà votées que les frais concernant la remise en marche incombent à l'Etat.

TITRE IV

DU PAIEMENT

———

ARTICLE 43

§ I. — *Lorsqu'une décision définitive est intervenue au sujet d'une ou plusieurs des catégories de dommages énoncés à l'article 2 ou pour les dommages visés à l'article 15, chacun des extraits délivrés à l'attributaire conformément à l'article 41 est, sur sa demande, échangé, dans le délai de deux mois et par les soins du ministre des finances, contre un titre constatant le montant de la somme attribuée pour la réparation de la perte subie. Ce titre n'est pas négociable ; il peut faire l'objet d'avances dans les conditions qui seront déterminées par arrêtés pris par les ministres des finances et des régions libérées ; il peut également, avec l'autorisation motivée du tribunal civil donnée en chambre du conseil après avis du ministère public, être transporté conformément aux prescriptions des articles 1689 et suivants du Code civil ou remis en nantissement aux termes des articles 2071 et suivants du même code.*

§ II. — *L'attributaire qui effectue le remploi dans les conditions et suivant les modalités prévues aux articles 4 et 5 de la présente loi, ou qui use ultérieurement de la faculté qui lui est réservée par l'article 9 reçoit, dans les mêmes conditions, un titre complémentaire indiquant le montant des frais supplémentaires qui lui sont attribués.*

§ III. — *Un titre complémentaire analogue est délivré pour l'excédent de la valeur de remplacement sur le montant de la perte subie, en ce qui concerne les biens meubles visés aux n*os* 1 à 4 du paragraphe 4 de l'article 13.* **Pour les meubles visés aux trois premiers numéros dudit paragraphe, la remise du titre complémentaire est subordonnée à la reprise de l'exploitation.**

§ IV. — *Donnent lieu à délivrance d'un titre spécial constatant le droit de l'attributaire à l'avance prévue par le paragraphe 5 de l'article 5 de la présente loi, les sommes correspondant à la dépréciation résultant de la vétusté qui sont indiquées par l'extrait de la décision définitive.*

§ V. — *Dans le délai de deux mois, il est remis un titre spécial en échange de l'extrait de la décision définitive concernant la réparation, en capital et intérêts à 5 % l'an, à dater du jour où s'est produit le dommage, des prélèvements en espèces, amendes et contributions de guerre imposées par les autorités ou les troupes ennemies. Les sommes dues de ce chef sont, sur la présentation de ce titre, versées en espèces à l'attributaire.*

ARTICLE 44

§ I. — *Si l'attributaire procède au remploi en ce qui concerne soit les immeubles, dans les conditions prévues aux articles 4 et 5, soit les biens meubles ou s'il prend, devant la commission cantonale ou le tribunal des dommages de guerre, l'engagement de procéder à ce remploi ou à cette reconstitution,* **il a droit, sans justification, dans le délai de deux mois à dater de la remise du titre,** *à un premier acompte de 25 % sur la somme allouée pour la perte subie, sans que cet acompte puisse être inférieur à 3000 francs, si la perte subie est égale ou supérieure à ce chiffre, ni supérieure à 100.000 francs, à moins qu'il ne justifie devant le tribunal des dommages de guerre d'un emploi ou de besoins immédiats plus considérables, notamment par la production de quittances, comptes, factures, notes de livraisons ou commandes acceptées par les fournisseurs.*

§ II. — *Le solde du montant de la perte subie lui est versé par acomptes successifs, au fur et à mesure de la justification des travaux exécutés ou des achats effectués, dans les conditions prévues au paragraphe précédent. Chacun des versements a lieu dans le délai de deux mois de la justification.*

§ III. — *Quand le paiement de la perte subie est totalement effectué, le montant des frais supplémentaires est versé dans les mêmes conditions, sur la présentation du titre complémentaire.*

§ IV. — *Il en est de même pour l'excédent de la valeur de remplacement sur le montant de la perte subie en ce qui concerne les biens meubles visés aux n°s 1 à 4 du paragraphe 4 de l'article 13.*

§ V. — *Les sommes allouées à l'attributaire pour la réparation des dommages causés aux meubles visés au paragraphe 2 de l'article 13 de la présente loi seront payées après épuisement de toutes autres sommes dues audit attributaire à quelque titre que ce soit.*

§ VI. — *Si, après affectation du montant des frais supplémentaires à la reconstruction d'immeubles ou à la reconstitution d'une exploitation, l'attributaire use de la faculté qui lui est réservée par le paragraphe 5 de l'article 5, la somme correspondant à la dépréciation résultant de la vétusté lui est versée sur la présentation du titre spécial au fur et à mesure des justifications d'emploi.*

§ VII. — *Indépendamment de l'application des dispositions ci-dessus et avant toute évaluation des dommages de guerre, il peut être alloué aux sinistrés, pour répondre aux besoins les plus urgents, des avances dont les conditions d'attribution sont fixées de concert par le ministre des régions libérées et par le ministre des finances.*

Ainsi que nous l'avons indiqué dans la première partie, l'article 44 a donné lieu à des débats très sérieux. Finalement, c'est la thèse du Sénat qui l'a emporté. Elle consistait, en opposition avec la théorie de la Chambre qui voulait ne payer les acomptes que sur justification des dépenses, à remettre au sinistré le montant du premier acompte **en temps utile pour lui permettre, sur simple engagement de procéder au remploi ou au remplacement, de ne pas être obligé de chercher un crédit** souvent difficile à trouver. En outre, le montant de ce premier acompte était assez élevé, 25 % de la perte subie, avec minimum de 3000 francs pour les allocations supérieures ou égales à cette somme, afin de permettre au sinistré de remettre son affaire en train. Enfin le montant du premier acompte était fixé par la loi pour éviter à l'attributaire d'avoir à engager avec l'administration une discussion dans laquelle il n'aurait pas toujours le dessus.

ARTICLE 45

§ I. — Dans les cas où l'attributaire n'a droit qu'au montant de la perte subie, s'il déclare dans le délai de deux ans, devant la commission cantonale ou devant le tribunal des dommages de guerre vouloir destiner l'indemnité à un usage immobilier, agricole industriel, commercial, ou à l'exercice d'une profession sur un point quelconque du territoire, l'indemnité représentative de la perte subie lui est également versée par acomptes successifs, au fur et à mesure de la justification des travaux exécutés ou des achats effectués.

§ II. — Sauf les cas prévus par l'article 8, si l'attributaire ne destine pas l'indemnité à un usage immobilier, agricole, industriel, commercial, ou à l'exercice d'une profession, le payement est fait en dix termes annuels égaux, le premier terme étant payable trois mois après la remise du titre de créance et les termes suivants de douze mois en douze mois.

Nous avons fait remarquer, dans la première partie, l'anomalie d'après laquelle l'attributaire, lorsqu'il réinvestit son indemnité, est obligé, pour toucher un acompte, de fournir la justification des travaux exécutés ou des achats effectués.

Dans un des projets de loi qui ont précédé le texte

définitif, l'attributaire qui réinvestit son indemnité était traité d'après le même principe que le remployant, c'est-à-dire qu'un premier acompte qui ne pouvait être inférieur à 10 % du montant de la perte subie ni supérieur à 50.000 francs, lui était délivré **sans justification de travaux ou d'achats.** Mais ainsi que nous l'avons dit précédemment, les dispositions bienveillantes introduites par le Sénat en ce qui concerne le paiement, dispositions que nous avons résumées à propos de l'article 44, ont été combattues très vivement par le ministre des finances. Lorsque l'article 45 est venu, le 11 avril 1919, à la première séance, en discussion devant la Chambre des Députés, le ministre, à propos du paragraphe d'après lequel un premier acompte qui ne peut être inférieur à 10 % ni supérieur à 50.000 francs, est délivré **sans justification de travaux ou d'achats,** s'est écrié que ce paragraphe allait créer un nouveau gouffre, que cette disposition était inadmissible en matière de réinvestissement d'indemnité. L'argument du ministre a été repris par divers orateurs qui croyaient ainsi encourager le remploi sur place, et, finalement, il a été décidé que l'attributaire qui réinvestit son indemnité sera obligé de fournir la justification des travaux exécutés ou des achats effectués, s'il veut obtenir des acomptes.

M. Touron, ainsi que nous l'avons indiqué dans la 1re Partie, a demandé au ministre de compenser par un large système d'avances ce que cette disposition a de sévère. Mais il y a lieu de remarquer que les avances, telles qu'elles sont concédées par les dispositions actuellement en vigueur, n'atténueront que dans une très faible mesure la situation créée par l'article 45.

ARTICLE 46

§ I. — *L'Etat peut se libérer par l'un des moyens suivants,* **si les attributaires y consentent :**

§ II. — *En ce qui concerne les immeubles par nature, par la dation d'un autre immeuble de même nature et de même valeur situé dans le canton du dommage ou les cantons limitrophes.*

§ III. — En ce qui concerne les immeubles par destination et les meubles ayant une utilité industrielle, commerciale, agricole, professionnelle ou domestique, par une fourniture similaire de même valeur ;

§ IV. — En ce qui concerne les autres meubles, par la remise d'objets mobiliers de même nature et de même valeur.

§ V. — L'Etat peut également se libérer pour totalité ou partie, en faisant exécuter à ses frais les travaux de restauration des immeubles ou meubles endommagés ou en fournissant les matériaux pour cette restauration.

§ VI. — Il a également la faculté de se rendre acquéreur, pour tout ou partie, des immeubles endommagés ou détruits. A défaut d'accord amiable, le prix est déterminé suivant les règles prescrites au titre précédent pour l'évaluation de l'indemnité en tenant compte de la valeur du sol et en y comprenant tous les éléments prévus au cas de remploi, si le vendeur prend l'engagement de l'effectuer dans les conditions précisées à l'article 5 de la présente loi. Le payement aura lieu, suivant les cas, comme il est dit aux articles 44 et 45.

§ VII. — L'Etat devra se rendre acquéreur des immeubles, après tentative de conciliation, si la remise en état du sol dépasse la valeur du terrain, déprécié dans son utilisation, en tenant compte, s'il y a lieu, de la dépréciation qui pourrait en résulter pour le surplus de l'immeuble, en cas d'acquisition partielle.

§ VIII. — L'Etat a, dans tous les cas et à tout moment, la faculté de se libérer par anticipation.

§ IX. — Si l'attributaire est débiteur de l'Etat à quelque titre que ce soit, même pour le payement de ses contributions, la somme ainsi due par lui sera, sur sa demande, imputée à valoir sur le montant de son indemnité et ne sera pas exigible avant que ce montant n'ait été déterminé.

ARTICLE 47

§ I. — *Les sommes dues par l'Etat pour la réparation de la perte subie, à l'exception de celles dues pour les dommages causés aux maisons de plaisance et aux meubles visés au paragraphe 2 de l'article 13, produisent, à partir du 11 novembre 1918, un intérêt de 5% l'an qui est payé trimestriellement et en espèces à l'attribuaire.*

§ II. — *Toutefois, pour les dommages causés aux marchandises, récoltes, produits, approvisionnements, et à celles des matières premières, qui ne bénéficient pas des dispositions du paragraphe 4, nos 1, 2 et 3, de l'article 13, les intérêts courent six mois après la date du dommage.*

§ III. — *Pour les dommages causés à ces marchandises, récoltes, produits et approvisionnements et à ces matières premières pendant l'occupation ennemie, on prendra la date de l'invasion.*

ARTICLE 48

Le payement des indemnités, des intérêts et des avances sera effectué directement par l'Etat ou sous sa garantie. Au cas où l'Etat ferait appel au concours d'établissements financiers, les conventions passées seront soumises à la ratification des Chambres.

TITRE V

DISPOSITIONS DIVERSES

ARTICLE 49

§ I. — *En cas de remploi et de réinvestissement, le droit à indemnité peut être cédé ou délégué, dans les conditions prévues par les articles 1689 et suivants du Code civil, avec l'autorisation motivée du tribunal civil donnée en chambre du conseil après avis du ministère public ; les actes constatant la cession ou la délégation sont exempts de tous droits de timbre et d'enregistrement.*

§ II. — *La même disposition est applicable lorsque la cession est faite à une société de crédit immobilier, à une coopérative ou à une société d'habitations à bon marché ayant assumé les charges de la reconstitution de l'immeuble, ou encore à l'une des sociétés ou œuvres de bienfaisance spécialement agréées à cet effet par le ministre chargé de la reconstitution des régions libérées.*

§ III. — *Lorsque les attributaires d'une indemnité ont cédé leur droit à une société de crédit immobilier, à une coopérative ou à une société d'habitations à bon marché, celle-ci peut leur consentir les prêts nécessaires à la reconstitution de l'immeuble, sans qu'ils aient ni à justifier de la possession d'une valeur équivalente au cinquième du montant du prêt, ni à fournir une garantie hypothécaire, ni à contracter une assurance sur la vie.*

ARTICLE 50

L'attributaire qui a, antérieurement à la promulgation de la présente loi, vendu le sol sur lequel l'immeuble était construit peut, s'il souscrit à la condition de remploi, demander au tribunal civil, statuant en chambre du conseil, la résiliation de la vente, à charge par lui de rembourser à son acquéreur le prix payé et les loyaux coûts du contrat.

ARTICLE 51

§ I. — *Le tribunal des dommages de guerre a compétence pour réduire souverainement et en dernier ressort, même d'office, nonobstant toute convention contraire, les sommes réclamées à l'attributaire par les mandataires et hommes de l'art auxquels il aurait eu recours pour la défense de ses intérêts ainsi que par les experts.*

§ II. — *La réduction ne pourra être demandée ou prononcée d'office que dans le délai de deux ans à compter de la fixation de l'indemnité.*

§ III. — *Les sommes payées sont sujettes à répétition.*

ARTICLE 52

Peut être déchu à tout moment, en totalité ou en partie, du droit à l'indemnité :

1° Tout individu condamné contradictoirement ou par contumace pour un des crimes ou délits prévus par les articles 204, 205, 206, 208, 238, et 239 du code de justice militaire pour l'armée de terre, ou par les articles 262, 263, 264, 265, 316, et 317 du code de justice militaire pour l'armée de mer ;

2° Tout Français ou tout sujet français insoumis ou déserteur pendant la guerre. Dans ce dernier cas, comme dans celui de condamnation par contumace prévu au paragraphe ci-dessus, la déchéance du droit à indemnité sera rapportée de plein droit si l'insoumis, le déserteur ou le contumax, bénéficient ultérieurement d'un jugement d'acquittement pour le crime ou délit qui a entraîné le prononcé de la déchéance. Ni la prescription de la peine, ni la prescription du crime ou du délit **ne pourront relever les intéressés de cette déchéance.**

ARTICLE 53

§ I. — *Peut être déchu à tout moment en totalité ou en partie, du droit à indemnité :*

1° L'attributaire qui aura fait de l'indemnité un usage contraire aux conditions de remploi auxquelles elle est subordonnée ;

2° L'attributaire qui aura cédé ou compromis contrairement aux dispositions de l'article 1321 du code civil ;

3° Tout réclamant qui aura négligé volontairement de déclarer qu'il a déjà reçu une indemnité provenant d'une assurance ou qui aurait intentionnellement fait une fausse déclaration.

§ II. — *Dans ces trois cas, la répétition des sommes indûment cédées ou perçues sera en outre poursuivie.*

ARTICLE 54

Les déchéances prévues aux articles 52 et 53 sont prononcées par les tribunaux ordinaires à la requête du ministère public, à l'exception de la déchéance prévue au 1° de l'article 53, qui est prononcée par le tribunal des dommages de guerre à la requête du représentant de l'Etat.

ARTICLE 55

L'industriel ou le commerçant qui aura reconstitué totalement ou partiellement son établissement dans les conditions prévues au titre II de la présente loi sera tenu, quinze jours avant la remise en marche de l'établissement, d'en donner avis au ministre du ravail qui lui délivrera récépissé et prendra toutes dispositions utiles pour porter cet avis à la connaissance des ouvriers ou employés qu'occupait l'industriel ou le commerçant. Dans le mois qui suivra la déclaration, les ouvriers ou employés pourront reprendre le travail dans l'ordre de leur inscription et dans la mesure des besoins de l'exploitation.

ARTICLE 56

Un droit de priorité, par préférence à tous autres, est accordé aux sinistrés, pour l'obtention et le trans-

port des matériaux, matières premières et matériel, ainsi que pour l'obtention de la main-d'œuvre dont ils auront besoin pour effectuer le remploi. Ce droit de priorité sera réglementé par un décret qui devra inter-venir dans le mois de la promulgation de la présente loi.

ARTICLE 57

A titre transitoire, les décisions déjà prises par les commissions cantonales, conformément aux disposi-tions des articles 3 à 8 du décret du 20 juillet 1915, et par les commissions départementales, conformé-ment aux dispositions des titres II et III du même décret, seront, sur la demande soit du préfet, soit des attributaires ou de leurs ayants droit, revisées et complétées s'il y a lieu, suivant les prescriptions de la présente loi. Elles pourront, en tous cas, faire l'objet de contestations devant le tribunal des dommages de guerre, dans le délai de six mois à dater de la promulgation de la présente loi.

ARTICLE 58

Si des sociétés se constituent en vue de relever les établissements ou les immeubles détruits, elles rece-vront, au cas de non remploi par l'allocataire, même à défaut de cession consentie par lui, le montant des frais supplémentaires, aux lieu et place du fonds commun institué au paragraphe 2 de l'article 7 de la présente loi.

ARTICLE 59

Les frais de réfection du cadastre, de délimitation et, s'il y a lieu, de remembrement nécessités par les faits de la guerre sont à la charge de l'État.

ARTICLE 60

§ I. — Les frais de déblaiement de tous les immeu-bles, de recherche et d'enlèvement des projectiles non éclatés sont également à la charge de l'État qui pourra y procéder d'office, d'accord avec la municipalité sans autorisation des propriétaires. L'État devient proprié-taire des matériaux.

§ II. — L'État sera responsable des accidents que pourrait produire l'explosion de projectiles non éclatés.

ARTICLE 61

§ i. — *Les frais d'établissement des plans d'alignement et de nivellement des voies publiques de toutes catégories qui devront être dressés en vue de la reconstitution des immeubles détruits dans les communes ou les parties de communes atteintes par les faits de la guerre sont à la charge de l'Etat.*

§ ii. — *Des subventions inscrites au budget du ministère chargé de la reconstitution des régions libérées, pourront, pour les dépenses d'application immédiate des plans d'alignement et de nivellement, être accordées par le ministre aux communes, en ce qui concerne les voies dont le sol leur appartient et aux départements, en ce qui concerne les routes départementales.*

§ iii. — *Ces subventions seront notamment applicables à l'acquisition des terrains nus ou des bâtiments actuellement ruinés ou gravement endommagés compris dans les alignements. Le prix d'acquisition de ces terrains et bâtiments sera, à défaut d'entente amiable, fixé par un jury composé de quatre jurés dans les conditions fixées par l'article 16 de la loi du 21 mai 1836, quel que soit le caractère de la voie publique à laquelle ces terrains et bâtiments doivent être incorporés.*

§ iv. — *Le taux desdites subventions sera déterminé suivant un barème fixé en un décret contresigné par le ministre des finances et par le ministre des régions libérées.*

ARTICLE 62

Les dépenses résultant des améliorations apportées à l'hygiène publique des agglomérations, par application du règlement d'administration publique prévu à l'article 5 sont à la charge de l'Etat.

ARTICLE 63

Les sommes restant dues par les communes, en France, sur les emprunts contractés par elles pour des faits de guerres antérieures sont prises en charge par l'Etat, à dater de la promulgation de la présente loi.

ARTICLE 64

Une loi spéciale réglera les droits et obligations résultant des baux concernant les immeubles atteints par les faits de la guerre ainsi que ceux des places fortes ou localités dont les habitants ont été évacués par l'autorité militaire.

ARTICLE 65

Une loi spéciale réglera les conditions dans lesquelles sera ouvert le droit à réparation des dommages causés aux fonds de commerce.

ARTICLE 66

Une loi spéciale déterminera les conditions dans lesquelles s'exercera le droit à la réparation :

1° Des dommages résultant des faits de la guerre causés aux personnes ;

2° Des dommages dont quiconque aurait eu à souffrir sur sa personne ou sur ses biens, par suite d'accidents qui se seront produits :

a) Dans les arsenaux, manufactures, dépôts de munitions de l'Etat ;

b) Dans les usines privées travaillant pour la défense nationale, lorsque la réparation n'en pourra être obtenue par le recours de droit commun. L'Etat sera subrogé aux droits, actions et privilèges de la victime du dommage pour le recouvrement des avances qu'il aura dû consentir à celle-ci en vue de subvenir à ses besoins les plus urgents.

ARTICLE 67

§ I. — Pendant les trois années qui suivront la cessation des hostilités, les habitants des régions atteintes par les faits de la guerre qui disposeront dans leur habitation personnelle de locaux susceptibles d'être loués ou sous-loués meublés aux visiteurs de passage pourront, dans chaque commune, former un syndicat sous le régime de la loi du 21 mars 1884.

§ II. — Les logements offerts devront répondre aux conditions prescrites par la commission départementale d'hygiène et seront soumis à son contrôle.

§ III. — La liste de ces logements avec les conditions

de prix, approuvées par l'office national du tourisme, sera tenue à la disposition de tous demandeurs à la mairie.

ARTICLE 68

§ I. — *La présente loi est applicable aux colonies et pays de protectorat. Un règlement d'administration publique déterminera les conditions de cette application.*

§ II. — *Les indemnités accordées pour la réparation des dommages causés par les faits de guerre dans les colonies seront imputées sur les crédits ouverts au budget général de l'Etat.*

ARTICLE 69

§ I. — *Le premier paragraphe de l'article 4 de la loi du 5 juillet 1917, relative à la réparation des dommages de guerre est complété ainsi qu'il suit :*

« Toutefois, quand l'expert de l'Etat aura été désigné par le préfet dans les conditions fixées par l'article premier, le procès-verbal de la visite et l'état descriptif des lieux seront déposés à la préfecture. Il sera délivré récépissé de ce dépôt. »

ARTICLE 70

§ I. — *Sont et demeurent abrogés les décrets du 4 février 1915, modifié par les décrets en date des 8 et 27 avril 1915, du 24 mars 1915, modifié par le décret en date du 22 avril 1915, et du 20 juillet 1915, ainsi que toutes les dispositions contraires à la présente loi.*

§ II. — *La présente loi, délibérée et adoptée par le Sénat et par la Chambre des Députés, sera exécutée comme loi de l'Etat.*

Fait à Paris, le 17 avril 1919.

R. POINCARE.

TROISIÈME PARTIE

Annexes

ANNEXE N° I

Circulaire du 16 juillet 1917 relative aux avances pour fonds de roulement.

Paris, le 16 juillet 1917.

I. — L'attention du Gouvernement a été appelée sur l'intérêt qui s'attache, pour favoriser la reprise de l'activité économique dans les régions libérées de l'occupation ennemie, à instituer, au profit des habitants sinistrés qui seraient désireux de reprendre immédiatement leurs travaux ou leurs exploitations antérieures, un système d'avances susceptible de les aider à constituer, à cet effet, le fonds de roulement nécessaire, *sans attendre l'évaluation régulière des dommages qu'ils ont pu subir du fait des événements de guerre, évaluation sans laquelle il ne peut être consenti d'acomptes* sur les indemnités éventuelles.

En vue d'apporter à cette question une solution qui soit de nature à procurer rapidement aux habitants des régions libérées, les facilités recherchées, tout en assurant la légitime sauvegarde des intérêts de l'Etat, des mesures ont été concertées entre les ministères des finances, de l'agriculture, du commerce et de l'intérieur, avec l'approbation des commissions financières du Parlement, et la présente circulaire a pour objet de vous adresser les instructions nécessaires pour la mise en vigueur immédiate du nouveau régime d'avances institué.

II. — Le but poursuivi par l'institution de ce nouveau régime d'avances aux sinistrés est, comme il est dit ci-dessus, de mettre, avant toute évaluation des dommages par la commission cantonale, et *après simple constat provisoire, dressé dans des formes sommaires*, à la disposition des personnes qui auront subi, du fait des événements de guerre, des dommages susceptibles d'ouvrir à leur profit *un droit à indemnité, des avances sans intérêt à valoir sur lesdites indemnités*, pour contribuer à leur constituer un fonds de roulement en vue de la reprise immédiate de leurs exploitations.

Il y a lieu de remarquer, en effet, que les *divers modes d'avances en nature*, mis en œuvre jusqu'à ce jour au profit de diverses catégories de sinistrés, *ne sauraient pourvoir à ce besoin spécial*, qu'il importe cependant, au plus haut point, de satisfaire pour assurer la reprise de la vie économique dans les régions dévastées par l'ennemi.

Par exemple, il ne peut pas suffire à un agriculteur d'être mis en possession de l'outillage, des animaux de trait ou d'élevage, des semences ou des plants indispensables à la remise en train de ses cultures, car il est bien évident que le fonctionnement même de son exploitation lui occasionne des frais élevés, auxquels il est nécessaire qu'il soit également en état de faire face.

Il devra, en effet, pendant de longs mois avant de récolter et de toucher le prix de ses récoltes, payer ses ouvriers, nourrir ses animaux, subvenir enfin à sa propre substance et à celle de sa famille. C'est pour répondre à ces nécessités qu'une avance de « fonds de roulement » pourra désormais lui être consentie.

Le même raisonnement s'applique aux petits commerçants, artisans locaux et petits industriels, auxquels il importe de reconstituer, s'ils en sont dépourvus, le modeste fonds de roulement nécessaire pour l'achat d'un minimum de marchandises ou de matière première, et pour le paiement de leurs ouvriers ou employés pendant la première période, souvent improductive, de remise en train de leurs exploitations.

Pour répondre à ces divers besoins, des avances pourront être consenties à ces catégories de sinistrés dans les conditions suivantes.

III. — Les avances dont il s'agit seront imputées sur le crédit de 3oo millions (chapitre 53 bis), inscrit au budget du ministère de l'intérieur pour la réparation des dommages de guerre, et les fonds nécessaires seront mis très prochainement à votre disposition dans ce but.

Les intéressés devront d'abord provoquer — s'il n'y a déjà été procédé — la mise en œuvre *de la procédure très simple de constatation provisoire des dommages*, telle qu'elle a été réglée par la circulaire du ministre de l'Inté-

rieur du 29 *mai* 1917, ou qu'elle le sera par des **instructions** ultérieures, en exécution de la loi toute récente du 5 juillet 1917.

Une fois cette *constatation provisoire effectuée, ils adresseront au préfet, ou au sous-préfet dans* l'arrondissement duquel l'exploitation sera située, une demande dans laquelle, après avoir rappelé l'importance du dommage subi, ils indiqueront le montant de *l'avance sollicitée,* et exposeront:

1° l'impossibilité où ils se trouvent de poursuivre leur exploitation au moyen de leurs ressources personnelles ;

2° les mesures qu'ils ont adoptées pour assurer la **reprise** immédiate de l'exploitation à son siège antérieur ;

3° les besoins précis auxquels l'avance a **pour but de** faire face ;

4° en ce qui concerne les agriculteurs, le **nombre d'hec**tares de terre qu'ils sont en situation de remettre en l'état cultivable.

La demande sera soumise par vos soins à l'appréciation de commissions spéciales, instituées à raison d'une ou plusieurs par département.

Ces commissions, dont les membres seront nommés par le ministre de l'Intérieur, sur votre proposition, comprendront, sous la présidence d'un magistrat président de commission cantonale d'évaluation, un délégué chargé de vous représenter, un fonctionnaire appartenant à une administration financière, un représentant des groupements agricoles et un représentant des groupements commerciaux ou industriels de votre département.

Lorsqu'il s'agira d'avances à consentir à des agriculteurs, les demandes seront accompagnées de *l'avis du directeur des services agricoles.*

Les commissions donneront leur avis motivé sur l'opportunité et le montant de chaque avance, en s'inspirant de toutes circonstances de fait, et en tenant compte notamment, tant des avances en nature qui auront pu être déjà accordées, que *de l'importance approximative du dommage subi par le demandeur,* telle qu'elle pourra être appréciée, *indépendamment* de toute évaluation proprement dite, d'après les éléments constitutifs du dommage.

Elles se conformeront d'ailleurs, pour la détermination du montant des avances, aux règles formulées ci-après.

IV. — Il est évident, en effet, que toutes précautions doivent être prises pour que les avances qui seront ainsi consenties demeurent inférieures dans une large mesure au montant approximatif des indemnités susceptibles d'être allouées.

On ne comprendrait pas tout d'abord qu'elles puissent excéder, en aucun cas, soit directement, soit par voie de cumul avec d'autres avances, le maximum fixé en ce qui concerne les acomptes alloués après évaluation régulière, c'est-à-dire la moitié du montant approximatif du dommage.

En outre, il a été décidé qu'elles ne pourraient, *en principe*, être supérieures à un chiffre *de trois mille francs par bénéficiaires.*

Toutefois, en ce qui concerne les agriculteurs, cette dernière limite pourra être dépassée, dans la mesure d'un maximum, d'une part, de quatre cents francs par hectare de terre susceptible d'être remis en culture et, d'autre part, de 20 p. 100 du montant de l'importance approximative du dommage.

A cet effet, lorsqu'il y aura lieu de faire application de ce maximum de 20 p. 100, il *conviendra, à i'occasion du constat provisoire* auquel est subordonnée l'allocation de toute avance, de procéder, dans les mèmes formes sommaires, à une estimation approximative et également provisoire des dommages de guerre subis par le demandeur, *étant bien entendu que cette estimation ne préjugera, en aucune façon,* des décisions de la commission cantonale d'évaluation, ultérieurement appelés à se prononcer.

Les avances pour fonds de roulement accordées *aux agriculteurs* pourront d'ailleurs se cumuler, dans la limite d'une valeur égale à la *moitié de l'importance approximative* du dommage ainsi estimé à titre provisoire, avec les avances en nature qu'ils auront pu recevoir.

V. — Les avances seront remboursables dans un délai qui sera fixé, pour chaque cas, par la commission, avec faculté de prorogation dans les mêmes formes. Elles deviendront, en tout cas, remboursables, lors du paiement de *l'indemnité de dommages, sur le montant* de laquelle elles devront être imputées.

Elles pourront également faire l'objet, sur l'avis de la commission, de versements échelonnés.

VI. — C'est à vous, monsieur le préfet, qu'il appartiendra finalement de statuer, tant sur l'allocation elle-même et la fixation du montant de l'avance, que sur les modalités de paiement ou de remboursement.

Cependant, en cas de désaccord entre vous et la commission, la décision sera prise par M. le ministre de l'Intérieur, et vous voudrez bien, en conséquence, lui transmettre le dossier de l'affaire, avec votre avis.

VII. — Tel est le nouveau régime d'avances que vous êtes invité à mettre en fonctionnement sans délai, au profit des habitants sinistrés des régions libérées de votre département, et pour leur permettre d'assurer la remise en train de leurs exploitations.

Vous voudrez bien prendre, sans retard, toutes mesures d'exécution appropriées, et, en premier lieu, donner aux prescriptions ci-dessus toute la publicité désirable.

Vous adresserez également, le plus tôt possible, à M. le ministre de l'Intérieur, vos propositions pour la désignation de la ou des commissions spéciales instituées par la présente circulaire.

Il est superflu de signaler à votre attention et à la diligence de vos services, l'intérêt considérable qui s'attache à la mise en œuvre du nouveau régime institué, pour la reprise de la vie économique et agricole dans les régions dévastées par l'ennemi.

Vous voudrez bien accuser réception de ces instructions, à M. le ministre de l'Intérieur sous le timbre du service spécial de reconstitution des régions envahies.

> *Le ministre de l'Intérieur,* MALVY. — *Le ministre du Travail et de la Prévoyance sociale, Président du Comité interministériel pour aider à la reconstitution des régions envahies,* Léon BOURGEOIS. — *Le ministre de l'Agriculture,* Fernand DAVID. — *Le ministre du Commerce, de l'Industrie des Postes et des Télégraphes,* CLÉMENTEL.

ANNEXE N° II

Circulaire du 14 octobre 1917 instituant un régime d'avances en nature et en espèces pour la reconstitution des immeubles détruits.

Paris, le 14 octobre 1917.

Le ministre des Travaux publics et des Transports à Messieurs les Préfets des départements atteints par les événements de guerre.

1° Exécution des travaux de réparation d'urgence par les soins de l'Administration

I. — Les travaux de *réparation d'urgence* aux immeubles réparables effectués par l'Administration, dans les régions libérées, ainsi que *la délivrance de matériaux* ou *d'avances en espèces* aux sinistrés dans le même but, feront désormais l'objet d'*un nouveau régime d'avances en nature et en espèces* sur indemnités de dommages, qui fonctionnera dans les conditions ci-dessous.

Sur la demande des sinistrés, les agents locaux procéderont à l'examen attentif des immeubles pour lesquels l'intervention de l'Administration sera sollicitée, en vue de vérifier si les travaux demandés pour ces immeubles rentrent bien dans la catégorie de ceux que le Service de reconstitution peut se charger d'effectuer.

Ces travaux doivent essentiellement présenter un caractère *urgent* et conservatoire, et avoir pour objet soit *la remise en état d'habitabilité*, soit *la préservation de l'immeuble*. A ce double point de vue, la réfection des toitures, le remplacement des portes et fenêtres, la réfection des parties de maçonneries dont la destruction serait de nature à entraîner la ruine de l'édifice, devront retenir particulièrement l'attention.

Les travaux envisagés pourront comporter en outre des travaux de déblaiement, de démolition et de tri de matériaux, auxquels il conviendra de procéder dans la mesure reconnue nécessaire.

La limitation antérieurement formulée au cinquième de la valeur de l'immeuble est d'ailleurs abrogée.

Une fois la demande admise, il sera procédé à l'exécution des travaux par les moyens dont dispose le Service, sur engagement écrit du sinistré de renoncer à toute revendication d'indemnité pour la partie de ses dommages réparée en nature, ou d'accepter l'imputation de la valeur des travaux sur sa future indemnité de dommages de guerre.

2° *Délivrance de bons de matériaux*

Lorsque les sinistrés sont en situation d'exécuter eux-mêmes, ou par leurs propres moyens, les travaux de réparation d'urgence, il peut leur être délivré des matériaux par l'Administration au moyen de *bons de matériaux*, sous réserve du contrôle à exercer sur l'emploi qu'ils se proposent d'en faire.

Ces délivrances de matériaux doivent être consenties aussi largement que les besoins réels le comportent, sans s'arrêter au maximum de 1.500 francs antérieurement fixé, mais seulement en tenant la main à ce qu'elles ne s'appliquent qu'à des *travaux urgents de remise en état et de préservation des immeubles.*

3° *Délivrance d'avances en espèces*

Des avances en espèces peuvent également être délivrées aux lieu et place des bons de matériaux, lorsque les intéressés se déclarent en situation de faire exécuter matériellement leurs travaux par leurs propres moyens, y compris la fourniture des matériaux.

Il ne paraît pas nécessaire de fixer de chiffre maximum pour ces avances en espèces, mais seulement d'en proportionner l'importance aux besoins urgents, tels qu'ils viennent d'être définis pour la délivrance des matériaux.

La limite à ne pas dépasser dans cet ordre d'idées devra donc être calculée d'après la dépense nécessaire pour l'exécution des travaux urgents indispensables, rentrant dans les indications ci-dessus.

Les agents techniques du Service auront à apprécier quelle est la somme réellement nécessaire pour l'exécution des travaux urgents indispensables, et le Préfet statuera.

La somme allouée ne devra d'ailleurs être délivrée au bénéficiaire de l'avance que par *fractions* successives, au fur et à mesure de l'avancement des travaux, et moyennant justification mensuelle de l'emploi des fonds par la production de mémoires.

Elle pourra également être employée, si le sinistré fait exécuter ses travaux par un entrepreneur, à régler directement cet entrepreneur.

III. — Au point de vue financier, toutes les dépenses d'exécution des travaux effectués par le service (y compris les dépenses d'acquisition de matériaux), de même que celles afférentes aux délivrances de matériaux et aux avances en espèces, qui font l'objet des paragraphes ci-dessus, devront être réglées, désormais, non plus sur le Compte départemental hors budget institué par la circulaire du 15 juillet 1916 de M. le Ministre de l'Intérieur et alimenté par le chapitre 53 du Budget de ce Ministère, mais provisoirement sur le chapitre 53 *bis* de ce même budget (réparation des dommages de guerre) et ultérieurement sur le Compte spécial qui sera prochainement ouvert à cet effet au Ministère des Travaux publics.

M. le Ministre de l'Intérieur vous adressera à ce sujet toutes instructions utiles.

Je vous prie de m'accuser réception de la présente circulaire, sous le timbre du Service de reconstitution des immeubles détruits, et de me rendre compte, par rapport spécial en date du 1er novembre, de l'exécution de ces instructions.

Le ministre des Travaux publics et des Transports,
Signé : CLAVEILLE.

ANNEXE N° III

Circulaire du 17 janvier 1918 concernant les avances à accorder aux agriculteurs dont les terres ne peuvent être remises en exploitation.

Le ministre du Blocus et des régions libérées, à MM. les préfets des départements atteints par les événements de guerre.

Paris 17 janvier 1918.

I. — De précédentes instructions ont institué, pour les agriculteurs sinistrés désireux de reprendre immédiatement leurs travaux sur leurs exploitations antérieures, divers modes d'avances en nature et en espèces susceptibles de les aider à la remise en culture de leurs terres.

La présente circulaire a pour objet d'étendre le bénéfice de ces dispositions aux agriculteurs dont les terres, situées dans *les régions libérées, ne peuvent pas être remises en culture par suite de leur état de dévastation,* et qui voudront transporter leur exploitation dans un autre lieu.

Les avantages envisagés ne doivent toutefois être accordés que dans le but de faciliter aux demandeurs la reprise d'une exploitation agricole dans une autre région libérée, située dans le département où se trouvait l'exploitation primitive, où dans les arrondissements limitrophes.

L'impossibilité de reprendre l'exploitation primitive devra enfin faire l'objet d'une constatation officielle présentant toutes garanties de compétence.

A cet effet, et d'accord avec MM. les ministres de l'Agriculture et des finances, j'ai arrêté les dispositions ci-après :

II. — Le régime institué par la présente circulaire a essentiellement pour objet de faciliter aux agriculteurs sinistrés, dont les terres auront été reconnues *impossibles à remettre en culture,* la reprise d'une exploitation agricole de *nature à contribuer à l'œuvre générale de reconstitution agricole des régions libérées.*

Il a été nécessaire, dans ce but, d'exiger que cette exploitation fût-elle même située sur d'autres territoires libérés de l'occupation ennemie, et dans le département où se trouvait l'exploitation primitive ou dans les arrondissements limitrophes.

En conséquence, les intéressés devront, en présentant leur demande, justifier des dispositions qu'ils auront prises en vue de reprendre une nouvelle exploitation sur un territoire satisfaisant à ces conditions, et faire connaître les engagements souscrits ou les contrats passés pour leur permettre de reprendre les exploitations à ce nouveau siège, ainsi que les mesures adoptées par eux pour assurer cette reprise et le nombre d'hectares de terre qu'ils sont en situation d'y cultiver.

III. — D'autre part, les demandeurs — qu'ils soient propriétaires, exploitants, ou fermiers — devront faire valoir l'impossibilité de reprendre la culture au siège de leurs exploitations antérieures, en raison soit de la destruction de la couche de terre arable par des bombardements prolongés, soit d'un bouleversement tel que la remise en état du sol ne puisse être envisagée qu'au bout d'un long délai, excédant au moins d'une année.

Cette impossibilité fera l'objet de constatations officielles, qui seront poursuivies dans les formes suivantes :

Des commissions agricoles, composées de cinq membres nommés par le préfet, sous le contrôle du ministre de l'agriculture, seront instituées à raison d'une où plusieurs par département intéressé. Elles comprendront : le directeur des services agricoles du département ou l'ingénieur des améliorations agricoles, président, et quatre membres agriculteurs, choisis parmi les représentants qualifiés des groupements agricoles de la région.

Des agents techniques du service des améliorations agricoles pourront être adjoints aux commissions pour les travaux d'études à faire sur le terrain, et pourront participer aux délibérations des commissions avec voix consultatives.

Nul ne pourra participer à des opérations concernant une affaire dans laquelle il aurait un intérêt direct ou indirect.

IV. — Les commissions agricoles auront pour mission tant de donner des avis sur les demandes individuelles qui leur seront renvoyés, que de procéder d'une façon générale à la détermination des zones dans lesquelles toute reprise d'exploitation agricole sera réputée impossible.

En ce qui concerne les demandes individuelles, les commissions se prononceront, sur chacune de celles qui leur seront soumises, par des avis motivés. Si le préfet croit devoir contester l'avis émis par la commission, il en sera référé, sans délai, au ministre de l'agriculture, qui décidera si l'exploitation mise en cause doit être **considérée comme** impossible à reprendre.

En ce qui concerne la détermination des zones, il y sera procédé d'office, dans la mesure du possible, et les résultats en seront transmis à M. le ministre de l'Agriculture, qui fixera définitivement par arrêté, le périmètre de ces zones. Pour qu'un agriculteur puisse bénéficier des dispositions de la présente circulaire, son exploitation devra être comprise, pour la moitié, au moins, dans une zone ainsi délimitée.

V. — Les agriculteurs dont les demandes rentreront dans les conditions ci-dessus pourront obtenir, en vue de pourvoir aux nécessités de leur nouvelle exploitation, **les avances pour fonds de roulement instituées par les circulaires** des 16 juillet — 13 octobre 1917 du ministre de l'Intérieur.

Ces avances seront allouées dans les conditions générales prévues par les dernières circulaires et dans la **limite du** maximum indiqué par elles, mais en appliquant ce **maximum** au montant approximatif des dommages subis par le capital d'exploitation, c'est-à-dire par le cheptel **vivant ou mort** (bétail et instruments de culture), à l'exclusion des dommages proprement immobiliers subis par le fonds lui-même. Elles devront être appliquées à la remise en culture de l'exploitation nouvelle indiquée à la demande, mais **ne** pourront pas être employées à l'acquisition d'un **nouveau** domaine.

VI. — En outre des avances pour fonds de roulement, les agriculteurs visés par la présente circulaire **pourront obtenir**, de l'office de reconstitution agricole des départements victimes de l'invasion, des cessions en nature de matériel, animaux et matières premières, pour la reprise de la nouvelle exploitation à titre d'avances, et dans les conditions prévues par la loi du 3 août 1917.

VII. — Les intéressés devront adresser leur demande au préfet et au sous-préfet dans la **circonscription duquel se trouvera le siège de l'ancienne exploitation.**

La demande devra contenir toutes justifications utiles à son appréciation, ainsi que l'engagement, si le demandeur était propriétaire des terres constituant l'exploitation primitive, de reprendre éventuellement au cas où la loi lui en ferait l'obligation, l'exploitation de ces terres dans l'année qui suivra la notification à lui faite de leur remise en état.

VIII. — Je vous prie de donner sans retard à ces instructions toute la publicité nécessaire, et de procéder à la désignation des « Commissions agricoles » prévues au paragraphe III ci-dessus.

Vous adresserez à M. le ministre de l'Agriculture et à moi-même des doubles des arrêtés que vous aurez pris pour constituer ces commissions.

Enfin vous me ferez connaître, ainsi qu'à M. le ministre de l'Agriculture, par rapport en date du 1er février, toutes les mesures que vous aurez prises pour la mise à exécution des présentes instructions dont vous voudrez bien m'accuser réception sous le timbre « Reconstitution des régions libérées et dommages de guerre ».

Le ministre du Blocus et des régions libérées
A. LEBRUN.

ANNEXE N° IV

Circulaire du 12 octobre 1918 relative aux avances pour fonds de roulement.

Le ministre du Blocus et des régions libérées, à MM. les préfets des départements atteints par les événements de guerre.

Paris, le 12 octobre 1918.

La circulaire de M. le ministre de l'Intérieur en date du 7 mai 1917 a formulé les règles à suivre pour l'octroi des acomptes sur indemnités en dommages de guerre, pour l'instruction des demandes de cet ordre et le payement des sommes ainsi mises à la disposition des sinistrés.

Je ne puis, d'une façon générale, que confirmer les instructions qui vous ont été données à cette époque, et qui sont d'ailleurs entrées dans la pratique courante de vos services. Mais mon attention a été appelée sur l'insuffisance du maximum fixé pour la détermination du montant des acomptes alloués, eu égard aux *prix des travaux*, à la durée de la guerre et aux conditions dans lesquelles ont été effectuées les évaluations.

D'une part, en effet, ces évaluations ont été faites dans la plupart des cas, — conformément au instructions données pour l'application du décret du 20 juillet 1915, — sur la base de la valeur vénale à la veille de la guerre, et sans *tenir compte ni des frais supplémentaires de la reconstruction, ni a fortiori, de l'aggravation des dommages par le fait du défaut de réparation immédiate.*

D'autre part, la prolongation de la guerre a eu pour effet de donner un caractère de première urgence à des travaux qui pouvaient il y a deux ou trois ans, être considérés comme ne venant qu'en seconde ligne, après d'autres travaux effectivement plus pressants, mais aujourd'hui exécutés...

Enfin, dans l'intervalle, la hausse du prix de revient des travaux n'a cessé de s'accroître de telle sorte qu'une somme correspondant, par hypothèse, à la moitié des travaux à effectuer, ne correspond plus actuellement qu'à une valeur très sensiblement moindre.

Ces motifs n'ont amené à décider, d'accord avec M. le ministre des Finances, que les acomptes délivrés aux sinistrés pour des travaux reconnus urgents pourraient s'élever désormais à un chiffre égal *aux trois quarts* du montant de *l'évaluation de la commission* cantonale (Y compris les avances de tous les ordres déjà obtenues à d'autres titres), lorsque ces acomptes seraient demandés en vue de travaux de reconstitution répondant à des besoins urgents indiscutablement établis.

J'ajoute qu'à titre tout à fait exceptionnel, ce maximum pourra être porté au chiffre de 90 o/o pour les travaux, répondant d'ailleurs à la même urgence indiscutable, dont l'exécution sera confiée *à une société coopérative* de reconstruction.

Je me propose ainsi, non seulement de **favoriser l'exten-**

sion du principe de la coopération dans le domaine de la reconstruction des immeubles détruits par faits de guerre, — principe qui m'apparaît de plus en plus, à la lumière des résultats déjà obtenus, comme de nature à apporter la solution du problème de l'organisation des travaux dans de nombreux cas, — mais encore de reconnaître le fait que les travaux effectués par l'organe de sociétés coopératives sont, en général, mieux faits, à meilleur compte et procurent par suite un avantage à l'Etat, en même temps qu'aux sinistrés, par l'économie des frais supplémentaires.

Je suis donc disposé à allouer des acomptes susceptibles de s'élever jusqu'à 90 pour 100 du montant de l'évaluation de la commission cantonale, lorsque vous croirez devoir me le proposer à titre exceptionnel, en vue de l'exécution des travaux par une Société coopérative et, cela va sans dire, sous réserve des garanties de bon fonctionnement présentées par cette Société.

Je rappelle, en terminant, comme le faisait M. le ministre de l'Intérieur, le 7 mai 1917, que les acomptes alloués ne doivent d'ailleurs nullement être calculés d'une façon mathématique, de manière à être fixés à la moitié, aux trois quarts ou au neuf dixièmes de l'indemnité globale, mais bien d'après la somme réellement nécessaire — dans la limite du maximum envisagé, — pour répondre à un besoin urgent déterminé, dont le détail doit être fourni avec toute la précision nécessaire par les intéressés, de manière à pouvoir être vérifié par vos soins.

Je vous prie de notifier cette circulaire à MM. les maires et de veiller à sa bonne application.

A. LEBRUN.

ANNEXE N° V

Circulaire du 21 octobre 1918 relative aux conditions d'application respectives du régime spécial
d'avances pour fonds de roulement aux agriculteurs
dans les régions libérées et de la loi sur la culture des
terres abandonnées.

*Le ministre du blocus et des régions libérées et le minis-
tre de l'agriculture et du ravitaillement à MM. les préfets des départements atteints par les événements de
guerre.*

Paris, le 21 octobre 1918.

I. — Au moment où le recul de l'ennemi va permettre
aux habitants des régions envahies de revenir dans leur
pays d'origine, il importe de déterminer avec précision les
sphères d'application respectives du régime spécial d'avances pour fonds de roulement aux agriculteurs reprenant
leurs anciennes exploitations dans les contrées libérées, et
de la loi du 4 mai 1918 sur la culture des terres abandonnées.

Nous nous sommes mis d'accord, dans ce but, avec M. le
ministre des finances, et vous trouverez ci-après des instructions — qui annulent à cet égard, les précédentes, sur les
conditions de fonctionnement, à dater de ce jour, du régime
spécial d'avances susvisé.

II. — Le principe qui inspire ces instructions nouvelles
est le suivant :

Le régime spécial ouvert aux sinistrés des régions libérées s'appliquera désormais, d'une façon exclusive, à la
reprise des exploitations par leurs exploitants antérieurs ou
leurs ayants droit, c'est-à-dire à la reconstitution de ces
exploitations par les propriétaires ou fermiers précédemment évacués, qui voudront se rétablir aux mêmes lieux
pour reprendre la culture des mêmes terres.

La loi du 4 mai 1918 s'appliquera dans tous les autres
cas, c'est-à-dire dans tous les cas de reprise de terres abandonnées ou considérées comme telles, par d'autres que les
exploitants antérieurs.

Elle s'appliquera notamment à l'hypothèse, qui relevait précédemment du régime des avances pour fonds de roulement, où un agriculteur sinistré, retrouvant son propre domaine incultivable jusqu'à nouvel ordre, en totalité ou en partie, voudrait reprendre un autre domaine ou d'autres parcelles sur un point quelconque du territoire, soit voisin, soit éloigné de son exploitation antérieure.

Cette distinction très nette constitue le seul moyen de prévenir toute confusion et toute incertitude dans l'application des deux systèmes.

Elle se justifie, en outre, par le fait que le régime spécial d'avances aux sinistrés s'inspire essentiellement de l'idée de reconstitution ; que les avances à consentir par application de ce régime spécial trouvent leur garantie dans l'indemnité de dommages de guerre, et qu'elles doivent, en conséquence, être affectées d'autant plus strictement à la remise en activité des exploitations sinistrées, que la loi du 4 mai 1918 est là pour permettre, s'il y a lieu, aux intéressés, la reprise d'autres exploitations.

III. — La mise à exécution conjointe ou parallèle des deux réglementations, dont le paragraphe précédent vient de préciser les sphères d'applications respectives, nécessite par ailleurs la détermination rationnelle, et autant que possible uniforme, du taux des avances à consentir, dans la limite d'un maximum commun.

Actuellement, les maxima fixés par le règlement d'administration publique du 12 juillet 1918, en matière d'avances pour la remise en culture des terres abandonnées, sont de 1.000 fr. par hectare de terre cultivable, pour les exploitations abandonnées, et même de 2.000 francs par hectare, pour les terres reprises par des agriculteurs des régions envahies. La faculté ainsi concédée de dépasser le maximum normal de 1.000 francs, dans la limite du chiffre de 2.000 francs, n'a donné lieu, il est vrai, qu'à une application pratique restreinte, et l'hypothèse à laquelle elle se réfère (reprise d'exploitation dans les départements de l'intérieur) n'est pas absolument identique à celle à laquelle donne lieu le retour de ces agriculteurs sur leurs propres exploitations. Cependant, la situation des agriculteurs sinistrés, lorsqu'il rentreront chez eux, sera souvent au moins

aussi critique qu'aux lieux de leur évacuation, et pourra
leur permettre de prétendre légitimement, dans les cas spéciaux où la nécessité en sera reconnue, à l'application d'un
régime entièrement conforme à celui du règlement d'administration publique du 12 juillet.

Au regard des chiffres ci-dessus, les instructions relatives
au régime spécial d'avances pour fonds de roulement pré-
voyaient au maximum de 400 francs seulement par hectare, sous réserve, il est vrai, des avances en nature (outillage, bétail, semences, etc.), éventuellement consenties par
l'office de reconstitution agricole, mais sans préjudice d'une
autre limitation résultant du fait que la totalité des avances
ou acomptes alloués à divers titres ne devait pas dépasser
en principe une valeur égale à la moitié de l'importance
approximative du dommage.

Il a été reconnu nécessaire de relever ces bases d'allocations, qui avaient été déterminées alors qu'aucune autre
indication n'avait encore été donnée, sous une forme différente, au sujet du montant des frais reconnus nécessaires
pour la remise en culture des terres, et de les fixer à des
chiffres équivalents aux maxima fixés réglementairement
par application de la loi du 4 mai 1918.

Toutefois, il y a lieu d'insister sur ce point que c'est
seulement dans les cas spéciaux, où la nécessité en sera
dûment constatée, ainsi qu'il est dit ci-dessus, que les
avances pourront dépasser le maximum de 1.000 francs,
pour se rapprocher de celui de 2.000 francs, le maximum
de 1.000 francs par hectare ayant été reconnu, d'une
manière générale, largement suffisant pour répondre au
besoins de la remise en train des exploitations abandonnées.

Les avances allouées pourront comprendre d'ailleurs, à
la fois, le montant des avances en nature (outillage ou
cheptel), qui auront été ou seront faites par l'office de
reconstitution agricole, les sommes en espèces destinées aux
acquisitions de matériel et d'animaux auxquelles vou-
draient procéder directement les bénéficiaires, et celles qui
seraient nécessaires pour le payement des salaires ou la
subsistance de la famille. Mais le montant des sommes
versées en argent pour ce dernier objet (salaires et subsistance), c'est-à-dire déduction faite de celles qui seront con-
sacrées à l'achat dûment justifié d'outillage agricole, de

bétail, d'engrais, de semences, etc., par l'intéressé lui-
même, ne pourra excéder la limite de 400 francs par hectare.

Quant à la prescription résultant des instructions antérieures, aux termes de laquelle les avances ne doivent pas
excéder une valeur égale a la moitié de l'importance
approximative du dommage, elle est également modifiée
en ce sens que la limite ainsi fixée est désormais portée au
montant même de l'importance approximative du dommage, estimée à la valeur d'avant-guerre, étant bien entendu
d'ailleurs qu'en seront préalablement défalqués tous acomptes ou autres avances déjà reçus à d'autres titres.

Il va sans dire qu'il vous appartiendra pratiquement,
monsieur le préfet, ainsi qu'à la commission spéciale, de
veiller à ce que les avances effectivement allouées soient
pour chaque cas particulier, dans la limite des maxima
ci-dessus définis, strictement fixées au chiffre à la fois nécessaire et suffisant pour permettre la réalisation de l'objet
poursuivi.

IV. — Sous le bénéfice de ces indications générales, la
procédure à suivre se résume comme suit :

Les demandes doivent être adressées au préfet du département ou au sous-préfet de l'arrondissement dans lequel est
située l'exploitation précédemment évacuée dont le sinistré
entreprend la remise en culture.

Elles doivent indiquer le montant de l'avance sollicitée
et exposer : 1° l'impossibilité où se trouvent les demandeurs de poursuivre leur exploitation au moyen de leurs
ressources personnelles ; 2° les mesures qu'ils ont adoptées
pour assurer la reprise immédiate de l'exploitation à son
siège antérieur ; 3° les besoins précis auxquels l'avance a
pour but de faire face ; 4° le nombre d'hectares de terre
qu'ils sont en situation de remettre en culture.

Elles doivent être accompagnées d'un état déclaratif
détaillé des pertes subies, comportant la désignation précise de la consistance et de l'importance des biens détruits
ou endommagés, notamment en ce qui concerne le matériel
et le cheptel perdus ou disparus.

L'exactitude des énonciations de cet état sera attestée par

deux notabilités agricoles de la région, et certifiée par le maire de la commune.

Vous aurez toute latitude de réclamer, s'il y a lieu, des renseignements complémentaires aux demandeurs et aux maires et de faire procéder, si vous le jugez à propos, par les agents locaux du service de reconstitutions, à des vérifications sommaires.

Les intéressés restent libres de recourir à la procédure de la loi du 5 juillet 1917, et de produire, à l'appui de leurs demandes, les constats provisoires qui auront pu être dressés. Mais l'accomplissement préalable de cette procédure est entièrement facultatif, à moins que les commissions spéciales dont il va être parlé ne croient devoir l'exiger, si, après examen du dossier, le recours à ladite procédure leur paraît indispensable.

V. — Les demandes sont soumises, par vos soins, et avec l'avis du directeur des services agricoles, à l'appréciation de commissions spéciales, instituées à raison d'une ou plusieurs par département.

Ces commissions, dont les membres sont nommés par le ministre du blocus et des régions libérées, sur votre proposition, et qui, en fait, sont déjà, depuis la fin de 1917, partout constituées, comprennent, sous la présidence d'un magistrat président de commission cantonale d'évaluation, un délégué chargé de vous représenter, un fonctionnaire appartenant à une administration financière, un représentant des groupements agricoles et un représentant des groupements commerciaux ou industriels de votre département.

Elles devront, s'il y a lieu, être complétées, sans délai, de manière à être au plus tôt remises en fonctionnement, et se réunir désormais, en principe, toutes les semaines, à jour fixe, de manière à ce que leur intervention, à laquelle il y a lieu d'attacher une grande importance, ne puisse, en aucun cas, entraîner de retard appréciable dans la décision sollicitée.

Elles doivent donner leur avis motivé sur l'opportunité et le montant de chaque avance, en s'inspirant de toutes circonstances de fait et en tenant compte, notamment, tant des avances ou acomptes de toute nature qui auront pu être déjà accordés, que de l'importance approximative du dommage subi par le demandeur, telle qu'elle pourra être appréciée, indépendamment de toute évaluation proprement dite, d'après les éléments de l'état déclaratif des pertes dont il a été question ci-dessus.

Les commissions ont seules qualité pour procéder à l'estimation approximative ainsi envisagée, en vue de ne pas dépasser la limite indiquée ci-dessus. Si elles jugent nécessaire de recourir directement, dans des cas exceptionnels, à un supplément d'information, elles pourront y faire procéder, soit par un de leurs membres, soit en faisant appel au concours de personnes compétentes.

Les avances sont remboursables dans un délai qui sera fixé, pour chaque cas, par la commission, avec faculté de prorogation dans les mêmes formes. Elles deviendront, en tout cas, remboursables, lors du payement de l'indemnité de dommages, sur le montant de laquelle elles pourront alors être imputées.

Elles peuvent également faire l'objet, sur l'avis de la commission, de versements échelonnés, de manière à permettre d'en contrôler l'emploi.

C'est à vous, monsieur le préfet, qu'il appartient finalement de statuer, tant sur l'allocation elle-même et la fixation du montant de l'avance, que sur les modalités de payement ou de remboursement.

Cependant, en cas de désaccord entre vous et la commission, la décision sera prise par le ministre du blocus et des régions libérées, et vous voudrez bien, en conséquence, transmettre le dossier de l'affaire au ministère avec votre avis.

VI. — Telles sont les conditions dans lesquelles doit fonctionner désormais le régime spécial d'avances pour fonds de roulement, qui fait l'objet de la présente circulaire.

Nous vous recommandons tout spécialement de veiller à ce que l'instruction de ces demandes soit poursuivie avec la plus grande diligence et que la solution en intervienne, dans le moindre délai possible, par exemple dans un délai maximum de quinze jours.

Vous trouverez ci-joint des modèles de demandes d'avances et l'état déclaratif des pertes éprouvées pour faciliter l'application des prescriptions ci-dessus.

VII. — Il n'est rien modifié aux conditions d'attribution des avances pour fonds de roulement aux petits commerçants et petits industriels, telles qu'elles résultent de l'instruction du 13 octobre 1917.

> *Le ministre du blocus et des régions libérées,* A. LEBRUN. — Pour le ministre de l'agriculture et du ravitaillement : *Le commissaire à l'agriculture,* COMPÈRE-MOREL.

ANNEXE N° VI

Circulaire du 19 février 1919 relative aux modes de justification ou de constatation provisoire applicable au cas où le sinistré se propose de réparer les dommages avant les constatations et évaluations réglementaires.

Le ministre des régions libérées, à MM. les préfets des départements atteints par les événements de la guerre.

> Paris, le 19 février 1919.

Mon attention a été appelée sur l'intérêt qui s'attache à préciser les modes de justification ou de constatation provisoire auxquels peuvent recourir les sinistrés qui veulent faire exécuter d'urgence les travaux de réparation matérielle de leurs biens endommagés ou détruits, sans attendre que les commissions cantonales régulièrement constituées aient procédé aux opérations de constatation et d'évaluation.

Il m'a paru qu'à cet égard les mesures dont il s'agit pouvaient être envisagées d'une façon différente, suivant l'importance des travaux de réfection ou de réparation que comporte l'état des biens sinistrés.

S'il s'agit des travaux de peu d'importance relative, on doit admettre qu'il suffira au sinistré, pour sauvegarder ses droits et établir ses titres devant les commissions cantonales, de **présenter,** à l'appui de ses déclarations de pertes, les mémoires des entrepreneurs qui auront **exécuté** les travaux, ou, si le sinistré les a effectués lui-même, toutes factures ou justifications qu'il croira devoir produire pour étayer sa demande.

Il y aura d'ailleurs un intérêt évident pour lui à ne pas manquer d'informer le service local de reconstitution des travaux qu'il fait exécuter, de manière à provoquer l'intervention de l'agent technique de ce service qui est normalement prévue par la circulaire du 14 octobre 1917.

Quand il s'agit de travaux présentant une plus grande importance, ou dont l'exécution est de nature à faire disparaître la trace de certains dommages sans fournir en même temps le moyen d'en justifier, il convient de recourir toutes les fois que la chose est possible, sans délais excessifs, à la procédure instituée par la loi du 5 juillet 1917, c'est-à-dire à la désignation d'experts dans les conditions déterminées par cette loi et par la circulaire du 16 octobre 1917.

Il peut arriver toutefois — et le fait s'est produit fréquemment — que l'insuffisance du nombre de personnes susceptibles d'être désignées comme experts rende l'application de cette procédure impossible ou trop lente.

Dans ce cas, il importe de préciser que tous autres actes ou documents susceptibles de justifier de l'état de fait invoqué peuvent être valablement et utilement établis, et qu'il en est ainsi notamment des contrats d'huissier, des états de lieux dressés par des hommes de l'art assermentés ou par toutes personnes offrant des garanties d'honorabilité et de compétence, des vues photographiques certifiées par le maire, etc..., etc.

Lorsque les intéressés estimeront devoir recourir à ces modes de constatation provisoire à défaut de la procédure du 5 juillet 1917, il leur est seulement recommandé soit d'en aviser à l'avance les services de la préfecture, en indiquant le jour et l'heure fixés pour le constat, de manière à ce que le service technique soit en mesure de s'y faire représenter, soit de transmettre au service un double des actes ou documents établis pour en permettre la vérification.

S'il s'agit de constats relatifs à des dégâts industriels,

l'état des lieux, accompagné de photographies, devra préciser l'état des immeubles, l'état des diverses machines et de l'outillage en général, et la situation des stocks. Il sera communiqué au chef de secteur de la reconstitution industrielle qui en fera effectuer la vérification.

D'autre part, dans les régions actuellement libérées qui ont été, pendant plusieurs années, soumises à l'occupation ennemie, il est arrivé que des constats ont été faits, à la requête des propriétaires, par des experts choisis par eux, ou même assez fréquemment par des tribunaux de commerce.

Les constats ainsi établis doivent pouvoir être acceptés, lorsqu'ils ont été dressés avec toutes les garanties requises, au même titre que ceux qui sont visés ci-dessus.

Je ne puis d'ailleurs que rappeler en terminant, qu'aux termes de l'article 29 du projet de loi relatif à la réparation des dommages de guerre actuellement soumis à l'examen du Sénat « tout moyen de preuve est admis pour établir la réalité et l'importance des dommages qu'ils soient visés par la loi ».

Cette disposition, sur laquelle aucun désaccord ne s'est manifesté entre la Chambre des députés et le Sénat, caractérise l'esprit dans lequel doivent être envisagées les questions visées à la présente circulaire, et qui doit être exclusif de tout formalisme.

Sous le bénéfice des précautions très simples et des mesures toujours facilement applicables que je viens de rappeler ci-dessus, les sinistrés pourront procéder d'urgence, sans aucune appréhension, à la remise en état de leurs biens endommagés ou détruits.

Je vous prie de m'accuser réception des présentes instructions auxquelles vous voudrez bien donner toute la publicité désirable.

Le ministre des Régions libérées,
A. LEBRUN.

15

ANNEXE N° VII

Circulaire du 21 février 1919 instituant un régime spécial d'avances pour fonds de roulement aux industriels et chefs d'entreprise sinistrés.

Le ministre des régions libérées et de la reconstitution industrielle, à MM. les préfets des départements atteints par les événements de guerre.

Paris, le 21 février 1919.

I. — La nécessité de hâter par tous les moyens la reprise de la vie économique dans les régions libérées rend indispensable l'adoption de mesures permettant la remise en marche des industries et des entreprises dans le plus court délai possible.

Les circulaires du 13 octobre 1917 du ministère de l'intérieur, et du 21 octobre 1918 du ministère des régions libérées, prévoient l'allocation d'avances pour fonds de roulement aux agriculteurs, petits commerçants et petits artisans locaux.

Il importe d'allouer aux industriels et chefs d'entreprise des avantages analogues.

Nous nous sommes mis d'accord, dans ce but, avec M. le ministre des finances sur l'institution, à dater de ce jour, d'un régime spécial d'avances pour fonds de roulement aux industriels et chefs d'entreprise sinistrés.

II. — Le but poursuivi est de mettre, avec le minimum de formalités, sur simple état déclaratif des dommages subis vérifiés par le chef de secteur du ministère de la reconstituion industrielle, à la disposition des industriels et chefs d'entreprise sinistrés, des avances sans intérêts à valoir sur les indemnités de dommages de guerre, pour contribuer à leur constituer un fonds de roulement, en vue de la reprise immédiate de leur fabrication ou entreprise.

Il est entendu que les intéressés restent libres de recourir à la procédure de la loi du 5 juillet 1917, au lieu de présenter l'état déclaratif susvisé.

Les industriels et chefs d'entreprise adresseront leur

demande d'avances pour fonds de roulement au Préfet *par la voie* du chef de secteur qui les transmettra avec avis motivé.

Ils indiqueront le montant de l'avance sollicitée et devront justifier qu'ils sont en état de reprendre, à bref délai, leur fabrication ou entreprise, en tant que personnel, moyens matériels et matières premières, mais qu'ils manquent de tout ou partie du fonds de roulement nécessaire pour le paiement des ouvriers ou employés, l'acquittement des frais divers inséparables de l'exploitation et les frais généraux.

C'est au préfet qu'il appartiendra de statuer.

III. — Pour la détermination du montant des avances, et malgré la difficulté résultant de la diversité des cas particuliers qui peuvent se produire, il a été reconnu nécessaire de prendre une base uniforme, qui offre à la fois l'avantage de constituer un mode de liquidation très simple et de faciliter l'exercice du contrôle indispensable.

Le principe qui a semblé devoir être reconnu à cet égard est que la quotité des avances doit se déterminer d'après leur objet qui est, avant tout, de permettre la remise en marche et la poursuite des fabrications et entreprises, jusqu'au jour où les dépenses faites sont normalement récupérées par la vente des produits ou le payement des travaux, délai qui a paru devoir être fixé en principe à trois mois de fabrication ou de fonctionnement.

D'autre part, étant donné que les autres éléments de la reprise d'activité des entreprises (notamment la fourniture des matières premières) sont réglés par l'intervention de l'office de reconstitution industrielle, il a été admis que le montant des avances devait essentiellement se calculer d'après le nombre d'ouvriers employés, et qu'on pouvait adopter, comme chiffre de base pour cette période de trois mois, une dépense de 1.200 francs par ouvrier, c'est-à-dire 1.000 francs pour salaires et 200 francs pour frais divers et frais généraux.

Il est bien entendu, toutefois, que les avances allouées, totalisées avec les autres avances faites à d'autres titres au profit de l'industriel ne sauraient, en aucun cas, dépasser 75 p. 100 de la valeur des dommages, telle qu'elle peut être estimée approximativement et sous toutes réserves, d'après l'état déclaratif de pertes, produit par le demandeur et vérifié par le chef de secteur.

Enfin, les avances allouées seront versées en trois mensualités, de 400 francs par ouvrier ; la première de ces mensualités sera payée avant la remise en marche de l'exploitation, et les deux suivantes, après cette remise en marche, à la fin du premier et du deuxième mois, et sous réserve de la vérification, par les soins du chef de secteur de l'office de reconstitution industrielle, du nombre d'ouvriers effectivement occupés par le demandeur.

Dans le cas de désaccord entre les propositions du chef de secteur et la décision que vous croirez devoir prendre, en ce qui concerne la détermination du montant de l'avance, l'affaire devra être soumise à M. le ministre de la reconstitution industrielle qui la transmettra, avec ses propositions, à M. le ministre des régions libérées.

Les avances, qui font l'objet de la présente circulaire, seront remboursables lors du règlement de l'indemnité de dommages de guerre sur le montant de laquelle elles seront imputées.

Ci-joint le modèle de demande d'avances.

Le ministre de la reconstitution industrielle, Loucheur. — *Le ministre des régions libérées*, A. Lebrun.

ANNEXE N° VIII

Circulaire du 22 février 1919 relative à l'institution d'un régime spécial d'avances pour la reconstitution du mobilier professionnel indispensable à l'exercice de certaines professions.

Le ministre des régions libérées à MM. les préfets des départements atteints par les événements de guerre.

Paris, le 22 février 1919.

I. — Des dispositions ont déjà été prises pour la reconstitution sommaire du mobilier indispensable à la réinstallation des habitants dans les régions libérées (circulaires des 28 décembre 1917, 16 août et 2 novembre 1918). Mais l'expérience a prouvé que ces dispositions ne répondaient pas suffisamment aux besoins en ce qui concerne, d'une façon générale, la reconstitution du mobilier professionnel, ainsi que des instruments ou des approvisionnements indispensables à l'exercice de certaines professions.

Il est vrai que des régimes spéciaux d'avances en nature ou en espèces, ou d'avances pour fonds de roulement, ont été déjà institués en faveur des petits commerçants, artisans locaux et petits industriels (circulaires des 16 juillet, 13 octobre 1917) ou des agriculteurs (circulaire du 21 octobre 1918).

Mais d'autres catégories de sinistrés, et notamment les personnes qui appartiennent aux professions libérales, ne bénéficient pas d'avantages analogues, alors que la remise en activité des professions qu'elles exercent peut ne pas présenter moins d'urgence pour la reconstitution des régions libérées que celles qui viennent d'être énumérées.

De ce nombre sont notamment les médecins, les pharmaciens, les vétérinaires, les officiers ministériels et publics, etc... qui ne peuvent songer à se réinstaller, faute de ressources, si le moyen ne leur est pas donné de reconstituer sans retard le mobilier professionnel, les instruments (médecins), les approvisionnements pharmaciens) ou autres objets analogues qui leur sont indispensables.

Aussi m'a-t-il paru nécessaire, d'accord avec M. le ministre des finances, d'instituer spécialement, pour faciliter la réinstallation de ces catégories de sinistrés, un nouveau régime d'avances en natures ou en espèces.

Le maximum de valeur des avances susceptibles d'être allouées au titre de ce nouveau régime est fixé à 10.000 fr., étant bien entendu que, dans cette limite, l'avance réellement accordée ne saurait d'ailleurs dépasser la valeur des objets d'utilité professionnelle, perdus ou détruits par suite des événements de guerre, qu'il s'agit de remplacer, ni une proportion de 75 p. 100 de la valeur des divers dommages subis.

Les demandes devront toujours être accompagnées à

cet effet, d'un état déclaratif, certifié par deux personnes notables de la commune et par le maire, des pertes subies par le demandeur dans cet ordre d'idées.

En outre, il ne pourra être alloué d'avances que pour le remplacement des objets indispensables à la reprise de la profession.

Il sera statué par le préfet comme en matière de reconstitution de mobiliers ordinaires.

Les avances allouées dans la limite du maximum de 10.000 francs pourront être effctuées, soit en espèces, soit en nature, et il arrivera sans doute fréquemment, que les intéressés insisteront pour ce dernier mode de reconstitution, par suite de la difficulté de se procurer, moyennant espèces, les objets dont ils auront besoin.

Je m'efforcerai, en ce qui me concerne, de mettre à votre disposition toutes les catégories d'objets que je pourrai me procurer, en vue de ces attributions en nature, par la liquidation des matériels et stocks provenant ou à provenir des services de l'armée.

Dès maintenant, je me suis mis d'accord avec le sous-secrétaire d'Etat du service de santé, pour des cessions d'outillage spécial et chirurgical, ainsi que de produits pharmaceutiques, cessions au sujet desquelles je vous enverrai très prochainement des instructions spéciales concertées avec l'office de liquidation des stocks.

Quant aux avances en argent, elles ne pourront être faites que moyennant justification de leur emploi dans le délai maximum d'un mois, conformément à l'objet précisé à la demande.

Je vous prie de mettre en application, dans le moindre délai possible, les nouvelles prescriptions ci-dessus

A. LEBRUN.

ANNEXE N° IX

Circulaire du 19 mars 1919 relative à la création d'un régime d'avances aux municipalités pour la remise en état des immeubles communaux et la reconstitution du matériel communal.

Le ministre des régions libérées, à MM. les préfets des départements atteints par les événements de guerre.

Paris, le 19 mars 1919.

I. — La reprise de la vie locale dans les régions libérées étant étroitement liée au fonctionnement des divers services municipaux, il importe que toutes mesures soient prises pour que ce fonctionnement puisse être, le plus rapidement possible, assuré dans des conditions se rapprochant progressivement de la situation normale.

A cet effet, des locaux suffisants doivent être mis à la disposition de ces services, lorsque les bâtiments municipaux ont été détruits ou mis hors d'état, pour un temps assez long, de remplir l'usage auquel ils étaient affectés.

Si ces bâtiments sont susceptibles de réparations, les travaux doivent être entrepris d'urgence.

Il convient, d'autre part, que ces locaux soient pourvus du mobilier indispensable, et que le matériel spécial des divers services (bureaux proprement dits, voirie, salubrité, protection contre l'incendie, etc., etc.) soit reconstitué le plus tôt possible.

Mais les communes sinistrées se trouvent, d'une façon générale, par suite de ce fait même, complètement dépourvues de ressources disponibles, et mon administration a déjà dû, à diverses reprises, par des dispositions spéciales ou dans les cas exceptionnels, vous autoriser à leur délivrer des avances imputables sur les indemnités auxquelles elles auront droit au titre de dommages de guerre.

Le moment est venu d'en généraliser l'application à tous les objets afférents à la réorganisation d'urgence des services municipaux qui ne sont pas régis par des dispositions spéciales.

II. — Les avances envisagées doivent essentiellement s'appliquer à deux ordres de besoins : bâtiments et matériel.

En ce qui concerne les bâtiments, les dispositions de la circulaire du 14 octobre 1917 sont directement applicables aux immeubles communaux, sans qu'il soit nécessaire d'y insister, et les avances à allouer aux communes dans cet ordre d'idées peuvent comprendre, conformément aux termes mêmes de ladite circulaire, soit l'exécution des travaux de réparation d'urgence par les soins de l'administration, soit la délivrance de matériaux, soit la délivrance d'avances en espèces.

Il sera facile d'adapter les dispositions dont il s'agit à la remise en état de bâtiments communaux réparables.

Pour le matériel, il convient de distinguer, d'une part, les meubles meublants et les divers objets mobiliers indispensables à la réinstallation des bureaux et services, d'autre part, le matériel proprement dit.

Les meubles et objets mobiliers indispensables doivent comprendre non seulement les tables, chaises, armoires, déjà prévues par la circulaire du 10 novembre 1917, mais ausssi le premier approvisionnement de fournitures de bureau indispensables à la réorganisation du secrétariat et des bureaux de la mairie. Ce premier approvisionnement doit, toutefois, être limité à ce qui est indispensable pour la remise en train des services — dans la limite d'ailleurs des dommages éprouvés à cet égard — et je tiens à préciser que les besoins ultérieurs ne pourraient recevoir satisfaction, à défaut de ressources locales, que par voie de subventions à demander au ministère de l'intérieur.

Le matériel proprement dit comprend — dans la mesure où ce matériel appartenait à la commune — le matériel de voirie (voitures, tombereaux, chevaux, brouettes, outils, etc.), le matériel de nettoyage et de salubrité (balayage, arrosage, désinfection, vidanges, etc.), le matériel d'incendie (pompes, tuyaux, équipement, etc.), sans que d'ailleurs cette énumération soit limitative.

Des avances en nature et en espèces peuvent être accordées aux municipalités sinistrées pour la reconstitution des éléments de ce matériel répondant à un besoin urgent des services.

III. — L'octroi de ces avances doit être réglementé de la façon la plus simple.

Il suffira que les municipalités vous adressent : 1° une demande, qui pourra consister, soit en une délibération du conseil municipal, soit en une lettre du maire, exposant que le conseil n'est pas en situation de se réunir, même en nombre réduit; 2° un état déclaratif des pertes subies dans l'ordre d'idées envisagé, accompagné de justifications sommaires.

Quant au taux de l'avance, il semble impossible de le déterminer par mesure générale, et il convient de se borner à en limiter le montant à la satisfaction des besoins reconnus indispensables et urgents.

C'est à vous qu'il appartiendra de statuer sur l'attribution de l'avance et sur la fixation de son montant, mais vous prendrez l'avis d'une commission composée, sous votre présidence ou celle de votre délégué, de deux conseillers généraux, désignés par la commission départementale, et de trois maires des communes de votre département, désignés par vos soins, commission qui devra se réunir tous les huit jours pour que son intervention n'occasionne aucun retard dans l'instruction des demandes.

Les municipalités bénéficiaires auront à souscrire l'engagement de consentir à ce qu'il soit fait déduction du montant de l'avance ainsi accordée sur l'indemnité de dommages de guerre à laquelle elles auront droit, et en outre, de justifier, dans le délai de trois mois, de l'emploi des fonds reçus, conformément à leur destination.

IV. — Les dépenses résultant du régime d'avances institué en faveur des communes en conformité de la présente circulaire seront imputées sur le crédit inscrit au budget de mon ministère pour la réparation des dommages résultant de faits de guerre (chapitre 11 de l'exercice 1919).

Il va sans dire que lorsque les constatations et les évaluations auront pu être faites régulièrement, soit selon les dispositions du décret du 20 juillet 1915, soit selon les dispositions de la loi en cours de discussion, ce ne sont pas des avances, mais des acomptes qui devront être accordés.

Il vous appartiendra, dans ce cas, de me transmettre les demandes, conformément à la pratique établie.

Enfin, vous aurez à tenir la main à la présentation des justifications d'emploi dans le délai de trois mois, comme il est dit ci-dessus.

Vous voudrez bien m'accuser réception de la présente circulaire.

A. LEBRUN.

ANNEXE N° X

Décret du 18 avril 1919 relatif à l'organisation et au fonctionnement des greffes de commissions cantonales et des tribunaux des dommages et guerre.

Le Président de la République française,

Sur le rapport du garde des sceaux, ministre de la justice, et du ministre des régions libérées ;

Vu la loi du 17 avril 1919 sur la réparation des dommages causés par les faits de la guerre, et notamment l'article 40, ainsi conçu :

« Dans le délai d'un mois après la promulgation de la présente loi, il sera statué, par décret rendu sur la proposition du ministre de la justice et du ministre chargé de la reconstitution des régions libérées, sur les détails de l'organisation et du fonctionnement des greffes près les commissions cantonales et les tribunaux des dommages de guerre ».

Décrète :

Art. 1er. — Dans les quinze jours qui suivent la publication de l'arrêté préfectoral instituant les commissions cantonales, les tribunaux civils nomment, dans les conditions prévues par l'article 21 de la loi susvisée, les secrétaires appelés à remplir le rôle de greffiers des commissions cantonales.

Dans le même délai, le premier président du ressort

adresse au ministre de la justice, avec ses propositions, une liste de candidats aux fonctions de greffiers des tribunaux de dommages de guerre.

Les mêmes délais sont observés lorsqu'il y a lieu de pourvoir à une vacance.

Les greffiers des commissions cantonales et ceux des tribunaux des dommages de guerre prêtent serment devant le président de la commission ou du tribunal des dommages de guerre.

Art. 2. — Les greffiers des commissions cantonales et ceux des tribunaux des dommages de guerre peuvent, avec l'autorisation du président du tribunal des dommages de guerre, se faire assister d'un ou plusieurs commis et d'employés en nombre variable. Les autorisations données à cet effet sont révocables.

Lorsque le tribunal des dommages de guerre est divisé en plusieurs chambres, l'autorisation est de droit à raison d'un commis greffier par chambre en sus de la première.

Les commis greffiers et les employés du greffe sont choisis par le greffier et agréés par le président. Ils exercent leurs fonctions sous la responsabilité du greffier titulaire qui les emploie, et sous le contrôle du président qui peut leur retirer son agrément.

Les commis greffiers prêtent serment dans les mêmes conditions que les greffiers titulaires.

Art. 3. — Les fonctions des greffiers prennent fin, sauf le cas de révocation prévu par l'article 10 ci-après, par décision de l'autorité qui a compétence pour leur désignation, mais sous réserve d'un préavis de deux mois, ou, dans le cas de cessation des fonctions avant l'expiration du délai de deux mois, du payement d'une indemnité de licenciement égale au montant de leurs émoluments fixes restant à courir jusqu'à l'expiration du délai de deux mois à dater du préavis.

Art. 4. — Les greffes des commissions cantonales et des tribunaux des dommages de guerre fonctionnent dans les locaux qui leur sont affectés par le préfet du département.

Les frais de loyer, d'aménagement et d'entretien des

locaux, ainsi que ceux d'achat et d'entretien du mobilier sont à la charge de l'Etat.

Les dépenses de chauffage et d'éclairage sont, dans la limite des crédits alloués par le préfet, remboursées aux greffiers sur mémoires accompagnés de pièces justificatives, visés par le président et réglés par le préfet. Il en est de même des dépenses afférentes aux registres, papiers, fournitures et matériel de bureau, lorsque ces objets n'ont pu être fournis en nature par le préfet.

Art. 5. — Le greffier de la commission cantonale tient, sur papier libre, les registres suivants qui sont cotés et paraphés par le président de la commission :

1° Un registre général, par ordre de réception, des demandes d'indemnités, comportant l'indication de tous les actes de la procédure ;

2° Un registre des procès-verbaux de conciliation et de toutes les décisions de la commission, tant sur l'instruction que sur le fond ;

3° Un registre à souche des extraits délivrés en conformité de l'article 41 de la loi du 17 avril 1919.

Il constitue, pour chaque demande, un dossier portant le numéro d'inscription au registre spécial, et comprenant tous les documents, lettres, talons, avis de réception, mémoires, exploits, actes, titres et pièces quels qu'ils soient, classés par ordre chronologique de réception au greffe et numérotés.

Il tient, en outre, tous les registres et écritures auxiliaires reconnus nécessaires.

Art. 6. — Le greffier du tribunal des dommages de guerre tient sur papier libre les registres et répertoires suivants qui sont cotés et paraphés par le président :

1° Le registre d'inscription des contestations contre les décisions des commissions cantonales, prévu par l'article 28, paragraphe 4, de la loi du 17 avril 1919 ;

2° Un registre général, par ordre de réception, des affaires de tous ordres dont le tribunal est saisi, registre comportant l'indication de tous les actes de la procédure;

3° Un registre de toutes les décisions rendues par le tribunal;

4° Un registre des recours devant le conseil d'Etat ;

5° Un registre à souche des extraits délivrés en conformité de l'article 41 de la loi du 17 avril 1919 ;

6° Un registre des oppositions au payement et des cessions ou délégations d'indemnités, tenu en conformité de l'article 10, paragraphe 11, de la dite loi.

En outre, il tient des dossiers individuels, un fichier alphabétique, un fichier de contrôle et tous registres et écritures reconnus nécessaires, ainsi qu'il est prévu à l'article précédent en ce qui concerne le greffier de la commission cantonale.

Art. 7. — Les décisions portées sur les registres sont signées du président et du greffier et comportent les mentions prévues à l'article 138 du code de procédure civile.

Art. 8. — Toutes les convocations ou notifications, sauf celles pour lesquelles la loi du 17 avril 1919 prévoit un exploit d'huissier, sont faites par lettres recommandées, avec avis de réception.

Art. 9. — Les greffiers ne doivent être ni parents, ni alliés, jusqu'au degré d'oncle et de neveu inclusivement, d'un membre de la commission ou du tribunal des dommages de guerre auprès duquel ils exercent, à moins qu'il ne soit justifié d'une dispense accordée par décision du ministre des régions libérées.

Art. 10. — La discipline des greffiers est exercée, suivant le cas, par le président de la commission ou du tribunal des dommages, qui peut leur adresser des avertissements ou des réprimandes.

En cas de faute grave, la révocation du greffier peut être prononcée, sur le rapport du président du tribunal des dommages de guerre ou de la commission cantonale, par décision du ministre de la justice, rendue après que l'intéressé aura été appelé à présenter sa défense et à prendre communication de son dossier, dans les conditions prévues par l'article 65 de la loi du 22 avril 1905.

Art. 11. — Le garde des sceaux, ministre de la justice, et le ministre des régions libérées, sont chargés, chacun en ce qui le concerne, de l'exécution du présent décret, qui sera publié au *Journal officiel* et inséré au *Bulletin des lois*.

Fait à Paris, le 18 avril 1919.

R. Poincaré.

Par le Président de la République :

Le garde des sceaux, ministre de la justice, Louis Nail. — *Le ministre des régions libérées*, A. Lebrun.

ANNEXE N° XI

Circulaire du 19 avril 1919 relative à la constitution et au fonctionnement des comités techniques institués par l'art. 23 de la loi du 17 avril 1919 sur la réparation des dommages de guerre.

Le ministre des régions libérées à MM. les préfets des départements atteints par les événements de guerre.

Paris, le 19 avril 1919.

L'article 23 de la loi sur la réparation des dommages causés par les faits de la guerre prévoit la constitution, dans chaque département, d'un comité technique chargé d'établir ou de faire établir, en matière d'immeubles, par des personnes ou des associations compétentes, des séries de prix destinées à faciliter, d'une part, le calcul de la perte subie, et, d'autre part, la détermination des frais supplémentaires de reconstitution et de la valeur de remplacement.

Il vous appartient de procéder *d'urgence* dans votre département à la constitution de ce comité, et de prendre les mesures nécessaires pour qu'il procède, *dans le moindre délai*, à la mise en œuvre des dispositions prévues par la loi.

L'article 23 du texte législatif définit d'une façon générale la composition et le rôle du comité technique à constituer.

Il m'a paru nécessaire d'accompagner ce texte de quelques précisions, de nature à éviter toute fausse manœuvre et toute hésitation dans l'accomplissement des mesures prescrites.

I. — *Constitution du comité technique*

Le comité comprend :

Le préfet ou son représentant ;

Un délégué du ministre des travaux publics ;

Un délégué du ministre des régions libérées ;

Les présidents et vice-présidents des tribunaux et chambres de commerce ;

Les présidents et vice-présidents des associations et comités agricoles ;

Les présidents et vice-présidents des conseils de prud'hommes du département ;

Un membre du conseil départemental des bâtiments civils ;

Un membre de chacune des sociétés d'architectes et d'ingénieurs existant dans le département.

D'accord avec M. le ministre des travaux publics, je vous prie de désigner comme son représentant dans ce comité l'ingénieur en chef des ponts et chaussées.

Vous désignerez comme mon représentant, selon la nature des estimations à effectuer l'architecte en chef du service de reconstitution des régions libérées dans votre département, ou le chef de secteur de la reconstitution industrielle.

Enfin, vous demanderez au conseil départemental des bâtiments civils, et à chacune des sociétés d'architectes et ingénieurs existant dans le département, — ou, pour prévenir tout retard, leurs présidents — de présenter sans délai à votre agrément un de leurs membres pour faire partie du nouveau comité.

II. — *Attributions.*

Le comité technique doit pourvoir à l'établissement de toutes les pièces pouvant servir de base tant à l'évaluation de la perte subie, qu'à la détermination des frais supplémentaires de reconstitution et de la valeur de remplacement.

Il aura donc à établir des séries de prix ou des prix courants destinés à renseigner sur la valeur :

1° Des bâtiments ;

2° Des outillages, accessoires et animaux, appartenant à des exploitations commerciales, industrielles et agricoles.

Je vous rappelle qu'aux termes de l'article 23, le comité peut, soit établir lui-même, soit faire établir par des personnes ou associations compétentes, les séries de prix ou prix courants qui lui sont demandés — sous réserve bien entendu de contrôler et de discuter, avant de les homologuer, les données qui lui seraient soumises.

Il lui appartiendra de désigner les personnes ou les associations auxquelles il croirait devoir faire appel.

Les indications ci-après conservent d'ailleurs la même valeur en toute hypothèse.

Séries de prix applicables aux bâtiments. — Le comité aura à réunir tous renseignements sur les séries de prix établissant la valeur des travaux de construction en 1914, avant l'ouverture des hostilités.

Il est probable qu'il sera possible de prendre pour base les séries de prix qui existaient à cette époque dans la plupart des départements, en ayant soin de les compléter ou rectifier, s'il y a lieu.

Votre service départemental de reconstitution des régions libérées apportera, à ce sujet, d'utiles précisions, en raison des renseignements que j'ai déjà recueillis par son entremise, et qui doivent servir à la rédaction des séries de mes services.

Il sera nécessaire, en outre, pour arriver à une appréciation exacte de la valeur en 1914, de tenir compte des rabais qui étaient couramment faits sur ces séries dans les travaux d'une certaine importance, et de diminuer en proportion les prix de la série.

Prix au mètre carré. — Si ces séries doivent présenter une grande utilité pour la détermination de la valeur, au prix de 1914, des réparations à effectuer à des immeubles partiellement endommagés, il serait presque impossible d'apprécier, par ce moyen, la valeur d'immeubles dont la destruction a été totale ou très importante. En ce cas, en

effet, la détermination des quantités reste trop incertaine
pour permettre l'application des prix unitaires.

Il sera extrêmement utile que le comité technique établisse, en outre des séries par articles de matières, des
évaluations au mètre carré de la valeur des diverses constructions en 1914. Le mode d'évaluation au mètre carré
est d'ailleurs d'un usage courant dans le bâtiment.

Dans cette détermination, il conviendra de distinguer
entre les différents modes de constructions en usage dans
le département (maçonnerie de diverses natures, torchis,
pans de bois, etc.), et de préciser les prix au mètre carré
par étage de l'immeuble considéré.

De la sorte, il suffira d'un calcul très simple pour reconstituer la valeur d'un immeuble détruit, dont il sera généralement facile, à l'examen des ruines, de déterminer la
surface, l'importance et le mode de construction.

Je vous ai déjà demandé, par circulaire du 30 août 1918,
de faire étudier, par vos services d'architecture et du
génie rural, des prix au mètre carré en 1914, pour les
constructions urbaines et rurales. Je pense que le comité
technique puisera, dans cette étude, d'utiles renseignements.

Prix courants des outillages et animaux. — Les prix à
envisager sont ceux concernant les outillages, accessoires
et animaux qui, aux termes de la loi, sont considérés
comme immeubles par destination, et dont par suite les
conditions générales d'évaluation rentrent dans la compétence des comités techniques.

Frais supplémentaires. — La loi spécifie que les comités
techniques auront à rechercher non seulement les prix
de 1914 servant à évaluer le montant de la perte subie,
mais le montant des frais supplémentaires de réconstitu-
tion ou la valeur de remplacement.

Les comités techniques auront donc à rechercher,
par tous les moyens en leur pouvoir, le supplément de
dépense ou la dépense totale que représente aujourd'hui
par rapport aux prix de 1914, la reconstruction ou la
remise en état d'immeubles identiques aux immeubles sinistrés, ou le remplacement en objets similaires des outillages,
accessoires et animaux perdus. On en déduira aisément,

quelle que soit la méthode suivie, le montant des frais supplémentaires.

Cette détermination doit être faite par les commissions cantonales « au jour de l'évaluation ». Par conséquent les comités techniques auront à rectifier les calculs de frais supplémentaires, toutes les fois que les circonstances économiques entraîneront des modifications sensibles dans les prix ; il vous appartiendra, dans ce cas, de provoquer un nouvel avis technique, du comité après m'avoir au préalable consulté, si vous le croyez nécessaire, sur son opportunité

III. — *Utilisation des séries de prix et prix courants.*

Toutes les évaluations des comités techniques devront, en tous cas, m'être transmises après leur établissement.

Une fois rédigées, ces évaluations seront imprimées par vos soins, pour être remises aux commissions cantonales et aux tribunaux compétents.

Des exemplaires de ces séries de prix ou prix-courants seront, en outre, déposés dans les mairies pour y être tenus à la disposition des intéressés. Ceux-ci ne devront considérer les chiffres qui y sont contenus que comme de simples renseignements. Une note devra d'ailleurs figurer sur la couverture de ces exemplaires, spécifiant très nettement que ces prix ne constituent qu'une simple base d'évaluation, et qu'ils restent toujours susceptibles, soit de rabais, soit de majorations, suivant les décisions des commissions cantonales, dont la liberté d'appréciation reste entière.

J'insiste, d'une façon particulière, sur l'urgence que présente l'établissement de ce travail, en vue de la prompte application de la loi, et je vous rappelle qu'aux termes de l'article 23, le comité technique doit être réuni par vos soins au plus tard dans le mois qui précède la réunion de toute commission cantonale.

Toutes les communications d'ordre technique à me faire au sujet des séries de prix le seront sous le timbre de mes services techniques de reconstitution définitive. Un double des séries établies devra être adressé, d'autre part, sans délai à la direction des dommages de guerre.

Le ministre des régions libérées,
A. LEBRUN,

ANNEXE N° XII

Arrêté du 19 avril 1919 fixant les indemnités dues aux présidents, membres et greffiers des commissions cantonales et tribunaux des dommages de guerre.

Le garde des sceaux, ministre de la justice, le ministre des finances et le ministre des régions libérées,

Vu la loi du 17 avril 1919 sur la réparation des dommages causés par les faits de la guerre et notamment l'article 31 de ladite loi, ainsi conçu :

« Il est alloué aux membres des commissions cantonales et du tribunal des dommages de guerre, ainsi qu'à leurs greffiers, des indemnités qui seront fixées par arrêté pris d'accord entre le ministre de la justice, le ministre des finances et le ministre des régions libérées. »

Arrêtent :

Article premier. — Il est alloué, pendant la durée de leurs fonctions spéciales :

1° Aux présidents des tribunaux de dommages de guerre, une indemnité mensuelle égale au douzième d'un traitement annuel de 13.000 francs, de 10.000 francs ou de 8.000 francs, suivant la classe à laquelle appartient le tribunal civil dans l'arrondissesment duquel est installé le tribunal des dommages ;

2° Aux membres des tribunaux des dommages de guerre désignés par décret, une indemnité mensuelle égale au douzième d'un traitement annuel de 9.000 francs, de 7.000 francs ou de 5.000 francs, suivant la même équivalence de classe ;

3° Aux présidents des commissions cantonales, une indemnité mensuelle de 600 francs.

Ces indemnités sont augmentées, s'il y a lieu, d'indemnités spéciales égales aux relèvements de traitements autorisés par la loi du 30 mars 1919, en ce qui concerne les fonctionnaires résidant dans les régions dévastées.

Dans le cas où les titulaires des fonctions dont il

s'agit sont en même temps rémunérés comme fonctionnaires ou employés de l'Etat, des départements ou des communes, les indemnités prévues ci-dessus ne se cumulent avec leur traitement et avec les majorations normalement attachées à celui-ci que dans la limite où elles excèdent le montant dudit traitement accru desdites majorations.

Les titulaires des fonctions ci-dessus ne supportent la retenue pour les pensions civiles que sur la partie de l'indemnité correspondant à leur traitement comme fonctionnaires de l'Etat.

Art. 2. — Il est alloué aux autres membres des tribunaux des dommages de guerre et des commissions cantonales, et à leurs suppléants, une indemnité de 8 francs par vacation de trois heures, sans qu'il puisse être alloué plus de trois vacations par jour.

Cette indemnité est réduite des deux tiers pour ceux qui sont déjà rémunérés comme fonctionnaires ou employés de l'Etat, des départements ou des communes.

Art. 3. — Indépendamment des indemnités ci-dessus, les personnes visées aux articles 1er et 2 ont droit, lorsqu'elles se transportent au delà de 2 kilomètres de leur résidence :

1º Au remboursement du prix du voyage en 2º classe avec application, s'il y a lieu, du tarif d'aller et retour, si le transport est effectué en chemin de fer. Au cas où le transport ne peut s'effectuer qu'en voiture, le remboursement des frais a lieu sur justifications ;

2º A des frais de séjour fixés en principe à 5 francs pour chacun des deux principaux repas pris et 6 francs par nuit passée en dehors de la résidence normale de l'intéressé, ladite indemnité pouvant donner lieu, soit en ce qui concerne les repas, soit en ce qui concerne le découcher, à des majorations de 50 p. 100 au maximum, sur décisions spéciales du ministre des régions libérées, pour les localités où le prix de la vie est particulièrement élevé.

Pour l'application du présent article, les présidents des tribunaux des dommages ou des commissions cantonales, et ceux des membres qui reçoivent une indemnité mensuelle, sont réputés avoir leur résidence dans la commune où est installé le tribunal ou la commission.

Art. 4. — Les états de frais et de vacations établis par les intéressés seront certifiés exacts par les présidents des tribunaux ou des commissions, et transmis aux préfets pour règlement.

Art. 5. — Les greffiers des tribunaux des dommages de guerre et des commissions cantonales reçoivent une indemnité mensuelle de 400 francs exclusive de toute vacation, mais à laquelle s'ajoutent les allocations spéciales accordées au personnel temporaire de l'Etat par la législation en vigueur, et les relèvements de traitement alloués par la loi du 30 mars 1919 aux fonctionnaires et agents de l'Etat appelés à résider dans les régions dévastées.

Lorsque les greffiers des tribunaux des dommages ou des commissions cantonales sont déjà greffiers en fonctions d'autres juridictions, leurs émoluments sont fixés par décisions spéciales des préfets des départements, sans pouvoir dépasser la moitié des émoluments fixes déterminés par le paragraphe précédent.

Le préfet pourra de même allouer une indemnité globale exclusive de toute autre rémunération, aux greffiers des tribunaux de dommages ou des commissions cantonales qui n'auraient à connaître que d'un petit nombre d'affaires.

Art. 6. — Il peut être alloué aux présidents des tribunaux et commissions, à ceux des membres qui reçoivent une indemnité mensuelle, aux greffiers, commis-greffiers et employés du greffe, une indemnité d'installation dont le taux est fixé par décision du ministre des régions libérées.

Art. 7. — Les greffiers reçoivent, en outre, de l'Etat, pour chaque dossier par eux ouvert :

25 centimes après la délivrance du récépissé de la demande ou après l'inscription de la déclaration d'appel;

50 centimes après la délivrance à l'attributaire de l'extrait, prévu à l'article 41 de la loi du 17 avril 1919, de chacune des décisions qui le concernent.

Art. 8. — Les greffiers reçoivent, à titre de contribution

de l'Etat au payement des commis-greffiers ou employés du greffe dont la nomination aura été autorisée par le président du tribunal des dommages de guerre, une somme égale, pour chaque commis aux trois quarts, et pour chaque employé à la moitié, du total des émoluments fixes alloués au greffier titulaire.

Art. 9. — Lorsqu'ils se transportent au delà de deux kilomètres de la commune où siège la commission ou le tribunal, les greffiers ont droit aux frais de déplacement et de séjour fixés par l'art. 3 du présent arrêté. Ces indemnités ainsi que les émoluments prévus par l'article 7 sont liquidés dans les conditions déterminées par l'article 4.

Les greffiers peuvent se faire remplacer dans ces transports par leurs commis dûment assermentés. Dans ce cas, ces commis perçoivent les frais prévus au paragraphe précédent aux lieu et place des greffiers, dans les mêmes conditions et suivant les mêmes tarifs.

En aucun cas, ces frais ne peuvent, pour un même déplacement, être alloués à la fois au greffier titulaire et à son commis.

Art. 10. — Les greffiers sont remboursés, par les soins des préfets, des différentes avances qu'ils sont appelés à exposer pour les frais d'affranchissement postal ou de signification, sur production d'un mémoire mensuel visé pour vérification par le président.

Art. 11. — Les greffiers ne peuvent recevoir des parties aucune rétribution pour l'accomplissement des actes de la procédure prescrits par la loi, ou pour la première expédition de chacune des pièces dont la délivrance est prévue par la loi ou les règlements.

Ils sont tenus de fournir gratuitement tous renseignements et copies qui leur seront demandés par le ministre des régions libérées.

La délivrance des duplicata ou expéditions demandés, en sus du premier exemplaire, par les intéressés, donne lieu, au profit du greffier, à la perception des droits fixés par tarif ci-après :

Greffier de la commission cantonale

Duplicata du récépissé de la demande déposée ou
transmise à la commission cantonale............ o 25
Duplicata du certificat de non-appel.............. o 25
Relevé des créanciers désignés sur la demande.... o 5o
Duplicata de l'engagement de remploi prévu à l'article 44.. o 5o
Duplicata de l'avis sommaire de la décision de la
commission .... 1 »
Expédition du procès-verbal de conciliation, des décisions de la commission, des rapports d'experts et
autres pièces : par rôle de 3o lignes à la page
et de 2o syllabes à la ligne, et, pour les rôles contenant énumération et évaluation par article, par
rôle de 3o articles à la page................... 1 »

Greffier du tribunal des dommages de guerre

Même tarif que le précédent pour les actes de même
nature que ceux prévus audit tarif :
Copie de déclaration d'appel..................... o 5o
Duplicata du certificat de non-pourvoi........... o 5o
Duplicata de mention, sur le registre du greffe d'une
cession d'indemnité ou opposition.............. o 5o
Délivrance d'un extrait du registre des oppositions
et cessions par rôle de 5o lignes à la page et de
2o syllabes à la ligne.......................... 1 »
Fait à Paris, le 19 avril 1919.

> *Le garde des sceaux, ministre de la
> justice,* Louis NAIL. — *Le ministre
> des finances,* L.-L. KLOTZ. — *Le
> ministre des régions libérées,* Albert
> LEBRUN.

ANNEXE N° XIII

Circulaire du 23 avril 1919 portant instruction sur la constitution des commissions cantonales et des tribunaux des dommages de guerre.

Le ministre des régions libérées, à MM. les préfets des départements atteints par les événements de guerre.

Paris, le 23 avril 1919.

J'ai l'honneur de vous adresser ci-dessous les instructions que comporte la mise à exécution de la loi du 17 avril 1919, relative à la réparation des dommages résultant des faits de la guerre, en ce qui concerne la constitution des commissions cantonales de constatation et d'évaluation, et des tribunaux de dommages de guerre.

CONSIDÉRATIONS GÉNÉRALES

I. — Le régime provisoire en vigueur jusqu'à ce jour pour la constatation et l'évaluation des dommages causés par les faits de la guerre, régime qui avait sa base dans les dispositions du règlement d'administration publique du 20 juillet 1915, doit désormais faire place au régime définitif institué par la loi.

Ce régime définitif comporte essentiellement l'institution de « commissions » et, au degré supérieur, de « tribunaux de dommages », qui, sous des modalités et avec des caractères différents — les premières à titre d'organes administratifs, ayant principalement pour but d'aboutir à des solutions de conciliation, les seconds à titre de véritables juridictions — prendront des décisions attributives d'indemnités, dont le payement sera ensuite effectué suivant les modalités fixées par le législateur.

Il y a lieu d'assurer, dès maintenant, la mise en œuvre de l'organisation nouvelle, afin de permettre de commencer, dans le plus bref délai possible, les opérations de constatation des dommages et de fixation des indemnités, opérations dont le prompt règlement, non seulement satisfera les intérêts les plus légitimes, mais est seul de nature à permettre la reconstitution économique de nos régions dévastées.

Les mesures à prendre dans ce but doivent avoir pour objet :

L'institution des commissions cantonales, c'est-à-dire la détermination de leur nombre, du siège et du ressort de chacune d'elles et la fixation de la date à laquelle devront commencer leurs opérations ;

La désignation du personnel des commissions cantonales et des tribunaux de dommages de guerre ;

L'organisation des greffes de ces commission et tribunaux ;

La détermination des indemnités allouées aux présidents, membres, greffiers ou employés des greffes ;

L'installation matérielle des commissions, tribunaux et greffes ;

Ultérieurement, la liquidation des dépenses de fonctionnement.

INSTITUTION DES COMMISSIONS CANTONALES ET DES TRIBUNAUX DE DOMMAGES DE GUERRE : NOMBRE, RESSORT, SIÈGE

II. — *Arrêté préfectoral instituant les commissions.* — C'est un arrêté préfectoral qui doit déterminer, pour chacun des cantons ayant subi des dommages de guerre, le nombre des commissions, ainsi que le siège et le ressort de chacune d'elles (art. 20 de la loi).

Vous trouverez, en annexe à la précédente instruction un modèle de cet arrêté, destiné à assurer à cet égard l'uniformité indispensable.

Vous aurez à prendre, dans le moindre délai, après réception des présentes instructions, un arrêté conforme au modèle dont il s'agit.

L'émission des arrêtés instituant des commissions devra être suivie de la désignation de leurs membres et de leurs greffiers, ainsi que de leur installation matérielle, qui peuvent demander un temps variable pour les diverses commissions.

Vous aurez à fixer également, par arrêtés, le délai dans lequel il sera procédé à leur constitution effective, et la date à laquelle devront commencer les opérations.

Le premier délai doit être déterminé par l'arrêté même qui institue les commissions et sa durée peut être raisonnablement fixée à un mois au maximum.

Quant à la date d'ouverture des opérations des commissions, elle sera déterminée par un deuxième arrêté, dès que les commissions auront été effectivement constituées et leurs greffes mis en état de fonctionner.

III. — *Nombre et ressort des commissions.* — Le nombre et le ressort des commissions dans chaque canton doivent être fixés en tenant compte, à la fois, du nombre des habitants, de l'importance des dommages subis, des facilités de communication et des possibilités de trouver le personnel nécessaire pour composer ces organismes.

Sans multiplier inutilement les commissions, il convient d'en former un nombre suffisant pour qu'elles soient à même de mener rapidement et convenablement leur tâche et qu'elles puissent facilement, sans imposer aux sinistrés ou à elles-mêmes de trop grands déplacements, constater sur place les dommages et convoquer à leur siège les intéressés.

La loi vous laisse la faculté, en cas de besoin, de diviser chaque canton en autant de ressorts qu'il conviendra. Vous apprécierez, suivant les circonstances locales, si le canton doit être divisé en secteurs partant du chef-lieu, ou en zones ayant chacune son centre distinct dans une localité formant un nœud de voies de communication et constituant une sorte de sous-chef-lieu.

IV. — *Siège des commissions.* — Le siège d'une commission peut être fixé, pour des raisons de commodité pratique en dehors de son ressort, en dehors du canton, et même, si les circonstances l'exigent — et par arrêté ministériel pris par mes soins — en dehors du département.

Il va de soi que le choix, pour une commission, d'un

siège extérieur à son ressort, ne saurait être envisagé que s'il y avait de trop grandes difficultés à trouver dans le ressort même des possibilités d'installation convenable et qu'il dût en résulter de trop grandes difficultés de fonctionnement pour la commission ou d'accès pour les intéressés.

La règle doit être de placer le siège de la commission dans sa sphère d'action et au milieu de ses ressortissants.

V. — *Nombre, siège et ressort des tribunaux des dommages de guerre.* — La question du nombre, siège et du ressort ne se pose pas dans les mêmes termes pour les tribunaux de dommages de guerres.

La loi elle-même dispose qu'il sera créé un de ces tribunaux au chef-lieu de chacun des arrondissements dans lesquels ont été constituées des commissions cantonales (art. 29 de la loi).

Le siège normal de ce tribunal est donc le chef-lieu d'arrondissement et son ressort, l'arrondissement lui-même.

La loi prévoit cependant que si, par suite des circonstances, un tribunal ne peut pas être établi à son siège, il sera provisoirement installé dans un arrondissement voisin.

Elle ne précise pas à quelle autorité il appartiendra de décider de cette installation provisoire. Mais, suivant son esprit, et étant donné que la constitution de cette juridiction et son installation matérielle nécessitent une intervention de la chancellerie et de l'administration départementale, il apparaît que seul un décret rendu sur la proposition concertée du garde des sceaux, ministre de la justice, et du ministre des régions libérées, peut en changer provisoirement le siège normal.

Il vous appartiendra, le cas échéant, de vous entendre, à ce sujet, avec le premier président de la cour d'appel pour me saisir de propositions.

La division éventuelle du tribunal en plusieurs chambres, lorsque les besoins le comportent, sera opérée dans les mêmes formes.

Cette division n'entraînera pas de modification du siège de la juridiction, toutes les chambres devant continuer à se réunir dans la même localité. Seule, pourra se poser la question de l'installation matérielle des diverses chambres et de leur greffier. Vous la résoudrez suivant les principes exposés dans la présente instruction.

VI. — *Fixation de la date à laquelle devront commencer les opérations des commissions cantonales et des tribunaux des dommages.* — Ainsi qu'il est indiqué ci-dessus, l'arrêté préfectoral fixant la date d'ouverture des opérations des commissions cantonales, ne doit être pris qu'au moment où la composition de chaque commission est définitivement fixée, où les locaux nécessaires sont aménagés et le greffe en état de fonctionner.

Si plusieurs commissions de votre département peuvent commencer leurs opérations à la même date ou à des dates très rapprochées, le même arrêté peut déterminer le point de départ de leurs travaux respectifs.

Cet arrêté sera pris dans la forme du modèle joint à la présente circulaire.

Dès la publication de chacun des arrêtés à intervenir, vous aurez à m'en transmettre une ampliation, pour qu'ils puissent faire l'objet d'un avis inséré au *Journal officiel.* Cette insertion permettra aux sinistrés, actuellement en résidence hors de votre département, d'avoir connaissance de la date à partir de laquelle ils peuvent valablement faire constater et évaluer leurs dommages de guerre.

Pour ce qui concerne les tribunaux des dommages, c'est de plein droit et sans intervention de votre part qu'ils doivent commencer leurs opérations, dès qu'ils sont constitués.

Ces tribunaux, et en particulier leurs greffes, doivent se trouver en état de remplir leur mission dès que les commissions cantonales auront rendu leurs premières décisions.

DÉSIGNATION DU PERSONNEL DES COMMISSIONS CANTONALES
ET DES TRIBUNAUX DES DOMMAGES

VII. — *Personnel des commissions cantonales.* — La composition des commissions cantonales est déterminée par la loi (art. 21) et peut subir des modifications suivant la

nature des dommages que les commissions sont appelées
à constater et à évaluer.

Les commissions comprennent, en principe, cinq membres :

1° Un président, choisi dans le ressort de la cour d'appel
par le premier président et, à défaut, en dehors du ressort, par le ministre de la justice, parmi les juges des
tribunaux civils et les juges de paix ou les anciens magistrats des tribunaux civils ou de commerce ayant dix années
de fonctions, les avocats régulièrement inscrits depuis dix
ans au moins, les anciens avoués et les anciens notaires
ayant exercé pendant le même temps ou ayant exercé successivement pendant dix ans leur profession d'avocat ou
d'officier ministériel et des fonctions dans la magistrature ;

2° Un délégué désigné par les ministres des finances et
des régions libérées ;

3° Un architecte, entrepreneur ou ingénieur ;

4° Un commissaire-priseur, greffier ou ancien greffier,
négociant en meubles, ou toute personne possédant une
compétence spéciale pour l'évaluation des meubles meublants et effets mobiliers ;

5° Un agriculteur, ou un industriel, ou un commerçant, ou un ouvrier de métier, appelés à siéger à tour de
rôle suivant les cas et la nature des dommages à évaluer.

Les membres de la commission, autres que le président
et le délégué des ministres des finances et des régions
libérées, sont désignés par le tribunal civil siégeant en
chambre du conseil, qui désignera en même temps dans
chaque catégorie un ou plusieurs suppléants (art. 21 de
la loi).

Lorsqu'il s'agit de dommages causés aux exploitations
de mines, minières ou carrières, aux bois et forêts, ou
aux étangs (art. 22 de la loi), la commission est ainsi composée : un président désigné comme il est dit à l'article
précédent, un délégué du ministre des finances, deux
membres choisis par voie de tirage au sort parmi les
exploitants de mines, de bois ou d'étangs, et un agent des
travaux publics ou des eaux et forêts désignés par les

ministres intéressés, et un délégué mineur, suivant la nature des dommages à évaluer.

Il résulte des textes ci-dessus rappelés que la liste générale des membres d'une commission cantonale peut être établie comme suit :

A) Pour toute commission cantonale :

1° Un président ;

2° Un délégué des ministres des finances et des régions libérées ;

3° Un architecte, entrepreneur ou ingénieur (et un ou plusieurs suppléants) ;

4° Un commissaire-priseur, greffier ou ancien greffier, négociant en meubles, ou toute personne possédant une compétence spéciale pour l'évaluation des meubles meublants et effets mobiliers (et un ou plusieurs suppléants);

5° Un agriculteur (et un ou plusieurs suppléants) ;

Un industriel (et un ou plusieurs suppléants) ;

Un commerçant (et un ou plusieurs suppléants) ;

Un ouvrier de métier (et un ou plusieurs suppléants), qui seront appelés à siéger suivant la nature des dommages à évaluer.

B) Pour les commissions cantonales dans le ressort desquelles existent des dommages causés aux exploitations de mines, minières ou carrières, il y a lieu d'y comprendre, aux lieux et places des membres visés aux 3°, 4° et 5° ci-dessus :

3° et 4° Deux membres choisis par voie de tirage au sort parmi les exploitants de mines ;

5° Un agent des travaux publics, désigné par le ministre des travaux publics ;

6° Un délégué mineur.

Exceptionnellement, pour les dommages afférents aux mines, la commission comprend donc six membres.

C) Pour les commissions dans le ressort desquelles existent des dommages causés aux bois et forêts :

3° et 4° Deux membres choisis par voie de tirage au sort parmi les exploitants de bois et forêts;

5° Un agent des eaux et forêts désigné par le ministre de l'agriculture.

D) Pour les commissions dans le ressort desquelles existent des dommages causés aux étangs ;

3° et 4° Deux membres choisis par voie de tirage au sort parmi les exploitants d'étangs ;

5° Un agent des eaux et forêts désigné par le ministre de l'agriculture.

Sur la liste générale ainsi établie pour toute commission cantonale, le président appellera à siéger, sous sa présidence, suivant la nature des dommages à évaluer, les membres qui doivent former la commission.

VIII. — *Mode de désignation des membres des commissions.* — Le mode de désignation des membres, et le caractère de votre intervention, dans cette désignation, varient suivant qu'il s'agit :

a) Du président ;

b) Des délégués des différents ministres ;

c) Des membres compris sous les numéros 3°, 4° et 5° du paragraphe A ;

d) Des membres compris sous les numéros 3° et 4° des paragraphes B. C et D. ;

c) Le délégué mineur.

a) *Président.* — La désignation du président incombe au premier président de la cour d'appel, et, si elle est effectuée en dehors du ressort de la cour d'appel, au ministre de la justice.

Vous aurez donc à faire connaître au premier président de la cour le nombre, le ressort et le siège des commissions cantonales instituées dans votre département, en le priant d'effectuer ou de provoquer la nomination de leurs présidents.

En fait, ces communications devront être effectuées, autant que possible, et à titre officieux, avant même l'émission de votre arrêté instituant les commissions, de manière à ce que les choix du premier président ou du garde des sceaux aient pu être préparés et vous soient notifiés très promptement.

b) *Délégués des ministres.* — Vous adresserez également, dans le moindre délai, vos propositions aux ministres intéressés pour leur permettre de désigner leurs délégués dans le délai voulu après la publication de l'arrêté.

Ces propositions devront, en ce qui concerne les ministres des travaux publics et de l'agriculture, porter sur les agents de l'ordre prévu par la loi, qui seront choisis tant en raison de leur compétence et de leur autorité, que du lieu de leur résidence.

En ce qui concerne les délégués communs des ministres des finances et des régions libérées, vous m'adresserez vos propositions que je soumettrai à mon collègue.

c) *Membres compris sous les numéros 3°, 4° et 5° du paragraphe A.* — La désignation de ces membres, titulaires et suppléants, appartient au tribunal civil, siégeant en chambre du conseil.

Vous avez donc, à leur sujet, à vous mettre de suite en rapport avec les présidents de chacun des tribunaux civils intéressés, dans les mêmes conditions où vous vous adresserez au premier président de la cour pour la désignation du président.

Vous voudrez bien faire remarquer à ces magistrats, en ce qui concerne les membres compris dans les numéros 3° et 4°, les avantages qu'il y aurait à choisir le ou les suppléants dans les catégories auxquelles n'appartiendra pas le membre titulaire. Par exemple, si le titulaire désigné pour le 3° est un architecte, les suppléants pourront être avantageusement choisis, à concurrence de deux, dans la catégorie des entrepreneurs et des ingénieurs ou *vice versa*.

d) *Membres compris sous les numéros 3° et 4° des paragraphes B, C et D.* — Ces membres, au nombre de deux, doivent être choisis par voie de tirage au sort sur une liste, dressée pour chaque catégorie, des exploitants de mines, de bois ou d'étangs (art. 22, § 1er).

Il appartiendra également aux tribunaux civils de dresser les listes d'exploitants de chacune de ces trois catégories et de procéder sur ces listes à un tirage au sort, dont leurs présidents auront à faire connaître le résultat.

e) *Délégué mineur.* — Les « délégués à la sécurité des ouvriers », chargés de « visiter les travaux souterrains des mines, minières et carrières dans le but exclusif d'en examiner les conditions de sécurité pour le personnel qui y est occupé, et, d'autre part, en cas d'accident, les conditions dans lesquelles ces accidents se seraient produits », ont été institués par la loi du 8 juillet 1890. Un délégué et un délégué suppléant sont élus au scrutin de liste par circonscription souterraine, dont les limites sont déterminées par arrêté préfectoral.

La désignation du délégué mineur, prévu à l'article 22 dans les cantons où des dommages causés aux exploitations de mines, minières ou carrières sont à évaluer, incombe, comme celle des précédents membres des commissions, au tribunal civil.

Vous adresserez donc au président de chacun de ces tribunaux la liste, par canton intéressé, des délégués mineurs titulaires régulièrement élus sous le régime de la loi du 8 juillet 1890, et le tribunal procédera à la désignation d'un délégué pour chacune des commissions, qui le comportent.

IX. — *Renseignements à fournir à mon département au sujet des commissions cantonales.* — Dès la constitution définitive des commissions cantonales, vous m'adresserez, en double exemplaire, un tableau du modèle ci-annexé dont l'imprimé vous sera fourni par mes soins, portant indication du siège du ressort et de la composition de chaque commission.

Ce tableau, qui devra être soigneusement tenu à jour, permettra, notamment au service chargé de l'établissement des titres, de vérifier la régularité de la composition de la commission qui aura statué dans chaque cas.

Vous aurez donc à me faire connaître les modifications qui surviendraient dans la composition de chacune des commissions cantonales de votre département.

X. — *Personnel des tribunaux des dommages de guerre.* — Chaque chambre de ce tribunal est composé (art. 29) :

1° D'un président, désigné par décret, sur la proposition du ministre de la justice, parmi les magistrats honoraires ou en activité des cours d'appel et des tribunaux de première instance ;

2° De deux membres et de deux suppléants, désignés dans les mêmes conditions que le président et choisis parmi les magistrats en activité ou honoraires des cours d'appel et des tribunaux de première instance et des conseils de préfecture, les anciens bâtonniers de l'ordre des avocats, les professeurs des facultés de droit, les anciens présidents de l'ordre des avocats au conseil d'Etat et à la cour de cassation, des chambres d'avoués et de notaires ;

3° De deux membres et de deux suppléants tirés au sort, au début de chaque session de deux mois, sur une liste de vingt membres désignés par le conseil général.

Vous n'avez pas à vous occuper de la désignation des membres qui doivent être nommés par décret (président et membres compris sous le 2°).

Le président de la cour d'appel adressera *proprio motu* ses propositions au garde des sceaux pour cette désignation.

En ce qui concerne les membres compris sous le 3°, ma circulaire spéciale en date du 31 mars 1919 vous a prescrit d'inviter l'assemblée départementale à dresser, dans sa session d'avril, la liste de vingt membres qu'elle a mission d'établir pour chaque arrondissement. Cette liste arrêtée, vous en adresserez une ampliation au président du tribunal civil de l'arrondissement intéressé, en vue du tirage au sort des deux membres du tribunal des dommages et des deux suppléants prévus par la loi.

Le tirage au sort devra être renouvelé en temps utile avant chaque session de deux mois du tribunal des dommages de guerre.

Bien que la loi n'assigne pas de terme à la validité de la liste dressée par le conseil général, il convient d'admettre, en principe, que cette liste sera valable pour une année, à partir du 1er janvier qui suivra la session dans laquelle elle aura été établie (1).

Exceptionnellement, la première liste dressée par cette

---

(1) Par analogie avec l'article 29, paragraphe 4, de la loi du 6 novembre 1918, portant modification à la loi du 6 mai 1841 sur l'expropriation pour cause d'utilité publique.

assemblée dans sa session d'avril 1919 sera valable jusqu'au 1er janvier 1921.

Au surplus, s'il y a lieu, la liste en cours de validité sera complétée à l'une des deux sessions ordinaires du conseil général par la désignation de nouveaux membres remplaçant ceux dont le décès, la démission ou toute autre cause d'empêchement vous auraient été notifiés avant l'ouverture de la session.

Ces dernières désignations seront valables immédiatement pour prendre fin à l'expiration du délai de validité de la liste en cours.

La loi est également muette sur les conditions que doivent remplir les membres appelés à figurer sur la liste dressée par l'assemblée départementale. Il convient d'admettre qu'ils doivent être choisis parmi les citoyens remplissant les conditions requises pour faire partie du jury criminel (1).

En outre, bien que le droit de désignation du conseil général soit sans limite, il semble utile de lui recommander de faire porter son choix de préférence sur des personnes qui se recommandent par des aptitudes spéciales à remplir ces fonctions juridictionnelles.

Il conviendra de rappeler à l'assemblée départementale les incompatibilités édictées par l'article 39 de la loi entre les fonctions de membre du tribunal des dommages de guerre et celles de membre d'une commission cantonale, la qualité d'attributaire dans le ressort du tribunal, et l'exercice d'un mandat électif.

ORGANISATION DES GREFFES DES COMMISSIONS CANTONALES ET DES TRIBUNAUX DES DOMMAGES DE GUERRE

XI. — *Greffiers, commis greffiers et employés des greffes.* — Un décret en date du 18 avril 1919, inséré au *Journal officiel* du 21-23 avril 1919, a précisé les règles applicables à l'organisation et au fonctionnement des

---

(1) **Par analogie avec l'article 2, paragraphe 1 de la loi du 6 novembre 1918.**

greffes des commissions cantonales et des tribunaux des dommages de guerre.

Vous trouverez le texte de ce décret en annexe à la présente circulaire et vous aurez à pourvoir et à veiller à l'exécution de ses prescriptions pour ce qui vous concerne.

C'est toutefois aux tribunaux civils qu'il appartient, en conformité de l'article 21 de la loi (avant-dernier paragraphe) de nommer, dans les quinze jours qui suivront la publication de l'arrêté préfectoral instituant les commissions cantonales, les secrétaires appelés à remplir le rôle de greffiers auprès de ces commissions. En vous mettant en rapport avec les présidents des tribunaux civils de votre département, pour la désignation — qui leur incombe — des membres titulaires ou suppléants appelés à siéger dans les commissions cantonales, vous aurez donc à les prier en même temps de se préoccuper du choix du greffier de chaque commission, de façon que ce greffier puisse être nommé et installé dans le plus court délai possible et, en tout cas, avant la publication de votre arrêté prononçant l'ouverture des opérations.

Par contre, vous n'aurez pas à intervenir personnellement pour provoquer la nomination des greffiers des tribunaux des dommages, ces nominations devant être faites par arrêté du ministre de la justice.

INDEMNITÉS ALLOUÉES AUX PRÉSIDENTS, MEMBRES GREFFIERS ET EMPLOYÉS DES GREFFES DES COMMISSIONS CANTONALES ET TRIBUNAUX DES DOMMAGES DE GUERRE.

XII. — Aux termes de l'article 31 de la loi, « il est alloué aux membres des commissions cantonales et du tribunal des dommages de guerre, ainsi qu'à leurs greffiers, des indemnités qui seront fixées par arrêté pris d'accord entre le ministre de la justice, le ministre des finances et le ministre des régions libérées ».

Cet arrêté interministériel est intervenu sous la date du 19 avril 1919 (*Journal officiel* du 24 avril), et vous en trouverez le texte aux annexes de la présente circulaire.

Vous voudrez bien, pour ce qui vous concerne, assurer l'exécution des prescriptions du dit arrêté, qui, d'une façon générale, ne me paraît soulever aucune difficulté d'interprétation.

Ce texte fixe notamment le montant des indemnités mensuelles allouées aux présidents et membres titulaires nommés par décret des tribunaux des dommages de guerre, ainsi qu'aux présidents des commissions cantonales.

Dans le cas où les titulaires des fonctions dont il s'agit sont déjà rémunérés comme fonctionnaires ou employés de l'Etat, des départements ou des communes, les indemnités prévues par l'arrêté ne se cumulent avec leur traitement et avec les majorations normalement attachées à celui-ci, que dans la limite où elles excèdent le montant de ce traitement accru de ces majorations.

Il vous appartiendra, par application de ces prescriptions, de prendre des arrêtés fixant le montant et le point de départ, pour chaque bénéficiaire, des indemnités dont il s'agit, auxquelles s'ajouteront les diverses indemnités légales du temps de guerre et les relèvements de traitement attribuées par la loi du 30 mars 1919 aux fonctionnaires et agents résidant en régions dévastées.

Les membres des tribunaux des dommages et des commissions cantonales, autres que ceux qui reçoivent une indemnité mensuelle, ont droit à une indemnité de 8 fr. par vacation de trois heures sans qu'il puisse être alloué plus de trois vacations par jour.

Cette indemnité est réduite des deux tiers pour ceux de ces membres qui sont déjà rémunérés comme fonctionnaires ou employés de l'Etat, des départements ou des communes.

Indépendamment des indemnités de fonctions indiquées ci-dessus, il est accordé aux mêmes personnes, lorsqu'elles se transportent au-delà de deux kilomètres de leur résidence :

1° Le remboursement du prix du voyage en deuxième classe avec application, s'il y a lieu, du tarif d'aller et retour, si le transport est effectué en chemin de fer, et le remboursement des frais sur justifications, au cas où le transport ne peut s'effectuer qu'en voiture ;

2° Des frais de séjour fixés en principe à 5 fr. pour chacun des deux principaux repas pris et 6 fr. par nuit passée en dehors de la résidence normale de l'intéressé ; mais cette indemnité peut donner lieu, soit en ce qui concerne les repas, soit en ce qui concerne le découcher, à des majorations de 5o p. 100 au maximum, sur décisions spéciales émanant de mon autorité, pour les localités où le prix de la vie est particulièrement élevé. Vous aurez donc, à la requête des présidents des organismes intéressés, à me faire juge de l'opportunité d'accorder des majorations exceptionnelles d'indemnité de séjour pour les points déterminés où les dépenses engagées dépasseraient le montant de l'indemnité normale.

Les états de frais de déplacement et de séjour et les états de vacations établis par les intéressés vous seront transmis — pour règlement, — après avoir été certifiés exacts par les présidents.

Les greffiers des tribunaux de dommages et des commissions cantonales reçoivent une indemnité mensuelle de 4oo francs, exclusive de toute vacation, mais à laquelle s'ajoutent, comme il a déjà été dit ci-dessus, les allocations spéciales accordées au personnel temporaire de l'Etat par la législation du temps de guerre, et les relèvements de traitements alloués par la loi du 15 mars 1919, aux fonctionnaires et agents de l'Etat appelés à résider dans les régions dévastées.

Lorsque les greffiers des tribunaux ou des commissions sont déjà greffiers en fonctions d'autres juridictions, vous aurez à fixer leurs émoluments par décisions spéciales, sans qu'ils puissent dépasser la moitié des émoluments fixés normalement à 4oo fr. par mois.

Vous aurez de même la faculté d'allouer une indemnité globale, exclusive de toute autre rémunération, aux greffiers des tribunaux ou des commissions qui n'auraient à connaître que d'un petit nombre d'affaires.

J'appelle particulièrement votre attention sur cette prescription, qui a pour objet de répondre à la situation des circonscriptions où ne se seraient produits que des dommages peu nombreux et peu importants, ne justifiant pas la création d'un personnel fixe normalement rémunéré à ce titre pendant un temps plus ou moins long.

Les greffiers recevront de plus, à titre de contribution de l'Etat au payement des commis greffiers ou des employés du greffe dont la nomination aura été autorisée par le président du tribunal des dommages, une somme égale, pour chaque commis, aux trois quarts, et pour chaque employé, à la moitié, du total des émoluments fixes alloués au greffier titulaire.

Au surplus, les greffiers seront remboursés par vos soins des différentes avances qu'ils seront appelés à exposer pour les frais d'affranchissement postal ou de signification, sur production d'un mémoire mensuel visé pour vérification par le président.

Enfin, il pourra être alloué aux présidents des tribunaux et commissions, à ceux des membres qui reçoivent une indemnité mensuelle, aux greffiers, commis greffiers et employés du greffe, lorsqu'ils sont pris en dehors des localités intéressées, une indemnité d'installation dont je me réserve de fixer le montant en tenant compte des difficultés rencontrées à cet égard par les intéressés et des frais susceptibles d'en résulter.

INSTALLATION MATÉRIELLE DES COMMISSIONS CANTONALES ET DES TRIBUNAUX DE DOMMAGES DE GUERRE.

XIII. — Il vous appartient d'assurer aux organismes institués pour l'application de la loi les conditions matérielles d'installation et de fonctionnement qui leur sont indispensables pour l'accomplissement de leur mission.

Il importe dans ce but d'affecter et de faire aménager dans le moindre délai, les locaux nécessaires aux commissions et aux tribunaux de dommages de guerre, de même que les doter du mobilier, des appareils de chauffage et d'éclairage, du matériel et des fournitures de bureau répondant à leurs besoins.

Je vous prie de vouloir bien, à cet égard, vous inspirer des règles suivantes :

XIV. — *Choix et aménagement des locaux.*

a) Commissions cantonales. — Les locaux affectés aux commissions cantonales doivent comprendre autant que possible : une salle servant à la tenue des audiences, un cabinet pour le président, une pièce pour les autres mem-

bres de la commission, une pièce pour le délégué du préfet
prévu à l'article 28 de la loi, une ou plusieurs pièces pour
l'installation du greffe, enfin, un vestibule ou une anti-
chambre pour le public.

Il est vivement souhaitable que ces locaux soient réunis
dans un même immeuble ; mais si l'état de dévastation des
régions où seront appelées à fonctionner les commissions
ne permettait pas d'obtenir ce résultat, il conviendrait en
tout cas que les locaux où seront entreposés des dossiers,
c'est-à-dire le cabinet du président, la pièce affectée au
délégué du préfet et les locaux du greffe, soient groupés
dans un même bâtiment et que ce bâtiment présente toutes
les garanties et sûretés indispensables. La salle d'audience
pourrait au besoin être installée dans un immeuble différent, ou même dans un baraquement édifié spécialement à
cet effet.

Cette salle d'audience devra, autant que possible, être
sommairement aménagée comme un prétoire de justice, de
façon à comporter un intervalle entre la place réservée à
la commission et celle où se tiendront les sinistrés et les
autres intéressés aux débats.

Quant aux dimensions et au nombre des pièces du greffe,
elles doivent dépendre de l'importance de la commission.
Dans les circonscriptions rurales, il suffira en général d'une
ou deux pièces, où le greffier pourra déposer ses archives
et effectuer, sans déplacement de dossiers, les expéditions
des actes et des décisions.

Dans les villes composées de plusieurs cantons, ainsi que
dans les localités désignées comme siège unique de plusieurs commissions, on peut envisager, si les circonstances
le permettent, l'affectation à toutes les commissions d'un
seul bâtiment, sous réserve que des locaux distincts soient
affectés en principe à chaque commission.

Il sera indispensable, notamment dans ce cas, que les
greffes soient nettement indépendants, de même que les
pièces réservées aux présidents et membres des commissions ; en définitive, la salle d'audience serait seule commune, à condition que les séances aient respectivement
lieu à des jours et heures différents.

Je vous laisse toute latitude pour choisir les locaux dont

il s'agit, et dont les frais de loyer et d'aménagement sont à la charge de l'Etat.

Je n'ai pas besoin d'ajouter d'ailleurs que lorsqu'un édifice public déjà existant se prêtera, par ses dimensions et ses dispositions, à l'installation du siège des commissions, je ne verrai que des avantages à ce qu'il soit utilisé en totalité ou en partie à cet usage, sous réserve que les services administratifs réunis dans le même immeuble n'en subissent aucune perturbation. Toutefois, étant données l'importance que vont prendre très rapidement les greffes des commissions, et la valeur inestimable que représenteront pour les sinistrés et pour l'Etat les archives de tout ordre qui y seront déposées, je ne saurais trop vous recommander de faire porter votre choix sur des bâtiments qui présentent à cet égard, comme je l'ai dit ci-dessus, les plus grandes garanties de sécurité, et qui assurent une entière indépendance à l'installation matérielle des services.

Au cas où vous envisageriez la possibilité d'utiliser pour l'installation des commissions cantonales les locaux déjà occupés par des justices de paix, je vous rappelle que le prétoire de ces juridictions ne peut, en principe, être affecté à une autre destination (décision du ministre de la justice du 22 juin 1883). Si donc, à défaut d'autre local, vous vous trouviez dans la nécessité d'envisager l'utilisation des locaux affectés au service judiciaire du canton, l'autorisation devrait en être préalablement demandée au procureur général de la cour d'appel.

b) Tribunaux des dommages de guerre — Les locaux affectés aux tribunaux des dommages de guerre doivent être situés, sauf impossibilité de fait, au chef-lieu de chacun des arrondissements dans lesquels des commissions cantonales auront été constituées.

En cas d'impossibilité, ils pourront être installés provisoirement au chef-lieu d'un arrondissement voisin.

Les locaux affectés à ces tribunaux doivent comprendre en principe, et chaque fois que le siège le permet : une ou plusieurs salles servant à la tenue des audiences (le nombre de ces salles correspondant, autant que possible, au nombre des chambres dont le tribunal sera composé), un cabinet commun pour chacun des présidents et une pièce pour les membres de chacune des chambres du tribunal, enfin plusieurs pièces destinées au greffe.

Si le nombre des chambres du tribunal ne permettait pas son installation complète dans un seul immeuble, deux ou plusieurs immeubles de la même ville pourraient y être affectés, tous les services d'une même chambre étant naturellement groupés dans le même bâtiment.

Comme pour les commissions cantonales, les frais de loyer et d'aménagement des locaux affectés aux tribunaux de dommages sont à la charge de l'Etat.

Vous pourrez faire porter votre choix, soit sur un édifice public, soit sur un immeuble privé, mais, de toute façon, je vous rappelle les précautions nécessaires pour que les archives du greffe de ces tribunaux soient entièrement en sûreté.

Si, à défaut d'autre local, le bâtiment affecté au tribunal de première instance d'un chef-lieu d'arrondissement vous paraissait seul susceptible de fournir les locaux nécessaires, vous auriez à vous mettre préalablement d'accord à ce sujet avec le procureur général de la cour d'appel.

XIV. — *Mobilier des commissions cantonales et des tribunaux des dommages.* — Les frais d'achat du mobilier nécessaire au fonctionnement des commissions et des tribunaux de dommages sont à la charge de l'Etat.

Je n'ai pas besoin de vous dire qu'il convient, dans cet ordre d'idées, de réduire vos prévisions au strict nécessaire.

Les tables, chaises, appareils de chauffage ou autres objets dont disposeraient vos services de reconstitution en vue des cessions en nature destinées aux sinistrés, pourront être utilisés à cet effet, sous la réserve expresse d'établir, dans ce cas, des bons de cession réguliers, qui me seront transmis pour me permettre d'en rembourser la valeur au chapitre budgétaire intéressé, par voie de virement de comptes.

DÉPENSES DES COMMISSIONS CANTONALES
ET DES TRIBUNAUX DES DOMMAGES.

XV. — *Dépenses de fonctionnement (personnel).* — Les dépenses de fonctionnement des commissions et tribunaux et de leurs greffes, en ce qui concerne le personnel (indemnités, vacations, frais de déplacement et de séjour, etc.), seront liquidées et mandatées par vos soins sur les crédits provisionnels que je vous déléguerai à cet effet au titre du chapitre 16 de mon budget (Frais d'administration des commissions d'évaluation des dommages de guerre. — Indemnités et frais de déplacement et de séjour).

Dépenses d'installations, d'entretien et de fonctionnement (matériel). — Locaux, mobilier, chauffage, éclairage, matériel de bureau. — Indépendamment des achats de mobilier dont il est parlé ci-dessus, vous aurez à comprendre dans les prévisions de dépenses de matériel des commissions et tribunaux celles qui ont trait au payement des loyers, à l'entretien des locaux et du mobilier, ainsi qu'aux dépenses de chauffage, d'éclairage et de matériel de bureau.

Je me propose de vous faire adresser directement les registres et imprimés spéciaux, ainsi que celles des fournitures de bureau qu'il paraîtra préférable et plus économique de fournir en nature.

Vous aurez à cet égard à comprendre seulement dans votre demande de crédits les menues dépenses de petits imprimés (avis, convocations, etc.), papier à lettres, objets de bureau, etc.

Les dépenses de matériel envisagées ci-dessus seront imputées sur le chapitre 17 de mon budget (frais d'administration des commissions d'évaluation des dommages de guerre : matériel).

C'est sur ce crédit que vous aurez également à rembourser aux greffiers, sur production de pièces justificatives régulières, les dépenses qu'ils auraient faites dans le même ordre d'idées.

Délégation des crédits. — Pour l'ouverture d'un premier crédit, vous voudrez bien m'adresser vos propositions dès que vous aurez réuni les éléments nécessaires pour les établir.

Avant l'épuisement des crédits mis à votre disposition dans ce but, il vous appartiendra de m'en demander le renouvellement en temps utile.

Je vous prie, monsieur le préfet, de prendre sans retard, conformément aux présentes instructions, toutes mesures utiles pour que les commissions cantonales et les tribunaux des dommages de guerre à instituer dans votre département soient, dans le moindre délai possible, mis en état d'entreprendre et de mener à bien la mission de constatation et d'évaluation qui leur est confiée par la loi.

Vous voudrez bien m'accuser réception de la présente instruction et me rendre compte d'urgence des mesures que vous aurez prises pour son application.

Le ministre des régions libérées,

A. LEBRUN.

MODELE D'ARRETE PREFECTORAL

POUR L'INSTITUTION DES COMMISSIONS CANTONALES.

Le préfet de ....

Vu la loi du 17 avril 1919, sur la réparation des dommages causés par les faits de la guerre ;

Vu le décret du 18 avril 1919, relatif à l'organisation et au fonctionnement des greffes des commissions cantonales et des tribunaux des dommages de guerre,

Arrête :

Article premier. — Il sera procédé, dans le délai d'un mois, par application des articles 20, 21 et 22 de la loi du 17 avril 1919, à la constitution des commissions chargées de la constatation et de l'évaluation des dommages causés par les faits de la guerre dans les cantons de ......

Art. 2. — Le ressort et le siège de chacune de ces commissions sont fixés comme suit :

CANTON DE

(s'il ne doit être institué qu'une commission pour l'ensemble du canton).

SIÈGE :

RESSORT : Toutes les communes
du canton.

Canton de

(dans le cas où le territoire d'un canton est divisé entre plusieurs commissions).

1re *Commission.*

Siège :

Ressort : Communes de

2e *Commission.*

Siège :

Ressort : Communes de

3e *Commission.*

Siège :

Ressort : Communes de :

Art. 3. — Un arrêté ultérieur déterminera la date de l'ouverture des opérations des commissions instituées par les articles 1 et 2 ci-dessus.

Art. 4. — M. le secrétaire général de la préfecture pour la reconstitution des régions libérées, MM. les sous-préfets de .... et MM. les maires des communes intéressées sont chargés, chacun en ce qui le concerne, de l'exécution du présent arrêté dont ampliation sera adressée à M. le premier président de la cour d'appel de .... et à MM. les présidents des tribunaux civils de .... Fait à ...., le ....1919.

AVIS AUX SINISTRES

(A afficher à la suite de l'arrêté ci-dessus.)

Les sinistrés sont invités à préparer dès maintenant leurs demandes d'indemnité. Un arrêté ultérieur leur fera connaître la date à partir de laquelle ils pourront en effectuer le dépôt.

Rédaction des demandes. — Les demandes seront rédigées sur papier libre, accompagnées, pour chaque catégorie, de déclarations détaillées, et appuyées de toutes pièces propres à établir la réalité et à permettre l'évaluation du dommage, telles que : actes de vente ou de succession, baux, décisions judiciaires, polices d'assurances, rapports d'experts, procès-verbaux de constats, attestations certifiées, plans, projets de travaux, devis, etc. Les réclamants seront admis à ne déposer que des copies des actes ou pièces dont ils ne voudront pas se dessaisir, à la condition toutefois que ces copies présentent tous les caractères de sincérité désirables, et que les originaux en soient présentés ultérieurement à la commission.

Afin de faciliter le travail de classement et d'examen des demandes et déclarations, et de hâter, en conséquence, les décisions à intervenir, les sinistrés sont invités à utiliser de préférence, pour leur rédaction, les formules imprimées tenues par les maires à leur disposition, formules contenant les indications utiles pour permettre de fournir aux commissions tous les renseignements nécessaires en vue de la classification régulière et la juste évaluation des dommages.

Les dommages seront constatés et évalués par catégories suivant la classification établie par l'article 2 de la loi du 17 avril 1919.

Le sinistré a la faculté soit de produire, en même temps, ses réclamations pour les diverses catégories des dommages qu'il a subis, soit de les présenter séparément et d'une façon successive.

Les demandes seront signées, soit par l'intéressé lui-même, soit, s'il est incapable, par son représentant légal. **La signature apposée sur la demande sera légalisée.**

Dépôt des demandes. — Les demandes ainsi établies ne devront être déposées qu'après la date qui sera fixée par arrêté préfectoral pour l'ouverture des opérations de chacune des commissions cantonales.

A partir de cette date, les demandes, accompagnées des déclarations par catégories de dommages et des pièces à l'appui, pourront être déposées par les sinistrés, ou envoyées par lettre recommandée, soit au greffe de la commission cantonale compétente, soit à la préfecture du département, à la sous-préfecture de l'arrondissement, ou à la mairie de la commune du lieu du dommage. Il en sera délivré récépissé.

Dommages subis par des étrangers. — A titre purement conservatoire, les étrangers sont admis à faire constater et évaluer les dommages dont ils auront souffert, en attendant que des conventions diplomatiques aient réglé les conditions dans lesquelles ils seront admis à l'exercice du droit à réparation.

Les étrangers sinistrés pourront donc établir et déposer leurs demandes et déclarations dans la même forme que les Français.

ANNEXE N° XIV

Circulaire du 24 avril 1919 relative à la transmission aux préfets des modèles de formules pour faciliter l'établissement des demandes d'indemnités et des déclarations de dommages de guerre par catégorie.

Le ministre des régions libérées, à MM. les préfets des départements atteints par les événements de guerre.

Paris, le 24 avril 1919.

Parallèlement à la constitution des commissions cantonales de constatation et d'évaluation, ainsi que des tribunaux de dommages de guerre — constitution à laquelle vous avez à procéder, en exécution de mes instructions du 23 avril 1919, de concert avec les représentants de l'autorité judiciaire — il importe que les sinistrés procèdent sans retard à la préparation de leurs demandes d'indemnités, et de leurs déclarations de dommages par catégories, de manière à pouvoir en effectuer le dépôt le plus tôt possible à partir de la date d'ouverture des opérations des commissions.

La loi du 17 avril 1919 n'a formulé aucune prescription spéciale concernant le mode d'établissement des demandes, en dehors de l'indication résultant du fait que les dommages doivent être constatés et évalués par catégories, conformément à la classification de l'article 2.

Les sinistrés ont la faculté de présenter leurs déclarations par catégories d'une manière distincte et successive, aussi bien que de saisir dès le début et en une seule fois les commissions compétentes de l'ensemble de leurs réclamations.

En définitive, aucun formalisme n'est imposé pour l'établissement matériel des demandes et déclarations.

Il n'y en a pas moins le plus grand intérêt pour les sinistrés à ce que ces documents, qui présentent une importance essentielle pour la revendication de leurs droits à réparation, soient établis avec toute la clarté désirable, et comprennent le minimum de renseignements nécessaire pour permettre aux commissions et aux tribunaux de dommages, de procéder utilement à l'examen des revendications qui leur seront soumises.

J'ai fait établir, dans ce but, par mes services, avec le concours du comité consultatif des dommages de guerre constitué près de mon ministère, des formules de demandes et de déclarations par catégories, destinées à faciliter à la fois le travail des sinistrés et des commissions, et dont j'annexe les modèles à la présente circulaire.

En outre, pour vous permettre de commencer la distribution de ces formules sans le moindre retard, dès la promulgation même du texte législatif, j'en ai fait imprimer sur épreuves un certain nombre, et je vous en envoie par le même courrier un premier stock d'exemplaires que je vous prie de faire répartir immédiatement dans les mairies par les moyens les plus rapides.

De nouveaux envois successifs vous seront effectués dans un court délai, de manière à ce que tous les intéressés puissent, à une date prochaine, être mis en possession des formules qui leur seraient nécessaires.

Dès à présent, la distribution et la vulgarisation de ces modèles permettra en tout cas à chaque intéressé de se rendre compte des conditions dans lesquelles il est désirable que les demandes et déclarations soient établies, ainsi que la nature des justifications accessoires à produire selon les cas, — sous forme de feuilles annexes, d'actes ou de copies d'actes ; de constats, relevés de plans, procès-verbaux d'expertise, projets, devis ou autres documents, — à l'appui des réclamations présentées.

Je vous prie de me faire connaître par courier le nombre de ces formules dont vous auriez besoin pour ce qui concerne votre département : 1° d'ici la fin du mois d'avril actuellement en cours ; 2° dans le cours du mois de mai ; 3° dans le cours du mois de juin.

Le ministre des régions libérées,
A. Lebrun.

RÉPARATION DES DOMMAGES DE GUERRE

DÉPARTEMENT

d..

ARRONDISSEMENT

d..

CANTON

....

COMMISSION CANTONALE

d..

RÉPUBLIQUE FRANÇAISE

DEMANDE D'INDEMNITÉ
POUR DOMMAGES
RÉSULTANT DES FAITS DE LA GUERRE
(Loi du 17 avril 1919)

Le dépôt peut être ef-
fectué soit au greffe de la
commission cantonale
compétente, soit à la
mairie, à la sous-préfec-
ture de l'arrondissement
ou à la préfecture.

Communes dans lesquelles ont été
subis les dommages ....

DÉPOSÉ

à la mairie	ET ENREGISTRÉ
à la préfecture	au greffe de la commission cantonale d
à la sous-préfecture	le
le	sous le nº
sous le nº	Nº matricule du déclarant (1)

(1) Le numéro matricule du déclarant est le numéro d'enregistrement de la première demande formée par lui.

Indications relatives aux nom, prénoms et qualités du demandeur

A. — Nom et qualités de la personne qui a subi le dommage :

1º Nom (1)...
(Si l'intéressé est marié, indiquer dans tous les cas le nom de son conjoint.

2º Prénoms (dans l'ordre de l'acte de naissance)................

3º Lieu et date du mariage..

4º Célibataire, marié, veuf, séparé de corps ou divorcé ....

5º Lieu et date du mariage..

6º Régime adopté par le contrat de mariage.....................
(Indiquer s'il y a eu séparation de biens judiciaire.)

7º Profession..

8º Adresse actuelle...

9º Nationalité...

10º Qualité pour réclamer ....
(Propriétaire, co-propriétaire, usufruitier, titulaire d'un droit d'usage
ou d'habitation, locataire, métayer, etc.)

B. — Éventuellement, nom et qualités du représentant légal, judiciaire ou statutaire :

Nom : ....

Prénoms : ....

Profession : ....

Adresse actuelle : ....

Nationalité : ....

Qualité dans laquelle il agit : ....

(1) Lorsqu'il s'agira d'une société, indiquer la raison sociale, la nature et l'objet de la société, le siège social et la
nationalité. Un exemplaire des statuts devra être joint à la demande.

Lorsqu'il s'agira de co-propriétaires par succession ou autrement, indiquer, à la page suivante, les noms de tous les
co-propriétaires, et, s'il y a lieu, du défunt dont ils tiennent leur droit.

ANNEXES

DEUXIEME PARTIE

Indications relatives aux co-propriétaires et aux titulaires de droits réels sur les biens désignés dans les déclarations par catégorie

NOMS DES PERSONNES JOUISSANT DE DROITS RÉELS SUR LES BIENS COMPRIS DANS LA DEMANDE
(propriétaire [*si la demande est faite par un autre intéressé que lui*], co-propriétaire,
nupropriétaire, usufruitier, titulaires de droit d'usage ou d'habitation, de servitudes foncières, d'emphytéose,
créanciers privilégiés, hypothécaires, antichrésistes, gagistes)

NOM	PRÉNOMS	PROFESSION	DOMICILE	Nature du droit (propriétaire usufruitier, usager, etc. ou montant de la créance)	INDICATION DES BIENS *spécialement grevés*
1	2	4	4	5	6

TROISIÈME PARTIE

Indications relatives aux dommages dont la réparation est demandée

Les dommages ouvrant droit à indemnité sont seulement les dommages certains matériels et directs causés en **France** aux biens immobiliers et mobiliers, à l'exclusion des dommages indirects, tels que pertes de loyers ou fermages, pertes d'intérêts, pertes de bénéfices par arrêt d'exploitation, etc.

Les dommages doivent être déclarés par catégories suivant la classification établie par la loi.

Le sinistré doit donc commencer par établir ses déclarations par catégorie sur les formules spéciales mises à sa disposition et qui seront jointes à la présente demande.

Celle-ci a pour objet essentiel de grouper dans une récapitulation d'ensemble, dans le tableau ci-dessous, les indications relatives au montant des dommages dont la réparation est demandée au titre de chaque catégorie.

Mais les sinistrés peuvent, à volonté, ou réunir dans une seule demande les déclarations de toutes les catégories de dommages qu'ils ont subis, ou faire des demandes successives, en joignant à chacune

RÉCAPITULATION PAR CATÉGORIE

DES DÉCLARATIONS CONTENUES DANS LA PRÉSENTE FORMULE

	SOMMES REÇUES de l'autorité ennemie	PERTE SUBIE	SOMMES demandées
	1	2	3
1ᵉ CATÉGORIE. — Réquisitions *opérées par les autorités ou troupes ennemies. Prélèvements* en nature effectués par les autorités ou troupes ennemies sous toutes formes ou dénominations. Impôts établis par l'ennemi, contributions de guerre et amendes......................			
2ᵉ CATÉGORIE. — Enlèvements de tous biens meubles et de tous objets tels que récoltes, animaux, arbres et bois, matières premières, marchandises, meubles meublants, titres et valeurs mobilières. Détériorations ou destructions partielles ou totales de récoltes, de marchandises, et de tous biens meubles. Pertes d'objets mobiliers, soit en France, soit à l'étranger, au cours des évacuations ou rapatriement......................			
3ᵉ CATÉGORIE. — Détériorations d'immeubles bâtis ou non bâtis, y compris les bois et forêts. Destructions partielles ou totales d'immeubles bâtis. Enlèvements, détériorations ou destructions partielles ou totales d'outillages, d'accessoires et d'animaux appartenant à une exploitation commerciale, industrielle ou agricole (immeubles par destination en vertu de la loi sur la réparation des dommages de guerre)...........................			
4ᵉ CATÉGORIE. — Dommages causés dans la zone de défense des frontières, ainsi que dans le voisinage des places de guerre et des points fortifiés (*zones de servitudes militaires*)..			
TOTAL GÉNÉRAL...................			

ATTESTATION A FOURNIR OBLIGATOIREMENT PAR LE DEMANDEUR

Le soussigné déclare, sous les peines de droit :

1° Qu'il n'a compris dans la présente demande, et dans les déclarations annexées, que des dommages réels éprouvés par suite des faits de guerre, et qu'aucun dommage n'a été déclaré par lui deux fois, soit dans la même catégorie, soit dans des catégories différentes (1).

2° Qu'il n'y a compris aucun objet qui serait revenu en sa possession, et qu'il en fera déduire le montant de ceux dans la possession desquels il serait immédiatement réintégré.

3° Qu'il n'y a compris aucun dommage déjà déclaré dans une demande antérieurement adressée à une commission cantonale.

4° Qu'il n'y a compris aucun dommage définitivement réglé par les autorités françaises ou alliées soit au titre des réquisitions soit au titre des dégâts de cantonnement, soit au titre d'indemnisation des dommages causés par des mesures préventives de défense et que, en ce qui concerne les dommages de cet ordre qui ne sont pas encore définitivement réglés, il a reçu les sommes suivantes : au titre des réquisitions : .... ; au titre des dégâts de cantonnement : .... au titre des mesures préventives de défense : ....; ou à tout autre titre : ....

5° Qu'il n'est pas assuré contre les risques de guerre.

ou bien (2) : qu'il est assuré contre les risques de guerre à la compagnie d'assurances .... à raison de (*nature du risque assuré*) .... pour un capital de .... suivant police n° .... en date du .... , qu'il a touché de cette compagnie une somme de .... à titre d'indemnité d'assurance, et que le montant des primes payées par lui s'est élevé à ....

(1) Si, exceptionnellement, un même dommage se trouvait mentionné dans deux catégories. — par exemple dans le cas de prélèvement de cuivre sur des machines, dommage devant faire l'objet d'une déclaration de 1re catégorie (réquisitions de l'ennemi), et de destruction ultérieure des mêmes machines faisant l'objet d'une déclaration de 3me catégorie (immeubles par destination), — le déclarant devra l'indiquer expressément par une note jointe en annexe à la présente demande.

(2) Biffer celle des deux déclarations qui ne convient pas.

INDICATIONS FOURNIES A TITRE DE RENSEIGNEMENTS

Sommes déjà touchées par le demandeur à titre d'acomptes ou d'avances sur sa future indemnité de dommages :

N.-B. — Ces sommes ne doivent pas être défalquées du montant de l'indemnité réclamée qui doit correspondre à l'intégralité des dommages subis. Elles seront seulement portées au débit du compte du sinistré après fixation définitive de l'indemnité.

AVANCES OU ACOMPTES SUR DOMMAGES DE GUERRE	SOMMES REÇUES ou valeur de cession		DATE DU PAYEMENT
	fr.	fr.	
A) En espèces.			
B) En nature.			
Total.....................			

Vu :
Pour légalisation de la signature :
Le Maire,

Fait à .... , le ....
(Signature.)

DÉCLARATION DE DOMMAGES DE GUERRE — 1ʳᵉ Catégorie

INDICATIONS A REMPLIR PAR L'INTÉRESSÉ	INDICATIONS A REMPLIR PAR LE GREFFE
Département :	N° d'enregistrement au greffe :
Arrondissement :	
Canton :	N° matricule du déclarant (1) :
Commission cantonale :	

INDICATIONS A REMPLIR PAR L'INTÉRESSÉ

Nom :

Prénoms :

Adresse actuelle :

(1) Le numéro matricule du déclarant est le numéro d'enregistrement de la première demande formée par lui.

1ʳᵉ CATÉGORIE

Réquisitions opérées par les autorités ou troupes ennemies. — Prélèvements en nature effectués par les autorités ou troupes ennemies sous toutes formes ou dénominations, même sous la forme d'occupation, de logement et de cantonnement. — Impôts établis par l'ennemi, contributions de guerre et amendes.

V. loi du 17 avril 1919, art. 2 (1°)

AVIS IMPORTANT. — Si les blancs de la présente formule ne suffisent pas pour l'énumération des différents dommages prévus à chaque paragraphe, se borner à y faire figurer le total, et joindre une ou plusieurs feuilles annexes établies conformément aux modèles indiqués pour chaque paragraphe.

PARAGRAPHE 1.

Réquisitions opérées par les autorités ou troupes ennemies contre la remise de bons non payés, ou dont le prix est jugé insuffisant.

LIEU ET DATE de la RÉQUISITION	OBJET DE LA RÉQUISITION	SOMMES REÇUES de l'autorité ennemie	PERTE SUBIE estimation de la valeur au 30 juin 1914 (1) des objets réquisitionnés ou de l'insuffisance de la somme reçue par rapport à cette valeur	SOMME DEMANDÉE (y compris la perte subie) pour le remplacement des objets réquisitionnés (déduction faite des sommes reçues)
1	2	3	4	5
A. Bons de réquisition délivrés directement par l'autorité ennemie.				
B. Bons de réquisition délivrés par l'autorité municipale pour le compte de l'autorité ennemie.				
Total du paragraphe 1ᵉʳ....				

PARAGRAPHE 2

Prélèvements en nature effectués par les autorités ou troupes ennemies, *sans remise de Bons*, y compris les prélèvements en nature effectués sous forme d'occupation, de logement ou de cantonnement.

LIEU ET DATE des prélèvements	OBJET DES PRÉLÈVEMENTS	SOMMES REÇUES de l'autorité ennemie	PERTE SUBIE : estimation de la valeur au 30 juin 1914 (1) des prélèvements effectués	SOMME DEMANDÉE (y compris la perte subie) pour le remplacement des objets réquisitionnés (déduction faite des sommes reçues)
1	2	3	4	5
	Total du paragraphe 2.....			

(1) Dans le cas où il s'agit de meubles achetés ou produits après le 30 juin 1914, remplacer la valeur à cette date par le prix d'achat ou le coût de production si ceux-ci peuvent être établis.

PARAGRAPHE 3.

Impôts établis par l'ennemi. — Contributions de guerre en espèces. — Amendes.

LIEU ET DATE DU VERSEMENT	MOTIF DU VERSEMENT	PERTE SUBIE : Montant du versement
1	2	3

A. *Sommes versées directement à l'autorité ennemie.*

B. *Sommes versées à l'autorité ennemie par l'entremise de l'autorité municipale.*

Total du paragraphe 3.....

RÉCAPITULATION

	SOMMES REÇUES de l'autorité ennemie	PERTE SUBIE	SOMMES DEMANDÉES
	1	2	3
1° Réquisitions opérées par les autorités ou troupes ennemies contre remise de bons non payés ou dont le prix est jugé insuffisant.			
2° Prélèvements en nature opérés par les autorités ou troupes ennemies sans remise de bons....			
3° Impôts établis par l'ennemi. — Contributions de guerre en espèces. — Amendes....			
TOTAL GÉNÉRAL......			

ATTESTATION DU DÉCLARANT

Je soussigné, certifie les énonciations ci-dessus sincères et véritables, et déclare, en outre, sous les peines de droit, n'avoir reçu des autorités ennemies, pour les dommages de guerre énumérés dans la présente déclaration, aucune somme ou indemnité autre que celles figurant dans les tableaux qui précèdent.

Fait à   , le   (Signature).

Nomenclature des pièces produites à l'appui de la déclaration des dommages de la 1re catégorie

1. ....
2. ....
3. ....
4. ....
5. ....
6. ....
7. ....
8. ....
9. ....
10. ....
11. ....
12. ....
13. ....
14. ....
15. ....

DÉCLARATION DE DOMMAGES DE GUERRE -- 2ᴱ CATÉGORIE

INDICATIONS A REMPLIR PAR L'INTÉRESSÉ	INDICATIONS A REMPLIR PAR LE GREFFE
Département :	
Arrondissement :	Nº d'enregistrement :
Canton :	Nº matricule du déclarant (1) :
Commission cantonale :	

INDICATIONS A REMPLIR PAR L'INTÉRESSÉ

Nom :

Prénoms :

Adresse actuelle :

(1) Le numéro matricule du déclarant est le numéro d'enregistrement de la première demande formée par lui.

2ᵉ CATÉGORIE

Enlèvements de tous biens meubles et de tous objets tels que récoltes, animaux, arbres et bois, matières premières, marchandises, meubles meublants, titres et valeurs mobilières. — Détériorations ou destructions partielles ou totales de récoltes, de marchandises, et de tous biens meubles, quels que soient les auteurs de ces enlèvements, détériorations ou destructions. — Pertes d'objets mobiliers, soit en France, soit à l'étranger, au cours des évacuations ou rapatriements.

(Voir la loi du 17 avril 1919, article 2 [2ᵉ et avant-dernier alinéas], articles 13, 14 et 17.)

Avis important. — Si les blancs de la présente formule ne suffisent pas pour l'énumération des différents dommages prévus à chaque paragraphe, se borner à y faire figurer le total, et joindre une ou plusieurs feuilles annexes établies conformément aux modèles indiqués pour chaque paragraphe.

Lorsque le sinistré a subi des dommages mobiliers afférents à plusieurs installations ou à plusieurs exploitations, il lui est expressément recommandé, dans son propre intérêt et pour permettre aux commissions de statuer plus rapidement de présenter autant de déclarations qu'il y a d'installations ou d'exploitations.

PARAGRAPHE Ier

Meubles meublants, literie, linge, effets personnels, objets d'utilité domestique et d'objets d'agrément.

DATE ET LIEU des dommages	DÉSIGNATION	PERTE SUBIE			SOMME demandée (y compris perte subie pour le remplacement ou la remise en état des objets détruits ou endommagés (3)
		en cas de destruction — Estimation de la valeur au 30 juin 1914 des objets détruits (1)	en cas de détérioration — Evaluation de la détérioration des objets endommagés par rapport à la valeur au 30 juin 1914 (1)	Valeur attribuée aux objets prévus à l'article 13, § 2, de la loi dans un acte ne remontant pas à plus de dix ans (2)	
1	2	3	4	5	6
	Total du paragraphe 1er.......				
		Total de la perte subie :			

(1) Dans le cas où il s'agit de meubles achetés ou produits après le 30 juin 1914, remplacer la valeur à cette date par le prix d'achat ou le coût de production, si ceux-ci peuvent être établis.

(2) Cette colonne ne doit être remplie que pour les biens meubles n'ayant pas une utilité industrielle, commerciale, agricole, professionnelle ou domestique. En effet, d'après la loi, ceux-ci ne peuvent, en aucun cas, recevoir une estimation supérieure à la valeur qui leur est attribuée, soit par des ventes, soit par des inventaires, déclarations de successions ou tous autres actes dans lesquels il en aurait été fait une évaluation, pourvu que ces actes ne remontent pas à plus de dix ans.

(3) La valeur de remplacement n'est pas due pour les objets d'agrément dont la valeur pour chacun dépassait 3,000 fr. lors de la déclaration de guerre (art. 13, 4°). En ce cas, le montant de la perte subie est seul alloué. En conséquence, on se bornera, pour ces objets, à répéter dans la colonne 6 les chiffres inscrits dans les colonnes 3 ou 4.

PARAGRAPHE 2

Marchandises, matières premières et approvisionnements. Produits en cours de fabrication.

DATE ET LIEU des dommages	DÉSIGNATION	QUANTITÉS	PERTE SUBIE: Estimation de la valeur au 30 juin 1914 des marchandises, matièr. premières ou produits détruits (1) ou de la détérioration s'ils sont simplement endommagés	QUANTITÉ nécessaire pour assurer la marche du commerce ou de l'industrie pendant 3 mois (2)	SOMME demandée (y compris la perte subie) pour le remplacement des marchandises, matièr. premières ou produits (2)
1	2	3	4	5	6
	TOTAL du paragraphe 2....				

(1) Dans le cas où il s'agit de meubles achetés ou produits après le 30 juin 1914, remplacer la valeur à cette date par le prix d'achat ou le coût de production, si ceux-ci peuvent être établis.

(2) Lorsque les quantités perdues dépassent les quantités nécessaires pour assurer la marche du commerce ou de l'industrie pendant trois mois, les frais supplémentaires représentent la différence entre la perte subie et la valeur de remplacement ne sont accordés, aux termes de l'article 13 de la loi, que pour les quantités correspondant à cette période. Pour l'excédent, le montant de la perte subie est seul alloué. En conséquence, la colonne 5 ne doit être utilisée que si la quantité perdue est supérieure à celle nécessaire pour trois mois. Dans ce cas, le chiffre à inscrire dans la colonne 6 doit être établi en ajoutant au chiffre de la colonne 4 le supplément calculé pour le seul remplacement de la quantité nécessaire pour trois mois, et le détail du calcul sera porté sur une feuille annexe, à laquelle le déclarant renverra.

PARAGRAPHE 3

Engrais, semences, récoltes. Produits divers nécessaires à la remise en culture, à l'ensemencement des terres et à la nourriture des animaux des exploitations agricoles. Animaux lorsqu'ils ne sont pas considérés comme immeubles par destination (1). Arbres et bois coupés.

DATE ET LIEU des dommages	DÉSIGNATION	QUANTITÉS	PERTE SUBIE — Estimation de la valeur au 30 juin 1914 des objets détruits ou de la détérioration s'ils sont simplement endommagés (1)	QUANTITÉ nécessaire jusqu'à la prochaine récolte (2)	SOMME demandée (y compris la perte subie pour le remplacement des objets détruits) (3)
1	2	3	4	5	6
Total du paragraphe 3......		»		»	

(1) C'est-à-dire lorsqu'ils n'appartenaient pas à une exploitation commerciale, industrielle ou agricole.

(2) Pour les produits agricoles, indiquer, au lieu de la valeur au 30 juin 1914, la valeur à l'époque de la maturité de la récolte. Pour les meubles achetés ou produits après le 30 juin 1914, remplacer l'indication de la valeur à cette date par celle du prix d'achat ou du coût de production s'ils peuvent être établis.

(3) Lorsque les quantités détruites dépassent les quantités nécessaires à la remise en culture, à l'ensemencement des terres et à la nourriture des animaux jusqu'à la prochaine récolte, les frais supplémentaires représentant la différence entre la perte subie et la valeur de remplacement ne sont accordés, aux termes de l'article 13 de la loi, que pour les quantités correspondant à cette période. Pour l'excédent, le montant de la perte subie est seul alloué.

En conséquence, la colonne 5 ne doit être utilisée que si la quantité perçue est supérieure à la quantité nécessaire jusqu'à la prochaine récolte. Dans ce cas, le chiffre à inscrire dans la colonne 6 doit être établi en ajoutant au chiffre de la colonne 4 le supplément calculé pour le seul remplacement de la quantité nécessaire jusqu'à la prochaine récolte, et le détail du calcul sera porté sur une feuille annexe, à laquelle le déclarant renverra.

PARAGRAPHE 4

Objets servant à l'exercice d'une profession autre qu'une profession industrielle, commerciale, agricole
(articles 2 et 13 combinés)

DATE ET LIEU du dommage	DÉSIGNATION	PERTE SUBIE en cas de destruction — Estimation de la valeur au 30 juin 1914 des objets détruits (1)	en cas de détérioration — Évaluation de la détérioration des objets endommagés par rapport à la valeur (1) au 30 juin 1914	SOMME demandée (y compris la perte subie) pour le remplacement ou la remise en état des objets détruits ou endommagés
1	2	3	4	5
Total du paragraphe 4........				
			Total de la perte subie :	

(1) Ces objets sont ceux qui ne rentrent pas dans l'outillage appartenant à des exploitations commerciales, industrielles et agricoles, ces derniers étant considérés comme immeubles par destination pour l'application de la loi, et devant, en conséquence, être déclarés au titre de la 3e catégorie.

(2) Pour les meubles achetés ou produits après le 30 juin 1914, remplacer la valeur à cette date par le prix d'achat ou du coût de production, si ceux-ci peuvent être établis.

PARAGRAPHE 5
DÉPENSES faites pour éviter des dommages ou empêcher leur aggravation (article 17)

DATE ET LIEU où la dépense a été faite	OBJET DE LA DÉPENSE	PERTE SUBIE : Montant de la dépense
1	2	3
	Total du paragraphe.............	

PARAGRAPHE 6
Titres et valeurs mobilières (article 14)

DATE et lieu des dommages	DÉSIGNATION DES TITRES avec indication du dernier coupon détaché	DATE des oppositions	PERTE SUBIE : Valeur (1)	
			des titres (1)	des coupons perdus
1	2	3	4	5
	Total du paragraphe 6........			

(1) Cette valeur n'est demandée qu'à titre de renseignement, l'indemnité devant être fixée par la commission d'après le dernier cours coté avant le jour de l'évaluation ou d'après une estimation directe.
Il est rappelé que les titres et coupons de rente de l'Etat français sont remplacés en nature.

	PERTE SUBIE	SOMME DEMANDÉE comme valeur de remplacement
1. Meubles meublants, literie, linge, effets personnels, objets d'utilité domestique et objets d'agrément...		
2. Marchandises, matières premières, approvisionnements et produits en cours de fabrication		
3. Engrais, semences, récoltes. — Produits divers nécessaires à la remise en culture, à l'ensemencement des terres et à la nourriture des animaux des exploitations agricoles. — Animaux lorsqu'ils ne sont pas considérés comme immeubles par destination. — Arbres et bois coupés...		
4. Objets servant à l'exercice d'une profession autre qu'industrielle, commerciale ou agricole..		
5. Dépenses faites pour éviter des dommages (1).....................................		
6. Titres et valeurs mobilières (1)..		
Total général.............		

(1) Pour ces deux paragraphes, inscrire la même somme dans la colonne « Perte subie » et dans la colonne « Somme demandée ».

Certifié, sous les peines de droit, sincère et véritable.

Fait à   le   (Signature.)

Nomenclature des pièces jointes à l'appui de la déclaration des dommages de la 2ᵉ catégorie

1. ....
2. ....
3. ....
4. ....
5. ....
6. ....
7. ....
8. ....
9. ....
10. ....
11. ....
12. ....
13. ....
14. ....
15. ....
16. ....
17. ....
18. ....
19. ....
20. ....

DÉCLARATION DE DOMMAGES DE GUERRE — 3ᵉ CATÉGORIE

INDICATIONS A REMPLIR PAR L'INTÉRESSÉ

INDICATIONS A REMPLIR PAR LE GREFFE

Département :

Arrondissement :

Canton :

Commission cantonale :

Nᵒ d'enregistrement au greffe :

Nᵒ matricule du déclarant (1) :

INDICATIONS A REMPLIR PAR L'INTÉRESSÉ

Nom :

Prénoms :

Adresse actuelle :

(1) Le numéro matricule du déclarant est le numéro d'enregistrement de la première demande formée par lui.

3ᵉ CATÉGORIE

Détériorations d'immeubles bâtis ou non bâtis, y compris les bois et forêts ; — Destructions partielles ou totales d'immeubles bâtis ; — Enlèvements, détériorations ou destructions partielles ou totales d'outillages, d'accessoires et d'animaux appartenant à une exploitation commerciale, industrielle ou agricole (considérés comme immeubles par destination en vertu de la loi sur la réparation des dommages de guerre) :

Sans qu'il y ait lieu de rechercher quels sont les auteurs des dommages.

(Voir loi du 17 avril 1919, article 2 (3ᵉ et avant-dernier alinéa), articles 4, 5 et 17).

Avis important. — Lorsque les blancs de la présente formule ne sont pas suffisants pour l'énumération des différents dommages, se borner à y faire figurer le total et joindre une ou plusieurs feuilles annexes établies conformément aux modèles donnés ci-après pour chaque paragraphe.

Indiquer avec précision la situation des immeubles, avec références cadastrales si possible, le nom sous lequel ils sont habituellement désignés, leur mode d'utilisation : habitation, plaisance, culture, industrie, commerce ou autre usage.

Les feuilles annexes ou pièces jointes devront donner, pour les bâtiments détruits en tout ou en partie, une description aussi précise que possible de ces bâtiments ou des parties de bâtiments détruites : plan, si l'on en a un, dimensions extérieures, dispositions intérieures, matériaux de construction, etc. Pour les terres, les feuilles annexes ou pièces jointes donneront l'état de culture au moment du dommage, l'assolement, etc.

Lorsque le sinistré a subi des dommages afférents à plusieurs exploitations, il lui est expressément recommandé, dans son propre intérêt, et pour permettre aux commissions de statuer plus rapidement, de présenter autant de déclarations qu'il y a d'exploitations distinctes.

PARAGRAPHE Iᵉʳ. — IMMEUBLES BATIS

SITUATION et dénomination habituelle (commune, lieudit, références cadastrales, etc.)	MODE d'utilisation (habitation, plaisance, culture, industrie, commerce, etc.)	MODE et DATE d'acquisition (succession, achat, échange, etc.)	DATE de construction	PRIX porté dans l'acte, s'il y a lieu	NATURE DES DOMMAGES	CALCUL DE LA PERTE SUBIE			SOMME DEMANDÉE (y compris la perte subie) pour la reconstruction ou la restauration d'un immeuble identique
						Coût de construction ou de réparation à la veille de la mobilisation	A déduire pour la dépréciation de vétusté (1)	Perte subie (Différence des colonnes 7 et 8)	
1	2	3	4	5	6	7	8	9	10
					Total du § Iᵉʳ...				

(1) Cette dépréciation est limitée, mais seulement pour les immeubles servant exclusivement à l'exploitation rurale, et sous condition de remploi, à 20 p. 100 au maximum du chiffre porté dans la colonne 7 (art. 5, § 6).

PARAGRAPHE 2. — IMMEUBLES NON BATIS

1° Terres labourables, prés, vignes, etc.

(A l'exclusion des bois, forêts, étangs, mines, minières et carrières. Pour ces immeubles, voir les indications portées ci-dessous).

SITUATION et dénomination habituelle (commune, lieudit, références cadastrales, etc.)	SUPERFICIE	NATURE de culture ou d'exploitation	MODE et DATE d'acquisition (succession, échange, achat, etc.)	PRIX porté dans l'acte, s'il y a lieu	NATURE DES DOMMAGES	VALEUR à la veille de la mobilisation	PERTE SUBIE (Détérioration par rapport à la valeur portée dans la colonne 7)	SOMME DEMANDÉE (y compris la perte subie) pour la remise en état d'exploitation ou de productivité antérieure
1	2	3	4	5	6	7	8	9
					Total du § 2...			

2° Bois, forêts, étangs

N.-B. — Les dommages subis par les bois, forêts, étangs, doivent être déclarés sur une feuille à part, du même modèle que ci-dessus, qui sera annexée à la présente déclaration.

3° Mines, minières et carrières

N.-B. — Même observation que pour les bois, forêts et étangs.

PARAGRAPHE 3. — OUTILLAGES, ACCESSOIRES, ANIMAUX
APPARTENANT A UNE EXPLOITATION INDUSTRIELLE, COMMERCIALE ET AGRICOLE
(Immeubles par destination en vertu de l'article 2 de la loi du 17 avril 1919)

SITUATION et dénomination habituelle de l'exploitation à laquelle appartenaient les outillages, accessoires et animaux	DÉSIGNATION DE L'OUTILLAGE des accessoires ou des animaux	CALCUL DE LA PERTE SUBIE			SOMME demandée (y compris la perte subie) pour la reconstitution, le remplacement ou la restauration d'un objet identique
		coût d'acquisition, d'installation ou de réparation à la veille de la mobilisation	à déduire pour la dépréciation de vétusté	perte subie (différence des colonnes 3 et 4)	
1	2	3	4	5	6
	Total du paragraphe 3.....				

PARAGRAPHE 4. — DÉPENSES FAITES POUR ÉVITER DES DOMMAGES OU EMPÊCHER LEUR AGGRAVATION

DATE ET LIEU DE LA DÉPENSE	OBJET DE LA DÉPENSE	MONTANT DE LA DÉPENSE
	Total du paragraphe 4.....	

RÉCAPITULATION

	PERTE SUBIE 1	SOMME DEMANDÉE comme valeur de reconstitution 2
Paragraphe 1er. — Immeubles bâtis..		
Paragraphe 2. — Immeubles non bâtis.............. { 1° Terres labourables, prés, vignes, etc...		
2° Bois, forêts, étangs (1)...............		
3° Mines, minières et carrières..........		
Paragraphe 3. — Outillages, accessoires, animaux appartenant à une exploitation industrielle, commerciale ou agricole............................ (Immeubles par destination en vertu de l'article 2 de la loi du 117 avril 1919)		
Paragraphe 4. — Dépenses faites pour éviter des dommages ou empêcher leur aggravation (2)..		
TOTAL GÉNÉRAL.....		

(1) Indiquer ici le montant du dommage porté sur les feuilles annexes spéciales.

(2) Pour ce paragraphe, inscrire la même somme dans la colonne « Perte subie » et dans la colonne « Somme demandée ».

Certifié, sous les peines de droit, sincère et véritable.

Fait à   , le   19   .

(Signature).

Nomenclature des pièces produites à l'appui de la déclaration des dommages de la 3ᵉ catégorie

1. ....
2. ....
3. ....
4. ....
5. ....
6. ....
7. ....
8. ....
9. ....
10. ....
11. ....
12. ....
13. ....
14. ....
15. ....
16. ....
17. ....
18. ....
19. ....

DÉCLARATION DE DOMMAGES DE GUERRE — 4me Catégorie

<table>
<tr><td>

INDICATIONS A REMPLIR PAR L'INTÉRESSÉ

Département :

Arrondissement :

Commune :

Commission d'évaluation :

</td><td>

INDICATIONS A REMPLIR PAR LE GREFFE

N° d'enregistrement au greffe :

N° matricule du déclarant (1) :

</td></tr>
</table>

INDICATIONS A REMPLIR PAR L'INTÉRESSÉ

Nom :

Prénoms :

Adresse actuelle :

(1) Le numéro matricule du déclarant est le numéro d'enregistrement de la première demande formée par lui.

4° CATÉGORIE

Dommages causés dans la zone de défense des frontières et dans le voisinage des places de guerre et de points fortifiés.

(ZONES DE SERVITUDES MILITAIRES)

Loi du 17 avril 1919. — Article 2. — Sont considérés comme dommages résultant des faits de la guerre, notamment :

4° Tous les dommages visés aux paragraphes précédents causés dans la zone de défense des frontières ainsi que dans le voisinage des places de guerre et des points fortifiés, sans qu'il puisse être opposé aux ayants droit aucune exception tirée des lois et décrets concernant les servitudes militaires. Toutefois, pour fixer le montant de l'indemnité, les commissions d'évaluation devront faire état du caractère précaire des constructions élevées dans les zones militaires, en contravention aux lois et règlements ou en vertu d'autorisations subordonnées à l'engagement de démolir à première réquisition.

Lorsqu'en raison de la situation des biens atteints, les dommages doivent être compris dans la IVe catégorie, les déclarations seront faites sur des feuilles de Ire, IIe et IIIe catégories, suivant les cas. Celles-ci porteront en tête du titre une mention très apparente (de préférence à l'encre rouge) indiquant qu'il s'agit de dommages de la 4e catégorie, et seront placées à l'intérieur de la présente feuille.

N.-B. — Insérer dans cette feuille les formules de 1re, 2e ou 3e catégories utilisées pour la déclaration des dommages subis dans les zones de servitudes militaires (4e catégorie).

Le demandeur n'aura pas à tenir compte des abattements à effectuer en raison du caractère précaire des constructions. Ces abattements seront opérés par la commission.

RÉCAPITULATION

DES DOMMAGES DE 4e CATÉGORIE INSCRITS SUR LES FEUILLES CI-INCLUSES DE 1re, 2e OU 3e.

	PERTE SUBIE	SOMME DEMANDÉE
I. Feuille de 1re catégorie		
II. Feuille de 2me catégorie..		
III. Feuille de 3me catégorie		
Total général de la 3me catégorie............		

ANNEXE N° XV

Circulaire du 25 avril portant institution d'un nouveau régime d'avances pour frais d'établissement des dossiers de déclarations de dommages de guerre et pour constitution d'un fonds de roulement aux sociétés coopératives de reconstruction.

Le ministre des régions libérées, à MM. les préfets des départements atteints par les événements de guerre.

Paris, le 25 avril 1919.

I. — L'établissement des dossiers de déclaration de dommages semble devoir comporter, dans certains cas, pour les sinistrés, certaines dépenses que leur situation présente peut ne pas leur permettre de supporter.

Ces dépenses consistent, notamment, soit en opérations de constat ou d'expertise, rédaction de procès-verbaux, relevés de plans, copies de pièces, etc., soit en établissement de projets et de devis de travaux en vue du remploi, dans les conditions prévues par l'article 9 de la loi du 17 avril 1919.

J'ai reconnu utile, d'accord avec mon collègue M. le ministre des finances, de mettre par voie d'avances, à la disposition des intéressés, les sommes nécessaires pour y faire face, sommes qui peuvent être fixées sur la base d'un tant pour cent du montant approximatif du dommage invoqué.

L'appréciation du montant approximatif du dommage, pour l'application de ce régime d'avances, sera faite, soit au vu d'un état déclaratif sommaire produit par le sinistré et visé par le maire et par deux propriétaires de la commune, soit au vu du dossier de dommages déjà constitué, revêtu des mêmes visas, si ce dossier a pu être dressé préalablement.

L'administration aura toujours le droit de réduire d'office, et sans contestation, pour l'application du tant pour cent, les chiffres d'estimation prévus aux documents susvisés, si ces chiffres lui semblent excessifs.

Il est d'ailleurs superflu de dire que l'acceptation d'un chiffre de base quel qu'il soit, pour l'application de la présente circulaire, ne saurait engager en aucune manière l'administration en ce qui concerne l'évaluation définitive du dommage.

Quant au tant pour cent à appliquer pour le calcul de l'avance, il a paru pouvoir être équitablement fixé à 1 p. 100 en ce qui concerne les frais afférents à l'établissement des pièces justificatives produites à l'appui du dossier proprement dit de déclaration de dommages (procès-verbaux de constat, expertises, relevés de plans, copies d'actes et de pièces, etc.), et à 1 p. 100 en ce qui concerne l'établissement des projets de travaux et devis sommaires prévus par l'article 9 de la loi, soit au total 2 p. 100.

Cette avance pourra être demandée ou allouée soit pour l'un, soit pour l'autre des deux objets ci-dessus, soit pour les deux, et, dans ce dernier cas, elle pourra être versée soit en deux fois conformément à la distinction ci-dessus, soit en une seule.

Les bénéficiaires auront à justifier de l'emploi de cette avance, pour vous permettre de constater si elle n'excède pas le coût réel de la dépense, et à souscrire l'engagement d'en accepter l'imputation sur leur future indemnité de dommages de guerre.

Il est d'ailleurs bien entendu qu'il appartiendra aux seuls intéressés de débattre les conditions d'établissement des documents et projets envisagés avec les personnes compétentes auxquelles ils feront appel, et que la fixation du tant pour cent ci-dessus ne comporte aucune indication en ce qui concerne les tarifs qui pourraient être appliqués, tarifs qui doivent d'ailleurs nécessairement varier suivant la nature du dommage à évaluer.

II. — L'avance prévue au paragraphe précédent peut être demandée individuellement par les sinistrés, pour être employée par eux directement dans les conditions qui viennent d'être indiquées.

Mais il ne saurait être mis en doute que les conditions dans lesquelles seront effectués les études et travaux préparatoires, auxquels les avances sont applicables, seront très différentes, tant au point de vue du prix de revient de ces travaux qu'au point de vue des garanties de compétence des personnes qui accepteront de s'en charger, suivant que le sinistré traitera isolément avec les hommes de l'art ou les hommes d'affaires qui lui offriront leurs services, ou qu'il formera avec d'autres sinistrés des associations ou groupements de caractère coopératif, susceptibles de discuter plus efficacement les intérêts communs ou de faire appel à des personnes plus compétentes.

Tel est le rôle qui doit incomber aux sociétés coopératives de reconstruction, dont il importe, comme l'a déjà fait la circulaire du 12 octobre 1918, de favoriser la création et d'orienter l'action dans le sens indiqué.

Il a été reconnu que, d'une façon générale, le fonds commun, qui doit être constitué dès le début par de telles sociétés, et qui doit couvrir les premières dépenses effectuées tant pour la constitution et le fonctionnement de la société que pour le compte des adhérents, pouvait être fixé, par rapport aux acomptes, alloués à chaque sociétaire et apportés par eux à la société, à environ 4 p. 100.

Mais le versement de ce tant pour cent suppose que les sinistrés, membres de la société, ont déjà obtenu individuellement les acomptes (ou les avances pour travaux) sur lesquels peuvent être prélevées les sommes dont il s'agit.

Il n'en est malheureusement pas ainsi lorsqu'il s'agit des premières dépenses afférentes à la préparation des pièces justificatives ou des projets de travaux qui doivent être joints aux demandes d'indemnités de dommages (préparation qu'il y a cependant le plus grand intérêt à poursuivre dès le début par le moyen de la constitution en société coopérative), ni non plus dans beaucoup d'autres cas.

La nécessité s'impose donc, non seulement d'envisager la possibilité de l'apport à une coopérative de l'avance totale de 2 p. 100 prévue dans la première partie de cette circulaire, mais de relever dans ce cas le chiffre de cette avance, de manière à pouvoir mettre immédiatement à la disposition de la société un fonds de roulement suffisant pour lui permettre de constituer, de vivre et même d'engager certaines dépenses préparatoires à l'exécution des travaux, telles que passation de commandes, aménagement de dépôts de matériaux, de voies de garage pour les desservir, etc.,

— restant bien entendu que les travaux eux-mêmes ne **sont** exécutés qu'au fur et à mesure de l'apport ultérieur à la société, par chaque sinistré individuellement, des acomptes, avances ou indemnités obtenus à cet effet.

En considération de l'intérêt tout particulier qui s'attache à la création des sociétés coopératives, j'ai décidé, d'accord avec M. le ministre des finances, que des avances susceptibles de s'élever (au maximum) à 4 p. 100 du montant approximatif des dommages (apprécié comme il est dit ci-dessus) pourront être accordées aux sinistrés qui le demanderont pour l'objet indiqué, à charge d'en faire apport à la société coopérative dont ils déclareront faire partie et pour lui constituer un premier fonds de roulement.

Ces avances seront versées directement entre les mains du trésorier de la coopérative, qui devra se faire donner pouvoir pour en délivrer valablement quittance.

III. — Telles sont, monsieur le préfet, les facilités qui doivent désormais être mises à la disposition des sinistrés, tant pour leur permettre de préparer leurs dossiers de déclaration de dommages et de demandes d'indemnités, que de constituer des sociétés coopératives pour la réalisation de l'œuvre d'évaluation des dommages, et ultérieurement de reconstitution, à laquelle ils sont appelés à pourvoir.

C'est à vous qu'il appartiendra de statuer sur les demandes d'avances présentées en exécution de la présente circulaire, et dont la solution ne doit être entravée par aucune formalité inutile. Toutefois, les demandes dépassant le chiffre de 20.000 fr. devront m'être soumises obligatoirement.

Je vous prie de prendre les mesures nécessaires pour que le nouveau régime d'avances ainsi institué entre en fonctionnement sans délai, et pour que les instructions ci-dessus reçoivent toute la publicité nécessaire.

Le ministre des régions libérées,
A. Lebrun.

ANNEXE N° XVI

Circulaire du 26 avril 1919 portant institution d'un nouveau régime d'avances pour la construction de bâtiments semi-provisoires.

Le ministre des régions libérées,
à *MM. les préfets des départements atteints par les événements de guerre:*

Paris, le 26 avril 1919.

I. — Des demandes sont fréquemment présentées par des sinistrés à l'effet d'être autorisés à édifier eux-mêmes, aux frais de l'Etat, des « constructions provisoires » ou « semi-provisoires », destinées à leur permettre d'attendre le moment de la reconstruction de leurs immeubles détruits.

Si les constructions envisagées présentent le caractère de *véritables abris provisoires* en matériaux de durée limitée, pleinement assimilables à ceux dont la cession peut être faite aux sinistrés en toute propriété, sur la base de moitié du prix de revient, j'ai décidé à propos de cas particuliers, et je suis disposé à admettre d'une façon générale, que l'autorisation peut être accordée.

Il est essentiel toutefois, dans ce cas, que la dépense dans laquelle l'Etat a à intervenir ne dépasse pas 4.5oo fr., prix normal d'une des maisons provisoires fournies par les services de reconstitution, et que la construction soit édifiée sous leur contrôle. La dépense sera imputée sur le chapitre 10 de mon budget, comme celle des maisons provisoires fournies et édifiées par mes services, et la moitié en sera imputée au compte des dommages du sinistré.

Pour le cas où la dépense dépasserait 4.5oo fr., l'excédent demeurerait entièrement à la charge du sinistré, sur son compte de dommages de guerre.

II. — Si la construction doit être édifiée en matériaux

durables, et présente, par suite, des caractères de permanence qui la différencient nettement de l'abri provisoire — bien qu'elle demeure différente de la construction définitive que le sinistré se propose d'élever en remplacement de son immeuble ancien — l'hypothèse se rapproche de celle que prévoit et réglemente l'article 19 de la loi sur la réparation des dommages de guerre, article qui autorise l'attribution d'acomptes pour réaliser « des constructions semi-provisoires », lorsque l'attributaire justifie de l'impossibilité d'effectuer le remploi immédiatement en construction définitive.

Dans ce cas, le montant des acomptes est toutefois limité au tiers du montant de l'indemnité, et le surplus de ladite indemnité doit être capitalisé à 5 p. 100 par les soins du Trésor jusqu'au rétablissement de la créance initiale.

La combinaison de ces dispositions m'a conduit, d'accord avec mon collègue, M. le ministre des finances, à envisager, sans attendre l'évaluation des dommages à laquelle est subordonnée l'allocation d'acomptes, l'institution d'un nouveau régime d'avances, aux sinistrés, en vue de leur permettre la réalisation de constructions semi-provisoires dans les conditions qui viennent d'être rappelées.

Les avances dont il s'agit seront imputées sur la future indemnité de dommages de guerre du sinistré.

L'octroi de ces avances doit être subordonné à l'engagement pris par l'intéressé d'accepter la capitalisation à 5 p. 100, par les soins du Trésor, du surplus de l'indemnité afférente à l'immeuble dont le bâtiment semi-provisoire doit tenir lieu, jusqu'au rétablissement de ladite somme.

Le maximum des avances devra être fixé (pour éviter le dépassement de la proportion du tiers prévu par la loi) à 25 p. 100 seulement du montant approximatif de la part d'indemnité éventuellement afférente à l'immeuble détruit, telle qu'elle sera appréciée, sur la base d'un état déclaratif fourni par le sinistré, avec visa du maire et de deux propriétaires notables de la commune, et vérifié par les agents techniques de vos services

C'est à vous qu'il appartiendra de statuer sur les demandes, au vu des propositions de M. l'architecte en chef du service.

Je vous prie, monsieur le préfet, de mettre immédiatement en vigueur ce nouveau régime d'avances, et de donner, dans le moindre délai, aux présentes instructions, toute la publicité désirable.

Le ministre des régions libérées,
A LEBRUN.

ANNEXE N° XVII

Circulaire du 27 avril 1919 concernant les avances aux cultivateurs sinistrés dont les terres sont incultivables, pour la reprise d'autres exploitations.

Le ministre des régions libérées,
à MM. les préfets des départements atteints par les événements de guerre.

Paris, le 27 avril 1919.

Il m'a été signalé que les prescriptions de la circulaire du 21 octobre 1918, concertée entre M. le commissaire à l'agriculture et moi-même, et relative aux conditions d'application respectives du régime spécial d'avances pour fonds de roulement aux agriculteurs dans les régions libérées et de la loi sur la culture des terres abandonnées, ne résolvaient pas d'une manière entièrement satisfaisante l'hypothèse où un agriculteur sinistré, retrouvant son propre domaine incultivable par suite du bouleversement et de la dévastation des terres, veut reprendre une autre exploitation qui n'est pas susceptible d'être considérée comme terre abandonnée.

La jurisprudence des comités départementaux chargés de l'application de la loi du 4 mai 1918 sur la culture des terres abandonnées s'est en effet précisée dans un sens limitatif à cet égard, et je me vois amené à reprendre le principe antérieurement consacré par ma circulaire du

17 janvier 1918, qui autorisait, dans ce cas, l'allocation d'avances sur indemnités de dommages de guerre.

Je vous prie donc de vouloir bien prendre note que les instructions du 21 octobre 1918, relatives à l'octroi d'avances *pour fonds de roulement sur indemnités de dommages*, s'appliqueront désormais aux agriculteurs sinistrés dont les terres auront été reconnues impossibles à remettre en culture, et qui reprendront une autre exploitation, non susceptible d'être considérée comme abandonnée, dans un rayon de 5o kilomètres de la commune du dommage, sans sortir de la zone libérée, — limitation résultant des prescriptions de l'article 5, paragraphe 8, de la loi du 17 avril **1919**.

Les intéressés devront, en présentant leur demande, justifier des dispositions qu'ils auront prises pour s'assurer cette nouvelle exploitation, et notamment faire connaître les engagements souscrits ou les contrats passés à cet effet et le nombre d'hectares de terre qu'ils seront en situation d'y cultiver.

Quant à la vérification du fait que l'ancien domaine est devenu incultivable, tout au moins actuellement, en raison soit de la destruction de la couche de terre arable par des bombardements prolongés, soit d'un bouleversement tel que la remise en état du sol ne puisse être envisagée qu'au bout d'un long délai, excédant au moins une année, *elle était confiée sous le régime de la circulaire du 17 janvier 1918, à une commission spéciale*, mais j'estime que vous possédez dès maintenant vous-même, du fait des constatations et des relevés déjà effectués dans cet ordre d'idées par vos services de reconstitution et du génie rural, tous les moyens d'appréciation nécessaires, et qu'au besoin il vous serait facile de faire très rapidement vérifier par vos fonctionnaires ou agents techniques la situation de fait de toute exploitation.

Je précise que le bénéfice de l'extension ainsi réalisée dans le régime d'attribution des avances allouées sur dommages de guerre est réservé, comme je l'ai déjà indiqué ci-dessus, à la reprise d'exploitations situées dans le rayon et dans la zone territoriale ci-dessus définie, et « non susceptibles d'être **considérées comme abandonnées** » ; s'il en était autrement, il ne pourrait être question que d'avances imputables sur les crédits de mise en culture de terres abandonnées.

Le ministre des régions libérées,
A. LEBRUN.

ANNEXE N° XVIII

Décret du 26 mai 1919 portant règlement d'administration publique pour l'exécution de la loi du 17 avril 1919 en ce qui concerne les édifices civils ou cultuels et les monuments présentant un intérêt national d'histoire ou d'art.

Le Président de la République française,

Vu la loi du 9 décembre 1905 sur la séparation des Eglises et de l'Etat et la loi du 2 janvier 1917 concernant l'exercice des cultes ;

Vu la loi du 31 décembre 1913 sur les monuments historiques:

Le Conseil d'Etat entendu,

Décrète :

ARTICLE PREMIER. — Les demandes formées, soit par les départements, les communes, les établissements publics ou les associations cultuelles, en vue d'obtenir la réparation des dommages résultant de faits de guerre subis par les édifices civils ou cultuels leur appartenant, soit dans les cas prévus par le dernier paragraphe de l'article 24 de la loi du 17 avril 1919, par tout contribuable inscrit au rôle d'une commune, sont soumises à la Commission spéciale instituée par l'article 12 de la même loi sur la réparation des dommages de guerre.

Cette Commission est chargée de déterminer les conditions qui devront être observées, en cas de reconstruction de l'édifice, pour que celui-ci présente le même caractère, la même importance, la même destination et les mêmes garanties de durée que l'édifice détruit.

ART. 2. — Les demandes formées par les départements, les communes, les établissements publics, les associations cultuelles ou les particuliers, en vue de la conservation ou de la consolidation des ruines ainsi que, éventuellement, de la reconstruction en leur état antérieur des monuments présentant un intérêt national d'histoire ou d'art, seront soumises à la même Commission ; celle-ci donne son avis au ministre de l'Instruction publique et des Beaux-Arts, qui statue.

Art. 3. — Le dossier constitué par les soins des intéressés, pour la reconstruction de chaque édifice, comprend :

1° Une demande accompagnée de toutes indications utiles sur l'état antérieur de l'édifice, sur les besoins auxquels il répondait et, s'il y a lieu, sur l'intérêt qu'il présente au point de vue historique ou artistique ;

2° Un avis du Conseil municipal de la commune de la situation de l'immeuble dans tous les cas où la demande n'émane pas de la commune, un avis des groupements ou particuliers intéressés, ainsi que du service administratif compétent au point de vue de la réglementation spéciale à chaque catégorie d'édifices publics ;

3° Un devis descriptif précisant le mode de construction et la nature des matériaux prévus ;

4° Un avant-métré des quantités en cubes, surfaces ou unités, s'appliquant aux travaux projetés ;

5° Un plan général, à échelle réduite s'il y a lieu, ainsi que des plans, façades et coupes à une échelle minima d'un centimètre par mètre. Ces dessins doivent être en nombre suffisant pour exprimer clairement les dispositions du projet ; ils doivent être cotés.

Si le projet comporte l'aménagement et la consolidation des ruines de l'ancien édifice, le dossier constitué pour cet objet spécial doit comprendre, indépendamment des pièces spécifiées sous les numéros 1° et 2° du présent article, un devis descriptif, un avant-métré et des tracés graphiques cotés, accompagnés, autant que possible, des documents photographiques ou autres.

La Commission spéciale est saisie, suivant les cas, soit par le ministre de l'Instruction publique et des Beaux-Arts, soit par les Commissions cantonales d'évaluation, soit par les tribunaux des dommages de guerre, soit par toute personne ou tout groupement intéressé.

Art. 4. — Le président et les vice-présidents de la Commission spéciale doivent être choisis parmi ses membres et sont désignés par décret rendu sur la proposition du ministre de l'Instruction publique et des Beaux-Arts.

Des rapporteurs spéciaux, pris en dehors de la Commission,

peuvent être appelés, par arrêtés ministériels, à prendre part aux travaux de la Commission avec voix consultative.

Un arrêté déterminera la composition et les attributions du secrétariat administratif et technique attaché à la Commission spéciale.

La Commission spéciale peut se subdiviser en sous-Commissions dont elle désigne les présidents.

La Commission et les sous-Commissions peuvent procéder à toutes mesures d'instruction qu'elles jugent utiles et demander, s'il y a lieu, l'avis du Conseil général des bâtiments civils ou de la Commission des monuments historiques, même s'il s'agit d'une affaire pour laquelle leur avis n'est pas légalement obligatoire.

Les sous-Commissions statuent définitivement sur les affaires qui leur sont soumises par la Commission, à moins que la décision par laquelle elles sont saisies ne contienne une indication contraire ou que les sous-Commissions ne décident elles-mêmes le renvoi à la Commission en séance plénière.

Art. 5. — La Commission, suivant les cas, prend une décision ou émet un avis motivé.

Les délibérations de la Commission ne sont valables que si huit membres au moins sont présents.

Les sous-Commissions ne peuvent valablement délibérer que si trois membres au moins sont présents.

En cas de partage, la voix du président est prépondérante.

Art. 6. — Les décisions de la Commission ou, dans le cas prévu par l'article 12, paragraphe 4, les décisions du ministre de l'Instruction publique et des Beaux-Arts sont notifiées au département, à la commune, à l'établissement public, aux groupements ou aux particuliers intéressés.

La décision déterminant les garanties prévues au paragraphe 1er de l'article 12 est, en outre, notifiée, suivant les cas, à la Commission cantonale d'évaluation ou au Tribunal des Dommages de guerre.

Art. 7. — L'indemnité nécessaire à la reconstruction ou à la réparation de l'édifice civil ou cultuel détruit ou détérioré par fait de guerre est fixée par la Commission cantonale d'évaluation sur le vu de la décision de la Commission spéciale déterminant l'importance et les garanties de durée que doit présenter l'immeuble à reconstituer.

A cet effet, le dossier qui a servi de base à la décision de la Commission spéciale est transmis, suivant les cas, à la Commission cantonale d'évaluation ou au Tribunal des Dommages de guerre, en même temps que la notification de cette décision.

La Commission cantonale fixe le montant de l'indemnité d'après la dépense que doit entraîner la reconstitution de l'immeuble dans les conditions de caractère, d'importance, de destination ou de garantie de durée déterminées par la Commission spéciale, sous réserve de l'application du paragraphe 3 de l'article 12 qui prévoit qu'en cas de contestation, il est statué par le Tribunal des dommages de guerre.

ART. 8. — Les ministres de l'Instruction publique et des Beaux-Arts, des Finances, de l'Intérieur et des Régions libérées sont chargés, chacun en ce qui le concerne, de l'exécution du présent décret, qui sera publié au *Journal officiel* de la République française et inséré au *Bulletin des lois*.

Fait à Paris, le 26 mai 1919.

R. POINCARÉ.

ANNEXE N° XIX

Le ministre des régions libérées à MM. les préfets des départements atteints par les événements de guerre.

Paris, le 15 juin 1919.

I. — La nécessité s'impose d'assurer par tous les moyens un logement provisoire convenable, avant le retour de la mauvaise saison, aux habitants des régions libérées qui, sans attendre le plus souvent, l'autorisation administrative, mais dans le très noble désir de se remettre, sans plus tarder, au travail, sont déjà revenus en grand nombre dans les régions dévastées.

Il y a lieu de craindre, à cet égard, que, par suite des difficultés de transport, les stocks de maisons démontables qui existent dans les chantiers et ateliers de l'intérieur ne puissent être amenés quotidiennement sur les lieux d'emploi qu'en quantités notoirement insuffisantes pour répondre aux plus pressants besoins.

D'autre part, l'utilisation des matériaux locaux doit être poussée à l'extrême, de manière à en obtenir le maximum de résultats possible pour l'édification d'abris provisoires, en attendant la reconstruction des bâtiments définitifs, qui prendra nécessairement un long délai.

Dans ce but, j'ai reconnu l'utilité de préciser, tant au point de vue technique qu'au point de vue financier, et en vue d'assurer l'application de mes précédentes instructions dans l'esprit le plus large, ce qu'il convient d'entendre par constructions provisoires.

II. — Je vous prie de vouloir bien noter, à cet effet, que les termes de « constructions provisoires » s'appliquent, non seulement aux maisons démontables en panneaux de bois fournies par mes services, et aux baraquements analogues de diverses provenances, mais en outre aux constructions qui, bien qu'édifiées en matériaux durables, n'en présentent pas moins, en raison de leur importance minime et du mode particulier d'emploi desdits matériaux, un caractère essentiellement provisoire.

Doivent notamment être considérés comme tels, les abris ou constructions d'une valeur ne dépassant pas celle des maisons démontables en bois correspondantes, et qui seraient édifiés soit avec des murs de briques de 22 centimètres d'épaisseur, hourdés en terre, soit avec des murs en briques de 11 centimètres, hourdés à la chaux, soit avec des murs en carreaux de terre, soit en tous autres matériaux locaux analogues et employés dans les mêmes conditions.

La valeur des maisons démontables, sur laquelle doit se régler celle desdites constructions provisoires, est, ainsi que vous le savez, de 4.500 francs pour une maison de deux pièces, 5.600 francs pour trois pièces et 7.400 francs pour quatre pièces.

Aux constructions provisoires édifiées en matériaux durables, dans les conditions ci-dessus, et ne dépassant pas le prix de revient qui vient d'être rappelé (sous réserve d'ailleurs de la justification des besoins résultant de la composition des familles, pour les constructions de 3 et 4 pièces), seront applicables les modalités financières ci-après, qui ne constituent que l'application des principes déjà en vigueur — sous réserve des seules modifications résultant du caractère même des constructions en matériaux durs, qui ne sauraient évidemment être transférées sur un autre emplacement que celui où elles sont construites, comme le seraient des maisons démontables, mais dont les éléments peuvent toutefois, s'il y a lieu, après avoir été désagrégés ou désassemblés, se prêter à une réutilisation ultérieure.

III. — Les constructions dont il s'agit pourront être édifiées aux frais exclusifs de l'Etat, sur tout terrain appartenant aux communes, aux départements, à l'Etat, ou loué spécialement à cet effet par le service de reconstitution.

Elles feront l'objet dans ce cas, soit de **concessions** moyennant loyer nominal de 1 franc, soit de **locations** sur les bases habituelles, suivant la situation de fait des demandeurs.

Quand ces derniers les abandonneront pour rentrer dans leurs maisons reconstruites, elles pourront être, soit remises aux communes ou au département, en vue de divers usages, soit démolies avec soin, comme il est dit ci-dessus, en vue de la réutilisation de leurs matériaux (menuiseries, briques, poutrelles, planches, etc., etc.) dans les reconstructions définitives.

IV. — Si un sinistré demande l'édification d'une telle construction sur son propre terrain, il y sera procédé, également aux frais de l'Etat, à la seule condition que le demandeur accepte l'imputation à son compte de dommages de la part de la dépense excédant la moitié du prix de revient normal d'une maison démontable, c'est-à-dire du supplément de dépense dépassant la somme de 2.250 fr. pour une maison de deux pièces, 2.800 francs pour trois pièces et 3.700 francs pour quatre pièces.

La somme de 2.250 francs, 2.800 ou 3.700 francs, restera, en tout cas, entièrement à la charge de l'Etat, comme s'il s'agissait d'une maison démontable, et sera imputée sur les crédits des travaux de première urgence. L'excédent sera payé sur les crédits des dommages de guerre et inscrit au compte du sinistré.

Si, par suite de l'emploi des matériaux trouvés sur place, ou de la participation manuelle de l'intéressé à ses propres travaux, ou de toute autre cause, la dépense était inférieure à 2.250 francs pour une construction de deux pièces, 2.800 francs pour 3 pièces et 2.700 francs pour 4 pièces, l'Etat en supporterait donc intégralement la charge, à titre de « somme attribuée pour la construction d'abris provisoires » dans les conditions prévues par l'article 18, paragraphe 2 de la loi du 17 avril 1919.

Si la dépense totale excède les chiffres susvisés, — sans toutefois dépasser la somme de 4.500, 5.600, ou 7.400 fr., prix de revient au delà duquel la construction perdrait le caractère de construction provisoire, — l'excédent est inscrit, comme il est dit ci-dessus au compte de dommages du sinistré.

La construction, ainsi édifiée sur le sol appartenant au sinistré, devient immédiatement la propriété de ce dernier. Il conviendra d'ailleurs, de veiller, avec le plus grand soin, à ce que l'emplacement qui lui sera donné ne puisse gêner en rien la reconstruction définitive des bâtiments détruits.

V. — Si enfin un sinistré veut construire lui-même, ou faire construire par un entrepreneur, sur son propre terrain, un bâtiment provisoire, répondant d'ailleurs entièrement aux caractéristiques ci-dessus, il aura également le droit de demander que le service de reconstitution lui en rembourse, ou en acquitte, la dépense, à la condition de prendre lui-même l'engagement prévu au paragraphe précédent.

Dans ce cas, la somme de 2.250, 2.800 ou 3.700 francs, prise en charge par l'Etat, et le supplément incombant au compte de dommages du sinistré, feront l'objet des mêmes inscription et imputation que ci-dessus.

De même, le sinistré deviendra aussitôt propriétaire de la construction, et les mêmes précautions devront être prises au point de vue du choix de l'emplacement.

VI. — Je crois devoir préciser en terminant, comme je viens de le rappeler incidemment ci-dessus, que la limite en-deçà de laquelle doivent nécessairement se tenir les opérations dont il s'agit, en ce qui concerne le montant de la dépense à ne pas dépasser pour qu'une construction de l'ordre envisagé soit considérée comme provisoire et ouvre aux sinistrés les avantages ainsi définis, est la limite même résultant des conditions de prix de revient total des maisons démontables, c'est-à-dire celle de 4.500 francs pour une maison à deux pièces, 5.600 francs pour une maison à trois pièces et 7.400 francs pour une maison à quatre pièces.

S'il s'agissait de constructions dont le prix de revient dépassât ces maxima, les dispositions ci-dessus cesseraient d'être applicables, pour faire place, le cas échéant, à celles qui sont formulées à l'article 19 de la loi sur la réparation des dommages de guerre, et dans ma circulaire du 26 avril 1919, en ce qui concerne les bâtiments semi-provisoires.

De même, les constructions, d'une valeur inférieure aux chiffres ci-dessus, qui seraient édifiées dans des conditions de réalisation technique présentant un caractère plus voisin de celui d'une construction définitive que celles indiquées ci-dessus, devront également être considérées comme constructions semi-provisoires et continueront à être régies par les textes que je viens de rappeler.

VII. — Telles sont les dispositions que j'ai décidé d'adopter, et que je vous prie de mettre immédiatement en application dans l'esprit le plus large, en vue de provoquer sans délai, dans toute l'étendue des régions dévastées, — et concurremment avec l'édification des maisons démontables ou des baraquements de toute provenance, — un effort soutenu et intensif pour la reconstitution aussi prompte que possible des moyens d'habitation provisoires indispensables aux habitants sinistrés.

Vous voudrez bien me rendre compte dans le délai d'un mois des premiers résultats qui auront été obtenus par l'application des présentes instructions, auxquelles je vous prie d'assurer la plus grande publicité par tous moyens utiles, et dont vous pourrez utilement faire l'objet d'une notice distribuée aux sinistrés.

TABLE DES MATIÈRES ANALYTIQUE

PREMIÈRE PARTIE

EXPOSÉ MÉTHODIQUE DE LA LOI

CHAPITRE PREMIER. — **Que faut-il entendre par dommages de guerre ?** 5

Définition des catégories.......................... 7

CHAPITRE II. — **Des personnes admises au bénéfice de la loi**............................... 13

CHAPITRE III. — **De l'Indemnité, de quoi se compose-t-elle ?**............................ 15

Montant de la perte subie et frais supplémentaires 15

I. *En matière immobilière* 15

Immeubles bâtis, immeubles par destination, immeubles non bâtis.

II. *En matière mobilière* 35

Le mobilier de l'habitation, les meubles meublants, les effets personnels donnent droit aux frais supplémentaires.

CHAPITRE IV. — **Dans quelles conditions le droit à l'indemnité est-il acquis ? Du Remploi**....... 47

I. *En matière immobilière* 47

A quelles conditions le remploi est-il considéré comme effectué ?

II. *En matière mobilière* 50

L'idée de remploi ne doit pas intervenir.

CHAPITRE V. — **Comment et par qui l'indemnité est-elle fixée ? De la Juridiction**..............   55

    Quelle doit être la juridiction ?..............   55

    Comment doit être rédigée et présentée la demande d'indemnité ?

        Commission cantonale..........................   56

        Tribunal des Dommages de guerre   68

        Comités techniques départementaux...........   70

CHAPITRE VI. — **Du Paiement**....................   79

    Délivrance des titres.

        Titre ordinaire, complémentaire et spécial.......   80

    Époque du paiement.......................   81

        Cas où l'attributaire effectue le remploi ou le remplacement   82

        Cas où il ne remploie pas....................   86

    Des autres modes de libération par l'État...........   92

CHAPITRE VII. — **Des abris provisoires et des avances**   97

CHAPITRE VIII. — **Dommages qui ne sont pas visés par la loi du 17 avril 1919 et qui doivent être réparés par des lois ultérieures**..............   111

    1° Baux concernant les immeubles atteints par les faits de la guerre ainsi que ceux des places fortes ou localités dont les habitants ont été évacués par l'autorité militaire.....................   111

    2° Fonds de commerce.........................   111

    3° Droit à la réparation des dommages causés :

        Aux personnes par les faits de la guerre.......   112

        Aux personnes et aux biens par suite d'accidents survenus dans les arsenaux, manufactures ou usines privées travaillant pour la défense nationale   112

CHAPITRE IX. — **Dispositions ayant un caractère général** et concernant :

    1° La cession ou la délégation du droit à l'indemnité.   113

    2° Le droit à la résiliation de la vente du sol sur lequel l'immeuble détruit était construit.....   114

    3° Le droit pour le Tribunal des Dommages de guerre de réduire les sommes réclamées aux attributaires par les intermédiaires..........   114

4° La préférence à accorder, en cas de remise en marche, aux ouvriers précédemment employés par un industriel ou un commerçant   115

5° Le droit de priorité accordé aux sinistrés pour l'obtention et le transport des matériaux, matières premières et matériel, ainsi que l'obtention de la main-d'œuvre   115

6° L'attribution aux Sociétés de construction des frais supplémentaires destinés au fonds commun institué par l'article 7   116

7° Le dépôt à la Préfecture du procès-verbal et de l'état descriptif prévus par la loi du 5 juillet 1917 quand l'expert de l'Etat aura été désigné par le Préfet   116

CHAPITRE X. — **Des cas de déchéance**   117

CHAPITRE XI. — **Des frais et travaux pris en charge par l'Etat** et concernant :

    1° La réfection du cadastre   119

    2° Les travaux de déblaiement   119

    3° Les plans d'alignement et de nivellement   121

    4° Les dépenses résultant des améliorations apportées à l'hygiène publique des agglomérations...   122

    5° Les emprunts contractés par les communes pour faits de guerre antérieurs   122

CHAPITRE XII. — **Dispositions transitoires. — La loi est applicable aux colonies**   123

    Revision des décisions rendues par les Commissions cantonales ou départementales antérieurement à la promulgation de la loi du 17 avril 1919   123

    Syndicats provisoires d'hébergement   124

    Toutes les dispositions contraires à la présente loi sont abrogées   125

DEUXIEME PARTIE

TEXTE OFFICIEL DE LA LOI DU 17 AVRIL 1919

Les principaux articles sont suivis d'un commentaire..   129

TROISIEME PARTIE

ANNEXES (y compris les modèles de demandes)

N° 1. — Circulaire du 16 juillet 1917 relative aux avances pour fonds de roulement.................. 189

N° 2. — Circulaire du 14 octobre 1917 instituant un régime d'avances en nature et en espèces pour la reconstitution des immeubles détruits............. 194

N° 3. — Circulaire du 17 janvier 1918, concernant les avances à accorder aux agriculteurs dont les terres ne peuvent être remises en exploitation.......... 197

N° 4. — Circulaire du 12 octobre 1918 relative aux avances pour fonds de roulement.................. 200

N° 5. — Circulaire du 21 octobre 1918 relative aux conditions d'application respectives du régime spécial d'avances pour fonds de roulement aux agriculteurs dans les régions libérées et de la loi sur la culture des terres abandonnées........................... 203

N° 6. — Circulaire du 19 février 1919 relative aux modes de justification ou de constatation provisoire applicable au cas où le sinistré se propose de réparer les dommages avant les constatations et évaluations réglementaires 209

N° 7. — Circulaire du 21 février 1919 instituant un régime spécial d'avances pour fonds de roulement aux industriels et chefs d'entreprise sinistrés....... 212

N° 8. — Circulaire du 22 février 1919 relative à l'institution d'un régime spécial d'avances pour la reconstitution du mobilier professionnel indispensable à l'exercice de certaines professions................. 214

N° 9. — Circulaire du 19 mars 1919 relative à la création d'un régime d'avances aux municipalités pour la remise en état des immeubles communaux et la reconstitution du matériel communal 217

N° 10. — Décret du 18 avril 1919 relatif à l'organisation et au fonctionnement des greffes des Commissions cantonales et des tribunaux des Dommages de guerre... 220

N° 11. — Circulaire du 19 avril relative à la constitution et au fonctionnement des Comités techniques institués par l'article 20 de la loi du 17 avril 1919 sur la réparation des dommages de guerre............. 22

No 12. — Arrêté du 19 avril fixant les indemnités dues aux présidents, membres et greffiers des Commissions cantonales et tribunaux des Dommages de guerre...... 229

No 13. — Circulaire du 23 avril 1919 portant instructions sur la constitution des Commissions cantonales et des tribunaux de Dommages de guerre...... 234

No 14. — Circulaire du 24 avril 1919 relative à la transmission aux préfets des modèles de formules pour faciliter l'établissement des demandes d'indemnités et des déclarations de dommages de guerre par catégories 257

No 15. — Circulaire du 25 avril portant institution d'un nouveau régime d'avances pour frais d'établissement des dossiers de déclarations de dommages de guerre et pour constitution d'un fonds de roulement aux Sociétés coopératives de reconstruction...... 290

No 16. — Circulaire du 26 avril 1919 portant institution d'un nouveau régime d'avances pour la construction de bâtiments semi-provisoires...... 294

No 17. — Circulaire du 27 avril 1919 concernant les avances aux cultivateurs sinistrés dont les terres sont incultivables, pour la reprise d'autres exploitations 296

No 18. — Décret du 26 mai 1919 portant règlement d'administration publique pour l'exécution de la loi du 17 avril 1919 en ce qui concerne les édifices civils ou cultuels et les monuments présentant un intérêt national d'histoire ou d'art...... 298

No 19. — Circulaire du 15 juin 1919 précisant les conditions d'application des instructions antérieures concernant les abris ou constructions provisoires...... 301

TABLE DES MATIÈRES ALPHABÉTIQUE

A

Abris provisoires. 97
Les maisons démontables et les abris provisoires de l'administration avant le régime actuel. . . . 97
Les sinistrés peuvent être autorisés à édifier eux-mêmes des constructions :
Provisoires, d'un prix maximum de 4.500 francs. 98, 294 301
Semi-provisoires dans les conditions de l'article 19. . . . . 99, 294 301

Abrogation de toutes dispositions contraires à la loi du 17 avril 1919. 125

Absents (causes intéressant les) 71

Acomptes (paiement des). 83 173
A quelles conditions est accordé le premier ?. 83

L'action de gestion d'affaires est abolie. 10

Agglomérations (dépenses résultant des améliorations apportées à l'hygiène publique des). 122

Aggravation des dommages (mesures prises pour empêcher l'). 45

Agriculteurs (avantages faits aux). 28

Alignement (plan d') et de nivellement. 121

Assurance contre les risques de guerre (cas où l'attributaire aurait contracté une). 46

AVANCES 100
Généralités 100
Les formalités doivent être réduites au minimum. . . . 101

Avances pour la reconstitution des immeubles détruits.
105   194

— les fonds de roulement...... 105,   189   200
— ' la constitution d'un mobilier indispen-
sable   107
— les professions libérales.......... 107   214
— fonds de roulement aux industriels et
chefs d'entreprise.............   108   212
— les reprises d'exploitation agricole   108
197, 203   296
— l'établissement des dossiers et pour
fonds de roulement des coopératives
de reconstruction.............   109   290

Avantages faits à l'attributaire en cas de remploi.   47
Octroi des frais supplémentaires..............   21   47
Vétusté. Allocation de 10.000 fr. en toute propriété.
23   48

— Avances remboursables.................   48
— Limitation à 20 0/0 pour les immeubles
exclusivement destinés à l'exploitation
rurale.........................   25   48
Mode de paiement.............................   48

B

Bail emphytéotique...............................   33
**Bateliers et entreprises de transport par voies
navigables** (Commission cantonale pour dom-
mages causés aux).
Siège et ressort de la Commission..............   57
Sa composition..........................   59

Baux concernant les immeubles atteints par les faits
de la guerre ainsi que ceux des places fortes ou
localités dont les habitants ont été évacués par
l'autorité militaire.........................   111

Bois (Commission cantonale pour dommages causés
aux).
Sa composition............................   59
La déclaration des dommages est faite sur les
mêmes imprimés pour les immeubles non bâtis.   283

C

Cadastre (Réfection du).........................   119
Cahiers des charges des **concessionnaires des
services publics** (Modifications à apporter éven-
tuellement aux)............................   78

Catégories (Définition des)........................   7
  1re catégorie   7   266
  2e catégorie   7   270
  3e catégorie   8   280
  4e catégorie   8   288
  5e catégorie....................................   8
Classement par catégories (Importance du)......   131
**Causes intéressant les femmes mariées, les inca-
  pables et les absents**........................   71
Cession du droit à l'indemnité................   114
Chemins de fer d'intérêt local................   170
  Civils (**Edifices**). Voir Edifices.................   26
Co-propriétaires d'un même bien en matière immo-
  bilière.....................................   32
Co-propriétaires d'un même bien en matière mobi-
  lière.......................................   45
Colonies (La loi est applicable aux)et aux pays
  de protectorat...............................   124
Comité technique départemental...............   70
  Les séries des prix et les prix courants mis à la
  disposition des intéressés dans les mairies..   20   228
Commissions départementales ou cantonales
  (Revision des décisions rendues par les) antérieu-
  rement à la promulgation de la loi du 17 avril 1919.   123
  Commissions cantonales. **Organe administratif.**   56

COMMISSIONS CANTONALES
Nombre, siège et ressort........................   56
  Cas où le lieu du dommage n'est pas connu.......   57
  Dommages causés aux bateliers et entreprises de
  transport par voies navigables................   57
Composition....................................   58
  Cas général...................................   58
  Cas d'exploitation de mines, minières et carrières,
  de bois ou d'étangs...........................   59
  Bateliers et entreprises de transport par voies
  navigables   59
  Dépôt des demandes   60   256
  Rédaction des demandes   61   255
**Convocation devant la Commission. Pouvoir du
  Président**   62
  Nécessité de fournir aux Commissions des demandes
  détaillées, précises et appuyées de documents
  destinés à abréger les enquêtes................   63

Les parties devant la Commission. Elles peuvent se faire représenter..........................   64

La comparution n'est pas nécessaire en cas d'accord avec le délégué du Préfet..................... 162

Procédure devant la Commission cantonale.....   65

Cas où la conciliation est acquise...........   65

Homologation des accords......................   66

Cas de non-conciliation.....................   67

La contestation est portée devant le Tribunal des Dommages de guerre   67

Communes (Emprunts contractés par les) pour faits de guerre antérieurs........................ 122

Concessionnaires des voies et communications d'intérêt général.............................   14

Concessionnaires des services publics (Dommages causés aux)................................   31

Conseil d'Etat (Recours en).......................   70

Conseil général (Membres du Tribunal des Dommages de guerre à désigner par le)............   69

Coupons d'Etat et titres (pertes de)........ 45 151

Créanciers privilégiés, hypothécaires, antichrésistes ou chirographaires (Dispositions concernant les) en matière immobilière..........................   33

Créanciers privilégiés, hypothécaires, antichrésistes ou chirographaires (Dispositions concernant les) en matière mobilière............................   45

Cultuels (Edifices). Voir Edifices................   26

Cumul des indemnités............................   46

D

Dations en paiement (Le consentement du sinistré est nécessaire pour toutes les)................   92

Débiteur de l'Etat (Cas où l'attributaire est).......   94

Débits de boissons (Réouverture des).............   27

Déblaiement (Travaux de)........................ 119

Les matériaux peuvent être cédés au sinistré qui en fait la demande 120

Responsabilité de l'Etat en matière d'accidents provenant d'explosions de projectiles non éclatés..... 119

Déchéance (Cas de).............................. 117

La déchéance peut être totale ou partielle........ 117

Par qui elle est prononcée. Dans quels cas........ 118

Décision (Extrait de la) rendue par la Commission
cantonale ou le Tribunal des Dommages de guerre...   76

Décisions (**Revision des**) rendues par les Commissions cantonales ou départementales antérieurement
à la promulgation de la loi du 17 avril 1919.....   123

Déclarations des dommages (Dépôt des)...... 60   256

Délais. Comment ils sont comptés.................   76

Délai de **deux ans** pour se décider au remploi (L'attributaire a un)..............................   50

Délégation du droit à l'indemnité.................   114

Demandes d'indemnité (Dépôt des)............ 60   256

Dépenses faites pour empêcher l'**aggravation des
dommages**................................   45

Dépréciation résultant de la **vétusté** (voir vétusté)...   23

Destination à donner à l'**indemnité en matière mobilière** (La plus grande liberté est laissée à l'attributaire
pour la).................... 51   149

Destructions volontaires.........................   10

Dispense des formalités de **timbre et d'enregistrement** 74   168

Dommages causés.

Aux personnes par les faits de guerre............   112

Aux personnes et aux biens par suite d'accidents sur-
venus dans les arsenaux, manufactures ou usines
privées travaillant pour la défense nationale.....   112

Les **Dommages** doivent être **certains, matériels** et
directs   6

Dommage certain   6

—   matériel   6

—   direct   7

Droit **d'option** entre la législation actuelle et les
législations antérieures........................   10

Droits réels d'usage et d'habitation (Titulaires des)
en matière immobilière.........................   33

Droits réels d'usage et d'habitation (Titulaire des)
en matière mobilière.........................   45

E

Edifices civils et cultuels.........................   26

L'Etat n'est tenu qu'à **rétablir un immeuble ayant
même importance**.........................   26

Egalité de tous les Français devant les charges de la guerre 129

Emphytéote 33

Emprunts contractés par les **Communes** pour faits de guerre antérieurs.. 122

Enregistrement (Les actes de procédure auxquels donnera lieu l'application de la loi sont dispensés des formalités de timbre et d')..................... 74   168

Entreprises de transport par voies navigables (Commission cantonale pour dommages causés aux).
Siège et ressort de la Commission...................... 57
Sa composition.. 59

Epoque du paiement de l'indemnité. (Voir Paiement.). 81

Etablissements publics ou d'utilité publique (Dommages causés aux).................................... 31

Etangs (Comme pour Bois). (Voir Bois.)........ 59   283

L'Etat a la faculté de se rendre acquéreur des immeubles endommagés ou détruits..................... 93
Il en a l'obligation si la dépense à prévoir pour la remise en état du sol dépasse la valeur du terrain. 94

Etat descriptif prévu par la loi du 5 juillet 1917. (Voir Procès-verbal.)...................................... 116

Etrangers en France.................................. 13

Evaluations partielles................................ 72

Extrait (Délivrance de l') de la décision rendue par la Commission cantonale ou le Tribunal des Dommages de guerre...................................... 76

F

Faculté pour **l'Etat** de se rendre acquéreur des immeubles endommagés ou détruits..................... 93

Femmes mariées (Causes intéressant les).......... 71

Forêts. Comme pour Bois. (Voir Bois.).......... 59   283

Fonds de commerce................................ 44   153

Fusion ou mise en Société.......................... 50

Formalités de **timbre et d'enregistrement**...... 74   168

Frais supplémentaires. Généralités.................. 16

Frais supplémentaires (Détermination des). Immeubles bâtis 21

Frais supplémentaires (Détermination des). Immeubles non bâtis.. 29

Frais supplémentaires en matière mobilière... 37, 40   147

   a) **Sous condition de reprise de l'exploitation,** pour matières premières et approvisionnements nécessaires à la remise en marche d'une entreprise industrielle, commerciale, agricole ou professionnelle 37, 40   147

   b) **Sans condition de remplacement,** pour le mobilier domestique à l'exception des objets d'agrément dont la valeur dépasse 3.000 francs.. 37, 40   147

Frais supplémentaires, en matière immobilière. Leur fixation au jour de l'évaluation est un forfait qu'il faut prendre tel quel..................... 22   138

G

Garantie de l'Etat (Le paiement des indemnités sera fait sous la)........................... 96

H

Hébergement (Syndicats provisoires d')............. 124

Hygiène publique des agglomérations (Dépenses résultant des améliorations apportées à l')........... 122

I

Immeubles endommagés ou détruits...............

   Faculté pour l'Etat de s'en rendre acquéreur...... 93

   Obligation pour l'Etat de s'en rendre acquéreur si la dépense à prévoir pour la remise en état du sol dépasse la valeur du terrain........... 94

Incapables (Causes intéressant les)................ 71

Incompatibilités 75

DE L'INDEMNITE. DE QUOI SE COMPOSE-T-ELLE ?
1º EN MATIERE IMMOBILIERE

La reprise de la vie économique est subordonnée au remploi 15

Le montant de la perte subie et les frais supplémentaires 15

A. — Immeubles bâtis.

   1º L'IMMEUBLE EST RÉPARABLE 17

   Les travaux de réparation ou de reconstruction peuvent être exécutés avant l'instance devant la Commission cantonale..................... 18   209

2° L'Immeuble n'est pas réparable...............

Détermination du montant de la perte subie.   19

Cas où l'immeuble a été l'objet d'une translation
de propriété remontant à moins de dix années.
20   137

Détermination des frais supplémentaires   21

L'attributaire a-t-il avantage à déclarer de suite
son intention de remployer ?............ 22   138

Dépréciation résultant de la vétusté.

Allocation, en cas de remploi, d'une somme de
10.000 francs en toute propriété............   23

Comment cette somme est allouée. Deux exemples   24

Avance du surplus........................   25

Pour les immeubles servant exclusivement à
l'exploitation rurale, la dépréciation ne peut
dépasser 20 0 /0.................... 26   138

Edifices civils et cultuels....................   26

L'Etat n'est tenu qu'à rétablir un immeuble
ayant même importance...................   26

Cas où la reconstruction n'est pas autorisée sur
l'emplacement des ruines...................   27

Réouverture des débits de boissons..........   27

B. — Immeubles par destination...................   28

C. — Immeubles non bâtis.

Montant de la perte subie....................   29

Frais supplémentaires.................... 29   139

Avantages faits aux **agriculteurs**..............   30

**D. — Services publics, départements, communes,
établissements publics ou d'utilité publique**...   31

E. — Mines   31

Le remploi est obligatoire, à moins d'impossibilité
de reprendre l'exploitation.....................   31

**F. — Dispositions concernant les co-propriétaires
d'un même bien, les créanciers, les usufruitiers,
les titulaires des droits d'usage ou d'habitation.**   32

II. — EN MATIERE MOBILIERE

En principe, il n'est accordé que le montant de la
perte subie....................:...............   35

Le remploi n'a pas à intervenir dans la réparation
des dommages mobiliers. Exception est faite cependant
en ce qui concerne les approvisionnements nécessaires
à la reprise de la vie économique pour lesquels est
maccordée la valeur de remplacement...................

1° Cas où le montant de la perte subie est seul accordé 39

Date d'évaluation du dommage 39

2° Frais supplémentaires.

a) *Sous condition de reprise de l'exploitation*, pour les matières premières et approvisionnements nécessaires à la remise en marche d'une entreprise industrielle, commerciale, agricole ou professionnelle. 35 — 40

b) *Sans condition de remplacement*, pour le mobilier domestique, à l'exception des objets d'agrément dont la valeur dépassait 3.000 francs avant la déclaration de guerre .... 36 — 41

3° Meubles et objets de luxe .... 41 — 147

4° Offices publics et ministériels .... 42 — 153

5° Fonds de commerce .... 44 — 153

6° Perte de titres et coupons d'Etat .... 45 — 151

7° Dispositions concernant les co-propriétaires d'un bien, les créanciers, les usufruitiers, les titulaires du droit d'usage ou d'habitation 45

III. — CAS OU DES MESURES ONT ÉTÉ PRISES EN VUE D'EMPÊCHER L'EXTENSION OU L'AGGRAVATION DES DOMMAGES 45

IV. — CUMUL DES INDEMNITÉS 46

V. — CAS OU L'ATTRIBUTAIRE AURAIT CONTRACTÉ UNE ASSURANCE CONTRE LES RISQUES DE GUERRE 46

Indemnités aux membres des Commissions cantonales et du Tribunal des Dommages de guerre. 75 — 229

Intérêt des sommes dues par l'Etat 95

Intérêt local (Chemins de fer d') 170

Intermédiaires (Droit pour le Tribunal des Dommages de guerre de réduire les sommes réclamées aux attributaires par les) 51

J

DE LA JURIDICTION. COMMENT ET PAR QUI L'INDEMNITE EST-ELLE FIXEE ?

Quelle doit être la juridiction ? 55

Les Commissions cantonales, organe administratif ... 56

Le **Tribunal des Dommages de guerre**, organe de juridiction.. 56   68

Juridiction. — Causes intéressant les femmes mariées, les incapables et les absents........   71

— **Tous les moyens de preuve sont admis**   73

— Cas de litige sur le fond du droit ou la qualité de l'attributaire..........   73

— Les actes de procédure auxquels donnera lieu l'application de la loi sont dispensés des formalités du timbre et de l'enregistrement.......... 74   168

L

Latitude. — Liberté. — La plus grande latitude de liberté est laissée à l'attributaire pour la **destination à donner à son indemnité** 51   149

Litige sur le fond du droit et la qualité de l'attributaire   73

Luxe (Objets ou meubles de)................... 41   147

M

Meubles. — Leur remplacement peut se faire n'importe où, même en région non libérée.....................   150

Meubles de luxe (ou somptuaires)............. 41   147

Meubles **n'ayant pas** une utilité professionnelle ou domestique. Difficulté de les définir............ 41   148

Mesures prises pour empêcher l'aggravation des dommages   45

Mines. — Le remploi, exceptionnellement, est obligatoire   32

Modèles de demandes d'indemnité. — Ils sont tenus à la mairie à la disposition des sinistrés....... 256   260

Montant de la perte subie. — Généralités.............   15

Montant de la perte subie (Détermination du). — Immeubles bâtis.................................   19

Montant de la perte subie (Détermination du). — Immeubles non bâtis.................................   29

Montant de la perte subie en matière mobilière. — Principes d'après lesquels il est accordé...........   36

Montant de la perte subie en matière mobilière. — Date d'évaluation.. 39

Mont-de-Piété (Objets déposés au)..................... 11

N

Naturalisés à qui la qualité de Français a été retirée. 13

Nivellement (Plan d'alignement et de)............ 121

O

Objets déposés au Mont-de-Piété.................... 11

Obligation pour l'État de se rendre acquéreur de l'immeuble si la dépense à prévoir pour la remise en état du sol dépasse la valeur du terrain.................. 94

Obtention de matériaux, matières premières, matériel et main-d'œuvre (**Droit de priorité** pour l'). (Voir Priorité.) 115

Offices publics et ministériels. — La réparation qui leur est accordée est conditionnelle. Elle ne vise qu'un dommage immédiat, direct et certain............ 42, 153

Opposition au paiement.............................. 34

Option (Droit d') entre la législation actuelle et les législations antérieures.............................. 10

Outillage des pêcheurs à la petite pêche............ 11

Ouvriers (Préférence à accorder, en cas de remise en marche, aux) précédemment employés par un industriel ou un commerçant................................ 115

P

DU PAIEMENT. — QUAND ET COMMENT L'INDEMNITE EST-ELLE PAYEE ? DES AUTRES MODES DE LIBERATION DONT DISPOSE L'ETAT.

A. — DÉLIVRANCE DES TITRES..................... 79

  Titre ordinaire.................................. 81

  — complémentaire.............................. 81

  — spécial....................................... 81

B. — EPOQUE DU PAIEMENT :

Sur présentation du titre, pour les prélèvements en espèces, amendes et contributions de guerre... 81

    1° *L'ATTRIBUTAIRE REMPLOIE.*

Montant de la perte subie (Titre ordinaire)...... 82

Premier acompte de 25 0/0).................. 83 173

Frais supplémentaires (Titre complémentaire)... 85

Avances pour dépréciation résultant de la vétusté
(titre spécial)............................. 85

2° *L'ATTRIBUTAIRE NE REMPLOIE PAS.*

A. — **L'attributaire réinvestit son indemnité**... 87

A quelle condition est payé le premier acompte... 88

B. — **Il ne la réinvestit pas**................ 88

Le titre inaliénable pendant cinq ans concernant :

a) L'indemnité en matière immobilière, quand le
remploi n'est pas effectué................ 89

b) L'indemnité accordée pour les matières premières et approvisionnements de l'industrie lorsque l'attributaire, s'il a subi des dommages
immobiliers, s'est volontairement soustrait, pour
ces derniers, à la condition du remploi........ 90

Cas des meubles dits « de luxe 90

**L'attributaire ne souscrit pas DE SUITE à la con-
dition du remploi**.......................... 91

C. — Des autres modes de libération de l'État :

Le consentement du sinistré est nécessaire pour toutes
les dations en paiement...................... 92

L'État a la faculté de se rendre acquéreur des immeubles endommagés ou détruits................. 93

Il en a l'obligation si la dépense à prévoir pour la
remise en état du sol dépasse la valeur du terrain. 94

D. — Cas ou l'attributaire est débiteur de l'État. 94

E. — Les sommes dues par l'État produisent
intérêt..................................... 95

F. — Le paiement sera fait sous la garantie de
l'État....................................... 96

Paiement (Opposition au)...................... 34

Partielles (**Evaluations**)....................... 72

Passif (**Payer son**) est faire usage commercial de
l'indemnité en matière mobilière.............. 150

Pêcheurs à la petite pêche (Outillage des)....... 11

Personnes admises au bénéfice de la **loi**........ 13

Perte subie (Voir : Montant de la).

Perte de titres et coupons d'État.......... 45 151

Plan d'alignement et de nivellement.......... 121

Porteurs d'actions ressortissants des puissances ennemies 13

Préférence à accorder, en cas de remise en marche, **aux ouvriers** précédemment employés par un industriel ou un commerçant.......................... 115

Prescription de l'action en réparation des dommages 76

Preuve (Tous moyens de) sont admis............. 73

Priorité (Droit de) accordé aux sinistrés pour l'obtention et le transport des matériaux, matières premières et matériel, ainsi que pour l'obtention de la main-d'œuvre 115

Prix courants (Séries de prix et) mis à la disposition des intéressés dans les mairies................ 20 228

Le Procès-verbal et l'état descriptif prévus par la loi du 5 juillet 1917 doivent être déposés à la Préfecture lorsque l'expert de l'Etat aura été désigné par le Préfet......................... 116

Productivité antérieure (Remise en état de) veut dire : tous travaux et dépenses nécessaires, même si les frais doivent être échelonnés sur plusieurs années 30 139

Promesse de vente (Bénéficiaires d'une).......... 33

Protectorat (La loi est applicable aux colonies et aux pays de)...................................... 124

R

Recours en Conseil d'Etat...................... 70

Reconstructions ou réparations devenues inexistantes par suite de nouveaux faits de guerre............. 9

Reconstructions ou réparations peuvent être exécutées avant l'instance devant la Commission cantonale. 17

Réclamations pour dommages. (Voir **Déclarations de Dommages**.)........................... 60 256

Rédaction des demandes d'indemnité........ 61 255

Réfection du cadastre...................... 119

Réinvestissement de l'indemnité. Comment est délivré le premier acompte 87 175

Remplacement (Valeur de) accordée :

Sous condition de reprise de l'exploitation pour les matières et approvisionnements nécessaires à la remise en marche d'une entreprise industrielle, commerciale, agricole, professionnelle........ 35   40

Sans condition de remplacement pour le mobilier domestique, à l'exception des objets d'agrément dont la valeur dépassait 3.000 francs avant la déclaration de guerre............................. 36   41

DU REMPLOI. A QUELLES CONDITIONS LE DROIT A L'INDEMNITE EST-IL ACQUIS ?

La question du remploi est solutionnée dans l'esprit de l'article 1er................................. 133

EN MATIÈRE IMMOBILIÈRE

La reprise de la vie économique subordonnée au remploi.   15

Avantages faits à l'attributaire au cas de remploi.
Octroi des frais supplémentaires.............. 21   47
Dépréciation de la vétusté............... 23, 48   138
Mode de paiement......................... 48

A quelles conditions le remploi est-il considéré comme effectué ?................................ 49
Cas de fusion ou de mise en Société............. 50
L'attributaire a un délai de deux ans pour s'y décider   50

EN MATIÈRE MOBILIÈRE

Le remploi n'est pas à rechercher en matière mobilière   36   51
La plus grande latitude est laissée à l'attributaire en ce qui concerne la destination à donner à son indemnité 51   149
Frais supplémentaires Sont accordés dans les conditions indiquées ci-dessus...................... 35   40
(Voir Remplacement (valeur de)................ 36   41

Le remploi est **exceptionnellement obligatoire pour les mines**... 32

Réouverture des débits de boissons................... 27

Résiliation (Droit à la) de la **Vente du sol** sur lequel l'immeuble détruit était construit................ 114

Responsabilité de l'Etat en matière d'accidents provenant d'explosions de projectiles non éclatés...... 119

Ressortissants des puissances ennemies (porteurs d'actions) 13

Revision des décisions rendues par les Commissions départementales ou cantonales antérieurement à la promulgation de la loi du 17 avril 1919......... 123

S

Secret professionnel.............................. 75

Séries de prix et prix courants mis à la disposition des intéressés dans les mairies................. 20   228

Services publics (Dommages causés aux concessionnaires des)...................................... 31

Servitudes foncières (immeubles grevés de)........ 35

La signature des déclarations de dommages doit être légalisée.................................. 256

Société (Cas de mise en) ou fusion................. 50

Sociétés (Leur droit à l'indemnité)................ 13

Sol (Droit à la résiliation de la vente du) sur lequel l'immeuble détruit était construit............... 114

Les sommes dues par l'Etat produisent intérêt.   95

Sommes réclamées aux attributaires par les intermédiaires (Droit pour le Tribunal des Dommages de guerre de réduire les)......................... 114

Somptuaires (Meubles) ou de luxe............ 41   147

Syndicats provisoires d'hébergement........... 124

T

Timbre et Enregistrement (Les actes de procédure auxquels donnera lieu l'application de la loi sont dispensés des formalités de)................ 74   168

Titres constatant la somme attribuée.
Titre ordinaire 81
Titre complémentaire 81
Titre spécial 81

Titres et coupons d'Etat (Perte de).......... 45   151

Titulaires de droits d'usage ou d'habitation, en matière immobilière............................ 33

Titulaires de droits d'usage ou d'habitation, en matière mobilière............................... 45

Transport de matériaux, matières premières et matériel. **Droit de priorité.** (Voir Priorité.) 115

Tribunal des Dommages de guerre, organe de juridiction.................................. 56

TRIBUNAL DES DOMMAGES DE GUERRE :

Siège et distribution des affaires............... 68
Composition 68
Qualité des membres à désigner par le Conseil général. 69
Procédure 69

U

Usufruitiers (Dispositions concernant les) en matière immobilière.................................. 33

Usufruitiers (Dispositions concernant les) en matière mobilière 45

V

Valeur de remplacement (Voir Remplacement).. 35   41

Valeur vénale (au § 3 de l'article 5) veut dire : valeur portée dans l'acte............................ 20   137

Vente du sol (Droit à la résiliation de la) sur lequel l'immeuble détruit était construit................. 114

Vente (Bénéficiaires d'une promesse de).............. 33

Vétusté (Dépréciation résultant de la).............. 23
  —   Allocation, en cas de remploi, d'une somme de 10.000 francs en toute propriété. Deux exemples 24
      Avances remboursables en 25 années........... 25
  —   Immeubles servant exclusivement à l'exploitation rurale................................. 25
  —   La limitation à 20 0/0 pour les bâtiments ruraux est un maximum qui ne doit pas être atteint si la vétusté n'est par elle-même égale ou supérieure à 20 0/0................... 138

Z

Zonières (caractère spécial des propriétés)........... 10

PARIS

IMPRIMERIE DE LA BOURSE DE COMMERCE (G. BUREAU)

35, rue Jean-Jacques-Rousseau

65828

CODE DU PROPRIÉTAIRE à la ville et à la campagne

1. Locations urbaines : réparations, congé.
2. Locations rurales : cheptel, warrants, engrais, mérite agricole.
3. Servitudes : mur, haies distances, eaux.
4. Constructions : devis, architecte, alignement.
   Hypothèques : inscription, rédaction, purge.
5. Animaux domestiques : chats, chiens, pigeons, etc.
6. Vices rédhibitoires : Police sanitaire.
7. Rentes viagères; Assurances vie.
8. Actes sous seing privé : comment les faire
9. Assurances : incendie, glaces, risques commerciaux.
11. Bornage; Habitations à bon marché; Biens de famille.
12. Cours d'eau : curage, moulin, canotage
Chaque fascicule séparé 0.75, franco 0.85.
● Les 12 fascicules réunis en un volume broché **6 francs**.

CODE DES PLAIDEURS

1. Justice de paix : procédure, pouvoir, frais, etc.
2. Tribunal civil : procédure, pouvoir, frais, etc.
3. Cour d'appel et de cassation : procédure, pouvoir, frais, etc.
4. Tribunal de commerce et conseils de prud'hommes : procédure, pouvoir, frais, etc.
5. Conseils de préfecture et d'Etat : Procédure, pouvoir, frais, etc.
6. Créanciers et débiteurs : mesures à prendre.
7. Police : gendarmes, gardes champêtres, gardiens de la paix.
8. Crimes, délits, contraventions : casier judiciaire.
9. Frais de justice : avoués, avocats, huissiers, taxe.
10. Tribunaux répressifs : plainte, recours.
11. Liberté individuelle.
12. Arbitrage amiable : plus de procès.
Chaque fascicule séparé 0.75, franco 0.85.
● Les 12 fascicules réunis en un volume broché **6 francs**.

CODE DES CHEMINS DE FER

1. Voyageurs : place, portière, retards, accidents.
2. Bagages : déclarations, perte, avarie.
3. Transport de marchandises : tarifs, indemnité
Chaque fascicule séparé **0.75**, franco **0.85**.
● Les 3 fascicules réunis en un volume broché **2 francs**.

CODE DU TRAVAIL (Patrons et Ouvriers)

Travail : patrons, ouvriers, tâcherons, grèves.
Accidents du travail : calcul de la rente, etc.
● Les 2 fascicules réunis en un volume broché **1.50**

AUTRES CODES USUELS

Code de la Pêche : lignes, drogues, appâts, grenouilles. 0.75
Code de la Bourse : piège, comptes, liquidation. . . . . . . O 75
Code tarif des notaires : responsabilités 0.75
Code des Métiers : bouchers, boulangers, coiffeurs, photogr, etc. 0.75
Code des Saisies : comment les éviter 0.75
Code de l'Assistance judiciaire : ordre, référé. 0.75

Code de l'hôtelier restaurateur et Cafetier : 1.50

« ÉDITIONS & LIBRAIRIE », E. CHIRON, Ed., 40, rue de Seine, Paris-6e.